上海社会科学院创新工程(第二轮)
"国际智库发展趋势与中国特色新型智库建设研究"系列成果

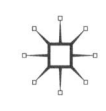

上海社会科学院智库研究中心
当代国际智库译丛

唐涛 / 主编

Think Tanks and Non-Traditional Security
Governance Entrepreneurs in Asia

智库与非传统安全
亚洲的新型治理方式

[澳]艾琳·齐默尔曼（Erin Zimmerman）/ 著
王子夔 郝诗楠 / 译

上海社会科学院出版社
SHANGHAI ACADEMY OF SOCIAL SCIENCES PRESS

译丛总序

2008年6月,习近平同志写信祝贺上海社会科学院院庆时提出,"从新的历史起点出发,继续全面建设小康社会,加快推进社会主义现代化,必须坚定不移地繁荣发展这些社会科学",要求我院"高举中国特色社会主义伟大旗帜,大力推进学科体系建设,加强科研方法创新,为建设国内一流、国际知名的社会主义新智库而努力奋斗"。2009年,上海社会科学院智库研究中心成立,成为全国首家专门开展智库研究的学术机构。

为了体现"国内一流、国际知名"的要求与目标,智库研究中心紧紧围绕"智库研究"与"智库产品转化"两大核心内容,秉持实体化、专业化、国际化路线,首开中国智库排名之先河,率先在全国范围内开展智库问卷调查,通过主、客观相结合的方法,建立智库评价标准,获得了学界和决策咨询部门的认可;同时,中心持续跟踪国内外智库动态,通过举办"上海全球智库论坛"和"新智库论坛",广泛联结各类智库机构和决策部门,凝心聚力有影响力的智库专家、学者和建设者,形成了以《中国智库报告》为品牌、以《上海新智库专报》为平台、以智库论坛为纽带的工作机制,为引导和推进中国特色新型智库体系建设贡献绵薄之力。

智库研究中心十分重视智库研究的国际化,特别是与国际顶级智库之间的密切联系与合作,旨在立足广阔的全球视野,推动中国智库蓬勃发展。早在2010年,中心就组织科研力量,翻译了安德鲁·里奇的《智库、公共政策和专家治策的政治学》和唐纳德·埃布尔森的《智库能发挥作用吗?——公共政策研究机构影响力之评估》两本在国际上颇具影响力的智库专著;2012年,中心与美国宾夕法尼亚大学智库项目组签订了战略合作框架,邀请麦甘博士来访;2013年年底,《中国智库报告》项目组回访美国宾夕法尼亚大学智库项目组;2015年,上海社会科学院进入首批25家国家高端智库试点单位之后,中心进行实体化运作;2016年,中心项目组再度造访美国,与布鲁金斯学会、华盛顿信息技术与创新基金会、哥伦比亚大学魏德海东亚研究所和诺恒经济咨询公司的智库专家开展面对面交流;2017年6月,《中国智库报告》(英文版)首度在海外(伦敦)发布,中心项目组还同时拜访了查塔姆学会,以及伦敦政治经济学院国际事务与外交战略研究中心、伦敦国王学院中国研究院、皇家三军防务研究所、国际战略研究所、英国国家学术院等多家英国著名智库。

呈现在读者面前的这套"当代国际智库译丛",是自2016年起智库研究中心与上海社会科学院出版社共同策划的一项重要成果,也体现了智库研究中心一直以来的国际化特色。智库研究中心精心挑选,认真组织科研力量进行翻译工作,旨在借助于世界一流智库专家的最新著述,把他们的观点与学识引入国内,以期引起国内同行及智库建设者的关注与研讨,增长见闻、拓宽视野。希望这套丛书的出版,为读者全面了解不同国家和地区智库发挥作用的机制及其差异,揭示智库成长的一般规律与特殊条件,从国别、年代、制度等多个维度考察智库的影响力打开"一扇窗户",给读者带来更多的启示、借鉴与思考,为中国特色新型智库体系建设,借他山之石,谋更好发展。

上海社会科学院智库研究中心名誉理事长　王荣华
2017年10月

译者序

停滞还是新生

尽管出身世界知名的学术出版航母斯普林格（Springer），《智库与非传统安全：亚洲的新型治理方式》封底并没有任何名人推荐，甚至作者艾琳·齐默尔曼（Erin Zimmerman）在网络上的信息，也在几篇书评之外，无法找到"在一家国际事务智库从事研究与协调工作"之外更多准确的信息。但在细分领域，它又时不时受到智库研究和非传统安全研究者的关注——斯普林格搜索引擎显示的论文影响力不到30，却存在明显的长尾。如此的"矛盾"是因为研究问题本身虽然关键但太过具体？还是近年来智库影响亚洲治理进程陷于停滞，抑或是停滞中孕育转型与新生？

好在对研究领域虽有关联但并不在此的译者来说，翻译校阅的过程也是一个获得新知、思考对话的过程。一些疑问也迎刃而解。

为什么要译介这样一本读者群体远非广泛的专著？这或许是因为尽管大多数国际政治研究者都已认识到智库是不可忽视的国际事务行为体，学界也不乏有关第二轨道外交研究的论著，却少有实证研究解释它们在国际事务中发挥作用的机制。

本书的理论框架则从"建构主义"和"国际制度"等宏大的国际关系概念出发，深入中层理论，在解释比较案例选择和它们之间逻辑关联的同时，也揭示了智库属性和智库网络特征同它们参与国际事务战略与形式间的关系。作者运用话语制度主义理论和过程追踪方法进行的个案研究则淡化了既往战略行为分析中的内政/外交、政府/非政府二分。作者对智库身份隶属关系和域内不同国家处理地区事务模式的深描，在解释智库形成并传达政策建议行事模式的基础上，还揭示了智库网络各层面的架构、运作方式，以及同亚洲相关国家政府之间的互动机制，解释了相应话语空间运作机制可能的作为和不可避免的局限。由此较为完整地呈现了亚太地区第二轨道外交的面貌。

相应地，尽管当下面临"百年未有之大变局"的世界已呈现出同齐默尔曼十多年调研写作时全然不同的图景和趋势，但考察当下各国对亚洲安全议题的表态，我们不难发现在非传统安全问题上智库（网络）在话语表述、议程设置、共识建立、治理模式等方面对域内各国的深远影响。

由此产生的新问题是，当"亚洲的新型治理模式"为各国所接受并运用，在亚洲治理格局持续变迁的情况下，它们是否会"陈词滥调"，反而局限了传统与非传统安全问题的治理合作？作者对亚洲的新型治理方式是过于乐观？对不同个案成就和局限的分析中，是否已经预见了可能的曲折？

本书在对冷战后，尤其是 21 世纪以来亚洲治理"新模式"的抽丝剥茧的分析中点出了亚太各国面对传统与非传统安全议程必然的突破和无法避免的局限，可惜的是，我们并未看到作者进一步的研究成果。

从 2020 年春夏之际开始的翻译到 2022 年夏审校核红，本书从未停止以各种形式的"不合时宜"强调着从研究对象、研究方法到结论同当下亚洲安全治理路径之间的张力。但齐默尔曼承上启下的研究方法和有限却系谱化的比较案例研究同当下亚太格局所构成的"复调"，或许正是本书中译本出版的意义所在。

同时，作为身处智库的国际问题研究者，本书亦是我们面对近年来亚洲新型治理方式下或稳健推进，或长怀顿挫乃至停滞的状况，回顾国内外同侪参与国际事务实践"来时路"的代表性文献。在各国纷纷将非传统安全问题提高到国际安全高度、外交话语越来越成为国际竞争与合作前沿"门面"的当下，也有必要深入此间的运作机制，从而更加灵活有力地为我所用。

译者不够勤奋的工作和三年新冠疫情的影响，使得这本译著的问世相比原计划迟到多时。在此特别感谢上海社会科学院智库建设处唐涛处长、王贞老师，上海社会科学院出版社董汉玲老师的支持和敦促。还要感谢合作者郝诗楠副教授耐心且细致的译校。

囿于译者水平，译文难免有疏漏和差错之处，恳请读者批评指正。

王子夔
2022 年 8 月于上海社会科学院

目 录

译丛总序 / 1
译者序 / 1

第一章　导论 / 1
　　一、当代亚洲安全态势 / 3
　　二、章节纵览 / 10

第二章　话语制度主义与制度变迁 / 15
　　一、引言 / 15
　　二、作为观念行为体的智库 / 16
　　三、话语制度主义 / 20
　　四、话语战略 / 27
　　五、小结 / 38

第三章　智库与非传统安全问题 / 39
　　一、引言 / 39
　　二、亚洲的非传统安全问题 / 40
　　三、作为政治行为体的智库 / 48
　　四、方法论 / 57
　　五、小结 / 63

第四章　东南亚国家联盟：战略与国际问题研究所 / 64
　　一、引言 / 64
　　二、作为政治行为体的东盟战略与国际问题研究所 / 68
　　三、东盟战略与国际问题研究所和话语空间 / 71
　　四、东盟战略与国际问题研究所和非传统安全议程 / 75
　　五、制度化 / 82
　　六、小结 / 89

第五章　拓展至东南亚国家联盟之外：亚太安全合作理事会 / 92
　　一、引言 / 92
　　二、作为政治行为体的亚太安全合作理事会 / 98
　　三、亚太安全合作理事会与话语空间 / 102
　　四、亚太安全合作理事会与非传统安全议程 / 104
　　五、制度化 / 115
　　六、小结 / 119

第六章　国际战略研究所与香格里拉对话 / 121
　　一、引言 / 121
　　二、作为政治行为体的香格里拉对话 / 124
　　三、香格里拉对话与话语空间 / 127
　　四、香格里拉对话与非传统安全议程 / 132
　　五、制度化 / 139
　　六、小结 / 146

第七章　麦克阿瑟基金会及其亚洲安全倡议 / 148
　　一、引言 / 148

二、作为行为体的亚洲安全倡议 / 152

　　三、亚洲安全倡议与话语空间 / 158

　　四、亚洲安全倡议与非传统安全议程 / 160

　　五、制度化 / 168

　　六、小结 / 170

第八章　作为治理运作方的智库 / 173

　　一、作为政治行为体的智库 / 175

　　二、话语及话语空间的重要性 / 177

　　三、观念与制度变迁 / 179

　　四、智库与未来的安全治理 / 183

　　五、小结 / 184

附录一　亚洲安全倡议成员智库名单 / 186

　　核心智库 / 186

　　其他智库 / 186

附录二　访谈名单 / 190

参考文献 / 192

索引 / 207

第一章　导论

本书是作者研究近年来亚洲安全变迁的成果。书中考察了随着全球化（及区域一体化）发展带来的安全治理新模式、新的不安全感来源对众多亚洲国家自由化和民主化进程的影响。更重要的是，本书旨在分析已嵌入区域和国际政治事务的非国家行为体日渐显著的影响，锤炼观点。尽管本书的结论并不是系统性的，但其影响颇为深远。本书研究提出，为安全治理担责的行为体正悄然发生着变化。曾经以国家为中心的论坛已逐渐上升到区域层面，参与者也拓展到非国家行为体。国家虽仍处于首要地位，但亚洲安全议程正日渐显示出其跨界属性，这使跨区域合作成为必然之选。认识到"绝大多数新兴的安全威胁并不以国境为界"对团结合作经验极为有限的亚太地区各国是很大的激励，它们开始寻求新的合作途径。而当各国无法及时提供此类途径时，非国家行为体就填补了治理问题上的空白。

总体而言，非国家行为体，尤其是智库，已成为亚洲安全治理新模式重要的观念"主理人"。通过构建新机制（regime）的观念基础，为新的制度和路径提供安全的"试验田"；或是身体力行地建立机构，相关智库网络已经深嵌亚洲治理进程。但本书着重讨论的并非上述进展缘何重要，而是通过个案研究回答以下四个重要的问题：智库是如何运用身为观念性行为体（ideational actors）的力量，改变了对亚洲安全的理解？促成这一变迁的历史境遇和政治背景是什么？这对智库与区域内智库网络的影响力产生了怎样的影响？最终又将对未来的亚洲安全治理产生怎样的影响？通过回答这些问题，本书对有关智库政治影响力的既有文献有所增益，尤其通过三种不同方式推进了对亚洲智库的研究。

首先，本书更新并推进了20世纪90年代至21世纪初的智库研究文献。全球化以及亚洲各国内政的急剧变革和区域政治的变迁都削弱了早期文献的时效性。虽然早期文献的重要性和洞察力毋庸置疑，但它们大多关注由政府主导，在非民主国家、非民主环境下运作智库的作用及影响。[埃布尔森（Abelson）2006年的著作对此做了很好的综述]。尽管在部分国家仍然如此，但政治格局的变动也已影响了其他各国的情况。重要的是，在民主化的大趋势下，一些非民主国家建立了民主制度（如印度尼西亚），在另一些国家则出现了倒退（如泰国）。总体而言，不断增长的政策咨询需求超过了各国政府自身的研究能力，亚洲各智库由此获得了更多的政治机遇（Rüland, 2002）。全球化进程及日益繁荣的国际论坛使智库获得了前所未有的同政治决策者互动的机会。因此，既有研究所提出的诸如智库如果有机会参与亚洲治理，"是否有必要这么做，前提条件是什么"等问题已经过时；理应让位于"应如何进一步扩大智库无形的影响力"等问题。

亚洲各智库自身也在发生变化。智库数量以惊人的速度增长，行业格局也因此发生改变。政府拥有的政策性智库不再占据主导地位，政策社群的类型日渐多元。众多新设智库都拥有高度自主性，受政府影响很小。不同于欧洲和北美的同类机构，亚洲的智库还受益于日渐活跃的公民文化和慈善文化影响。即使那些附属于政府机构的智库也有意规避自身属性特征，对官方政策的批评有所增加。这一变化的原因是智库需要在展示自身政策影响力的同时显示其专业性，由此保住拨款之外的资金来源。

最值得关注的是，亚洲的智库正日渐转向以网络为中心的结构（network-centric structures）。（协作）网络已成为智库推广自身观念的核心途径，而且随着全球化及民主化进程对亚洲政治格局的改变，准制度化网络（pseudo-institutionalised networks）影响力也越来越大。现在的智库网络表现形式同20世纪八九十年代的此类架构已有很大差别。当前，亚洲的智库在演进过程中已经超越了早年政府政策建言人和论证人的角色，成为新安全治理模式活跃的发起方和推动者。如果说本书前两项案例研究还属于传统的"非正式"或"第二轨道"政治行为体的话，后两项个案研究所关注的国际战略研究所（International Institute for Strategic Studies, IISS）和麦克阿瑟基金会的亚洲安全倡议（MacArthur Asia Security

Initiatives，ASI）则已迥异于传统的"第二轨道"定义。对上述智库网络异同之处的初探足以吸引我们进一步探索这类独特的智库网络，它们在亚洲外交政策中的曝光度越来越高，所拥有的实权也越来越大。

其次，本书将话语制度主义（discursive institutionalism，DI）放进了智库研究的分析工具箱。除一个案例外，本书其他个案都未曾有文献从这一创新的理论视角进行研究。然而话语制度主义为研究智库想要推广的观念与它们对区域治理机构的潜在影响力之间的联系提供了有益的分析工具。而且本书也是唯一论述非国家行为体如何创建话语空间，研究其怎样充当影响区域安全范式的政治工具的著作。智库不仅像既有文献那样提供了展开讨论的政治坐标（political location），而且掌控了上述坐标以及为改变区域安全局势而引入的观念，进而引起期望中的政治回应。

最后，本书亦是迄今为止唯一对亚洲的智库网络进行比较评价的专著。东南亚国家联盟战略与国际问题研究所协会（ASEAN-Institutes for Strategic and International Studies，AI）、亚太安全合作理事会（the Council for Security Cooperation in the Asia Pacific，CSCAP）等智库网络已运营了十余年，其他新兴智库网络也不断涌现；但学界尚无关于此类新兴网络的比较研究。综合考虑表述清晰度及政治上的相关性，本书聚焦那些推动非传统安全（the non-traditional security，NTS）议程的亚洲智库。非传统安全已成为（智库）网络对话的常规议题，且所有大型网络都会以各种形式推动此议程。这些努力同时佐证了一个论断，即很多智库网络是更大的知识共同体的一部分；该共同体有权决定以何种观念及规则塑造域内未来的安全文化。正如本书所论述的，智库在这样的新环境里是颇具影响力的参与者；而且，通过他们对某些观念明确的支持，来决定未来的区域安全治理结构。

一、当代亚洲安全态势

过去被抑制或遮蔽以及新出现的不安全根源决定了冷战结束之际亚洲的安全局势。除军事领域的均势和遏制行动一如既往地突出之外，区域内各国越来越注意到不安全的根源已逐渐转向跨境经济、政治、社会或环境因素。这类问题很快被归类为非传统安全问题。1997—1998年亚洲金融危机、"非典"(SARS)和禽流感的暴发、非法移民、恐怖主义,以及环境恶化加速导致的政治后果等造成的动荡突出了非传统安全议题的重要性。对大多数亚洲国家来说,"相比传统的军事威胁,非军事威胁是对政权存续更现实的威胁"(Arase,2010:810)。但是,上述大多数问题都与传统的安全概念互不相容,进而挑战了以国家和军事安全为中心的安全研究范式的适用性和效度。非传统安全议题通过揭示跨境安全问题,挑战了以国家为基础的传统安全结构。而且对这些问题的治理也更加复杂,非传统安全问题的出现通常少有预警(例如自然灾害、疾病大流行、恐怖主义行为),或隐蔽微妙(非法移民、金融动荡、环境恶化),因此它们对安全的影响从一开始就被低估了。由此,国家不得不重新评估自身参与地区安全治理的路径。

众多行为体纷纷积极参与到非传统安全威胁的识别、定义和政策建言中来——亚洲的智库是其中主要的一类机构。他们推动各方承认非传统安全问题是对安全的威胁,并强调了有效安全治理的重要性。各智库还提出,应关注目前亚洲治理模式失败的原因,针对性地解决域内非传统安全问题。不过该地区历来抗拒建立强势安全制度,这也是解释制度无力解决复杂和跨境非传统安全威胁的一条线索。

区域性制度反映了亚洲治理及外交规范的特点(Ba,2009),因此将非传统安全议程直接纳入制度架构,相比将之"安全化"后再列入传统安全范式范围内现成的问题清单要复杂得多(Hameiri and Jones,2011a)。非传统安全议题迫使我们必须重新定义安全,其中包括重新评估实现安全的途径——谁应当受到保护以免遭受何种伤害(Tan and Boutin,2001)。最重要的是,它拓展了安全的概念。在军事威胁之外,安全概念还应包括经济、政治、环境和社会隐患导致的不稳定(对上述四种分类的论述,参见Buzan et al.,1998)。这样做不仅强调了新兴安全问题或跨境或复杂的根源;同时承认了一国的国内环境可以给周边国家甚至整个区域带来负面影响(Acharya,2009a)。最后,非传统安全将国家置于一个"包括个人、社会和群体安全的框架"内,取代了国家是安全议题唯一所指对象的认识(Caballero-Anthony and Cook,2013:3)。

非传统安全领域的挑战显著影响了国家稳定,但它们通常无法在国家层面解决。鉴于此,以国家为中心的安全治理无法适配此类议题,同时对现有以此类治理模式为基础安全机制"过时且无效"的批评也与日俱增。因此,非传统安全议题逐渐削弱了现有安全机制、质疑了国家作为唯一的安全提供者及目标的可接受度(Hameiri and Jones,2011a)。

而从这个角度重新评价安全,威胁到了亚洲外交长期以来根深蒂固的规范(Hameiri and Jones,2011a)。自东南亚国家联盟(ASEAN)建立以来,受制于制度化程度较低的影响,地区制度历来偏向于非正式进程,偏好以对话、基于共识的决策形式,以及回避冲突而非形成决议等做法(Caballero-Anthony,2005)。然而,非传统安全议程需要直接介入那些政治上麻烦或敏感的议题,以及对整个区域构成威胁的安全问题——这些问题极大地引发了域内行为体的不安情绪。该议程同时呼吁以区域治理为坚强后盾的集体合作性安全行动;该路径同亚洲区域主义传统规范对国家中心地位的强调存在根本分歧(Morada,2010)。亚洲地区各国历来对集体或合作安全制度安排存疑,煞费苦心地避免建立制度化的地区安全结构。其传统外交规则面对安全问题,则偏向于非对抗、渐进的路径。但这类"拖字诀"很快就被亚洲安全局势的急剧变迁远远地甩在了后面。

传统安全规则(及在此基础上建立的制度)同非传统安全治理对更具弹性的规则日益强烈的需求,成为参与亚洲治理的行为体所面临的独特悖论。区域内最有压力的安全议题正是那些因其敏感且跨境等性质妨碍讨论的问题。而且毋庸置疑的是,同这一悖论纠缠在一起的还有正在进行中的另一场论争,即由传统向非传统转向的有关安全概念的理解(Hameiri and Jones,2012)。国家和非国家行为体都努力根据区域内可行的安全状况调整现有治理结构。总的来说,国家满足于维持现状,而非国家行为体(尤其是智库)则开始大力鼓吹新的安全治理形式。

这同亚洲政治史上智库在解决非传统安全挑战方面的独特角色是相一致的。亚洲最早建立的(非政府)智库正是为了回应区域内不断增长的政策分析需求。智库的存在使统治者不必为获得政策建议而不得不分享权力(Rüland,2002)。许多亚洲国家政府没有能力也缺少专家去回应非传统安全问题,所以便选择充分利用智库的知识面来回应其政策分析需求(Rüland,2002)。渐渐地,各国越来越习惯向智库咨询政策建议,这一做法使得区域性组织有意将存在分歧意见的安全议题交给智库来分析和讨论。1994年,东盟地区论坛(ASEAN Regional Forum,ARF)首份主席声明就清晰地表达了这种做法已成为区域内共识。声明中写道:"鉴于东盟地区论坛很多议题的敏感性,把东盟地区论坛设置为双轨进程将有所裨益。"(ARF,1994)。这里的"第二轨道"特指亚洲的智库及政策研究机构网络,东盟地区论坛相信它们对"建立区域内互信贡献颇多"(ARF,1994)。"第二轨道"介入区域外交事务由来已久,因而各国纷纷转向让智库出面探讨包括非传统安全在内的新兴安全问题是上述逻辑的自然发展。其结果就是,智库组织的对话及协作网络成为探讨和论证亚洲各类问题的首选。

而(政府间)正式进程同参与并治理非传统安全问题相互割裂所形成的悖论,似乎为非国家行为体提供了参与治理的机会。任何仅关注国家的安全分析文章都忽视了治理图景中的另一半。显然,不受国家主导的智库也正在围绕着非传统安全议程,积极处置并构建相关政治议程。各智库已经厘清了非传统安全威胁、制定了处置方案并规划了政治解决方案。这就提出了一个重要的问题,即智库在亚洲安全治理中究竟起什么作用?我们能否认为智库上述行事方式是一种新的安全治理形式呢?哈梅里(Hameiri)和琼斯(Jones)清楚地指出治理最重要的两个方面分别是"定义安全问题的性质及来源"和"制订计划和政策来改善上述问题"(Hameiri and Jones,2011a:7)。在非传统安全问题上,智库在这两方面都做到了。

依靠赋予"第二轨道"的权力,智库已经在区域内赢得了针对非传统安全问题形成一揽子政治议程的决策者地位。而且它们的成就看上去也颇为可观。正式及非正式治理进程的相关议程已经开始改变非传统安全问题的走向,由此在政治及治理领域形成的全面改观也使智库赢得了与其付出相匹配且必要的承认。智库非常积极地参与了这一进程,而且有证据表明,非传统安全观念的推广至少在一定程度上推动了地区安全治理的制度变革。

从其成功地推广了新的安全理念来看,处在第一线的智库值得我们仔细研究。首先,智库拥有的政治权力较小,在政治进程中也处于次要地位。但它们又是怎样在观念上产生了这么大的影响呢?其次,亚洲的政治环境对诸如智库这样的非正式政治行为体,以及结构或功能性变革并不友好。尤其是对旨在推广的规范同现有规范强烈冲突、质询国家主权的行为体而言是极大的挑战。好在智库已成功地引荐并推动了此类议程。它们成功地重新定义安全并致力于推进新治理模式的做法意味着智库对治理实践的影响较现有文献的判断更为深远。因此,将智库定义为有自我政治议程追求而非根据国家的既定政治目标被动提供政策建议的活跃政治行为体或许更加准确。

本书要探索的是,智库及其网络是如何推进非传统安全议程的,尤其在自身政治权力明显不足的情况下是怎样做到的。亚洲的智库看上去是因其专业性而成为观念性行为体,赢得了政治影响力及制度影响力;尽管其角色身份是非正式、非政府的,但智库能够通过推广观念施加政治影响力。既有研究已提出,智库擅长在政治场域间挪移概念,充当"知识与权力、科学与国家之间的中介者或是对话者"(Stone,2007:259)。智库被贴上"政策企业家"的标签则因其"宣扬特定的政治立场……在国家和国际事务的政策形成中充当重要角色"(Stone and Nesadurai,1999:2)。然而,作为政策企业家的智库在非传统安全事务上动员能力究竟如何,是否充当了治理运作方(Avant et al.,2010)的角色,学界并未弄清。"政策企业家""政策破坏者"及"观念破坏者"等名词常被用来形容智库及其网络(个案分别参见 Kingdon,2003;Stone,2000a,2004,2011)。

亚洲各智库看来已经掌握了如何加强并扩大自己观念影响力的特殊策略。它们首先形成了一系列跨区域网络。此类网络最初是随着区域治理组织出现的,例如东盟(ASEAN)和东盟地区论坛建立的目的,就是为区域治理结构提供及时且切中要害的分析。随着时间的推移,它们和后来逐步发展起来智库网络已经被纳入各项治理进程,为引介和传播政治观念提供了一系列重要机制。

其次,智库也找到了开拓跨区域、非政府政治空间(论坛及对话)的途径。这类空间是便于将创新观念引入政策进程的中立场合,也是能为国家和非国家行为体创造见面交流、讨论及交换意见的空间。区域内决策者亦偏好这类场合,因为能在那发现创新性的政策解决方案。

智库掌控了发生在上述"话语空间"中的话语权,并利用该权力去影响观念化的进程。话语,正如话语制度主义所言,是"传达观念的互动性过程",既包括言说的内容,也包括其他诸如发言人和观念探讨的语境等变量

（Schmidt，2008：303）。智库利用掌控上述政治空间的能力，从引介哪些观念、如何先入为主（组织话语）等方面入手，将非传统安全观念置于其他解释和路线之上。由此，非传统安全观念促进了亚洲安全治理新模式的推广。

建构主义理论在形成观念性影响、塑造政治进程的理念等方面的确有足够的解释力；但它一直致力于承认观念相关机制的影响。这在我们集中讨论非国家行为体利用观念挑起制度变革的影响时特别明显。智库输出并推广观念的行为受制于其所嵌入或构成互动的制度。以下章节即是在建构主义文献的基础上形成建构主义同制度主义的理论对话，进而识别真实世界语境中观念对制度的影响。选择话语制度主义作为这项分析的切入口，恰恰是因为它对制度变迁中的观念事实和物质事实给予了同样的重视（Schmidt，2011）。同时，还通过承认非国家行为体有能力参与到话语体系中，将一系列观念纳入政治进程，对其影响提出了得当的解释。话语制度主义对斯通（Stone）此前的发现提出了拓展，即

> 虽然观念性政策企业家可能拥有很强的独立传播观念能力，但网络中的政治动力，谈判、妥协和游说行动仍是无法避免的；同时此类行为体也依赖决策者和其他掌权者能注意到他们所选择的观念，进而纳入政策并将其制度化。
>
> （Stone，2000b：37）

因此，为全面认识智库对治理的影响力，本书结合建构主义对制度的社会建构和观念力量的强调，并承认制度制约或推动实现目标的力量。上述双重视角将进一步落实到四个具体案例研究中，分析观念是如何影响并引导了制度变迁。

四家智库组织主导了亚洲的"第二轨道"进程，它们分别是：东盟战略与国际问题研究所、亚太安全合作理事会、国际战略研究所[1]（International

---

[1] 虽然IISS通常译为伦敦国际战略研究所，但作者在正文前的缩写列表中特别说明书中的IISS包含了其在世界各地的分支机构/办公室"International Institute of Strategic Studies (London, Singapore, Washington D.C. and Bahrain)"，因此综合考虑，直译为"国际战略研究所"。——译者注

Institute of Strategic Studies),以及亚洲安全倡议(Asia Security Initiative, ASI)。上述四组网络基本上涵盖了东南亚乃至亚太地区绝大多数非正式外交进程,而且上述所有网络都以某种身份同区域治理体系产生了关联。智库各司其职,担起在各个讨论亚洲安全的场合引介并推广非传统安全观念的重任。这也因此成为学术研究的逻辑开端,即智库作为制度变迁施动者(agent)的路径和策略。

第一和第二个案例(东盟战略与国际问题研究所和亚太安全合作理事会)已经引起了学者的注意,但仍有透过话语制度主义的视角对它们的活动进行再评估的价值。这样做能够发现各智库网络分别是怎样回应自身所处独特的政治语境,进而运用话语技巧将各种离散的观念整合到制度变迁中去。同时,这两个案例也为后两个案例(国际战略研究所和亚洲安全倡议)提供了比较研究的参照系。后者是近年新兴的智库网络,所处的政治环境同此前有很大不同。从评估不同智库网络的异同之处,到解释由此构成的智库网络在推广非传统安全议程时的优势和劣势,有很多东西值得研究。

本书将逐一研究上述智库网络,关注它们在国家和地区层面参与传递观念(话语)的互动进程。本书还将特别关注各智库网络是怎样在政治进程中创造独特的话语空间,进而利用其倡议用非传统安全解释安全问题。综合比较上述四个智库网络,则可以对智库在亚洲的活动做出更精细的分析,这是只考察一两个智库网络无法做到的。

智库在制度创新中充当了建筑师和引领者的角色,并为应建立新制度还是改变旧制度提供决策依据。接下来,它们通过积极提供政策模板和建议来勾勒路线图,聚焦议题、建立议程框架来主导制度变迁(Goldstein and Keohane, 1993)。从这个意义上讲,它们成了"跨界运用权力以影响决策"的治理行为体(Avant et al., 2010: 356)。此外,它们还运用自身所拥有的观念性力量优势,获得介入现有及新兴治理结构或治理制度的渠道;也就是保证自己未来能获得更多的政治机遇。它们融入治理进程及其作为正式/非正式、国家/非国家行为体的双重身份,是理解智库是怎样寻求制度变迁的重要方面。正因如此,本书对两类重要的政治性整合进行了分析。首先,本书考察了智库网络是如何成功地融入现有正式安全进程的,讨论了它们这样做的益处及后果。其次,本书还考察了智库是如何成功地将非传统安全议程同时纳入治理的传统形式及新形式的,包括它们在化解非传统安全议程和传统治理规则间的冲突时运用了哪些策略。

传统安全向非传统安全的转向要求亚洲治理体系结构实现彻底转型。智库有力地指出必须改变区域制度以便论及非传统安全问题;然而,现有区域制度无法及时回应上述问题来应对日益增长的治理需求。由此治理行动的权威逐渐从低效的区域性机制转移到其他更具灵活性的政治空间中。而制约区域性治理结构、导致其无法论述非传统安全问题的悖论,则将非传统安全治理的责任赋予了非国家行为体;后者因此代表区域性组织履行了相关权威。因此不出意外,智库因其同政府部门的关联性、拥有公认的专家,以及丰富的话语空间而被治理当局视为颇具吸引力的宝库。在有些案例中,政府官员利用智库网络充当安全治理的过渡场合,直到正式进程能够"赶上"治理的需求。在这种情况下,智库往往能够充当这一治理空间的提供者和控制者,施加可观的影响。

对安全治理需求和主流治理结构的矛盾,同样造就了一类与众不同的智库与智库网络:它们不属于任何域内国家或是治理结构。这类网络最常见的做法就是在没有国家能提供治理备选项时行使权力。这些案例中,此类进程实际上变成了几类安全问题的事实治理之选;而且通过举办正式对话、设定安全议程,以及为正式政治声明提供场合等,赢得了合法性。非国家治理行为体日益壮大的影响力和日渐广泛的接受度,挑战了典型的当代政治学分析国家/非国家和正式/非正式二分法的有效性。

二、章节概览

接下来各章将探究智库怎样通过填补因正式进程能力有限,而实践中的非传统安全治理要求甚高所造成的治理差距。本书将讨论三大主题。第一,探讨智库是否以及如何成为亚洲重要的政治行为体。第二,将考察智库如何使用话语、建构话语空间以推广非传统安全议程的做法。第三,本书尝试将智库对制度变迁的观念性影响和亚洲安全治理的重构联系起来。制度变迁有几个重要方面,包括使智库嵌入区域治理进程,以及让智库在特定非传统安全议题治理方面充当越来越权威的角色。

从开篇到接下来的所有章节,本书的理论基础都建立在以下两章的详细论述之上。第二章及第三章涵盖了文献回顾、理论架构和方法论三方面的内容。第二章旨在完成以下几个重要目标:通过将观念视为触动制度变迁的力量,我们的分析得以建立在更广泛的国际关系文献基础上。参考制度主义者及建构主义者致力于解释制度创新和/或改革的做法,本章追溯了晚近数十年间"观念转向"的历程。接着简要梳理了观念利益和物质利益孰为制度变迁动力之争的相关文献。在此基础上,本章引进了话语制度主义理论,并以此为分析框架,运用话语厘清施动者与结构之间的循环关系(即传达观念形成的互动),调解观念/物质、制度主义/建构主义之争。话语制度主义提供了得当的批判性分析工具,佐证了本书三大核心论点的效度。截至目前,话语制度主义是诸多试图调和制度变迁的观念性和物质主义解释中最具说服力的理论。值得注意的是,本章还通过描述传递观念的互动进程为下一论述主题(作为政治性工具的话语)打下了基础;并通过联结观念和制度变迁为第三项论述主题(智库是制度变迁的造势方)打下基础。第二章将"新制度主义"最显著的几个方面同建构主义及话语理论结合起来,整合为一个清晰的分析框架。经此整合,该分析框架厘清了施动者(在本书中是智库网络)如何运用话语激起内生及外生性的制度变迁。最后,本章指出了智库对推进亚洲政治进程形成影响的三种卓有成效的战略:问题构建/议程设置、建立网络,以及制度化。

第三章将智库置于当代安全论争的语境中,简要区分传统和非传统安全的主要差异,追述了非传统安全议程逐渐被接受,并成为组织化政治范式的过程。本章聚焦智库是如何通过支持非传统安全议程成为重要行为体的。本章小结为前述三大主题打下了论证基础,即将智库认定为政治行为体,并回顾了其在亚洲的历史和文化演进过程。这确定了智库在当代政治系统中的定位。本章具体阐述了它们在分歧众多的政治环境中是怎样以迥异于欧洲同侪的方式取得成就的。鉴于亚洲智库各种独特的能力是它们以政治行为体的形式成功运作的必要条件,这种区分很是必要。本章随后指出,智库跻身话语圈、创造话语空间并将之作为接近、赢得并掌握政治权力途径的做法,是政治环境使然。

第三章还介绍了用于分析的方法论。选择过程追踪（process tracing）是因其适合考察智库网络推广非传统安全议程的历时性进程。运用过程追踪方法，研究者可以追溯政治进程中智库的观念，并分析因果之间诸多的步骤。同时，通过全面关注问题形成/议程设置、关系网架构与制度化进程，该方法追溯了智库向政治过程输送观念的首要工具。最后，本章解释了上述各类工具的运用方式及其介入话语的价值。

第四至第七章进行了深入的比较案例研究。案例研究涉及拥有或不拥有政府关系的两类智库网络。各类网络在落实观念性影响和创造政治空间上都有其自身的优势及劣势。域内最先形成的是拥有政府关系的智库网络，因此前两项案例研究首先讨论此类行为体：东盟战略与国际问题研究所协会同东盟有官方关系，亚太安全合作理事会则与东盟地区论坛存在官方关系。没有政府关系的智库网络较晚时候才出现，由此形成亚洲的第二类组织网络。后两项案例研究即讨论了这类网络：国际战略研究所这一总部设在伦敦的智库牵头组织的域内第一个安全会议便是香格里拉对话（the Shangri-La Dialogue，SLD），而亚洲安全倡议（MacArthur Asia Security Initiative）这一智库网络则是由麦克阿瑟基金会建立的。

第四章考察了亚洲最早设立、文献最为丰富的智库网络，即东盟战略与国际问题研究所协会。该智库网络亦是后续其他个案研究的基准参考系。可以说，作为区域内第一个非正式治理进程，本章分析了东盟战略与国际问题研究所协会是怎样同东盟一起协商获得政治空间，进而利用战略不确定性主导了制度变迁。东盟战略与国际问题研究所协会激励了东盟的制度化演进，其建议还为东盟地区论坛和亚太安全合作理事会等其他"第一轨道"及"第二轨道"进程做出了贡献。

第五章的焦点转向亚太安全合作理事会，即我们要讨论的第二个拥有政府关系的智库网络。亚太安全合作理事会较之于东盟战略与国际问题研究所协会更加庞杂，分析参量变成了一个包含更广大地缘范围、更具差异性的智库网络。亚太安全合作理事会业已利用其更为制度化的结构和更多的成员建立了统一的地区平台以推广非传统安全观念。然而，网络的一致性及稳健的观念推广进程在克服制约亚太安全合作理事会游说目标，即东盟地区论坛的制度局限上收效甚微。

第六章引入了本书要讨论的第一个非政府智库：国际战略研究所。该智库网络于2002年搭建了首个面向亚洲各国国防部部长的安全会议，即香格里拉对话。从此，香格里拉对话逐渐发展为区域内最重要的年度安全会议，会议上特别推广了非传统安全议程。国际战略研究所强调了香格里拉对话的非政府性，旨在提供比其他智库网络更强的创新度以及更大的政治灵活性。香格里拉对话的成功突出了交换意见的政治空间的重要性，也突出了由非政府组织提供这一空间能够增强话语的有效性。香格里拉对话的举行也成为此前依赖政府、组织化结构和现成政治空间的安全对话的转折点。

第七章对第四个也就是最后一个案例，即麦克阿瑟基金会亚洲安全倡议进行了研究。亚洲安全倡议建立于2009年，同上述其他智库网络形成了颇有意味的对照。前述几章的案例研究都聚焦于智库网络如何融入或参与正式治理进程。相比之下，亚洲安全倡议避开了正式治理进程，转而强调两个或更多智库间的话语。其成果之处便是创建了一个致力于推广和研究非传统安全观念的知识共同体。亚洲安全倡议投入创建单个智库或智库网络的一系列互动性联系，协助它们实现高效的协同工作，在国内和国际层面产生政策影响。尽管此间的过程更难追溯，但亚洲安全倡议参与推广非传统安全观念的做法意义深远，也为亚洲安全问题在观念层面增加了一层不确定性。

上述章节强调了智库网络怎样在不同政治语境中的运作体现了本书的三个核心论点。各章描述了智库网络的政治属性，确认它们如何运用话语、创造话语空间，以及将自身在观念领域的影响同制度变迁联系起来。四个案例逐渐递进，全景式地展现了智库网络、话语空间，以及非传统安全观念在亚洲推广等演进历程。各章还对各智库网络是在哪一些特定政治语境中获得参与治理安全问题的权力做了精确的定位。每一桩个案都较之前一个案更深入一层，从而廓清智库作为观念性行为体的研究，揭示其对区域性制度及安全治理的影响。

第八章是本书的结论，重申了三大核心论述，并再次考察了智库作为政治行为体的角色、话语及话语空间在其成功中的重要性，以及智库观念推广同制度变迁之间的联系。通过对上述主题的讨论，指出了其对现有智库研究、话语制度主义及安全研究文献的贡献。本章还批判性地评价了亚洲智库网络的演进、其作为观念性行为体的角色及其对制度变迁的终极影响。本书的终极目标是回答"智库在21世纪亚洲安全中该怎样定位"这一问题。

第二章 话语制度主义与制度变迁

一、引言

智库的实力取决于其在政治空间中引入观念、使之被政治行为体接受并落实的能力。这使我们必须深入理解各种互动如何在根本上支撑，进而影响政治进程中的观念。为回答上述问题，本章聚焦观念与政策变迁问题，追溯并回顾了相关文献。文献回顾从围绕着名为"新制度主义"的理性选择制度主义（rational choice institutionalism，RI）、历史制度主义（historical institutionalism，HI）及社会制度主义（social institutionalism，SI）的论争出发，随后转向对建构主义要素的讨论，解释并评估特定历史和政治语境中智库的力量。

基于"观念塑造或构成了行动的情境或语境"，因此它们"同样塑造或构成了施动者本身，尤其是它们的兴趣、偏好及认同"（Bell，2012：666）的前提，本书旨在提出一种建构主义式的关于智库影响力的认识。观念催生了专家话语，进而塑造了政策网络、知识共同体及对话中颇具影响力的部分。此类专家话语通过提出待建制度的相关假设及相应政策嵌入结构和制度中（Stone，2011）。智库是建构、维系并发展话语的行家，它们运用这些技能推进其观念性议程。

观念性力量的核心就在研究相对不足的"观念是如何运行于政治空间并转化为政治行动"的问题（Schmidt，2010）。在本书中，我认为亚洲的智库是重要但被低估了的观念施动者。囿于外交规范，亚洲各国政府经常在国际层面的话语场合不得不面对政治及文化限制。然而，智库则拥有更大的自由度。它们更从容地在政治空间中传递观念的能力，以及作为行家并拥有相当观念性力量的状态,使智库掌握了远甚于其相对边缘政治地位的政治权力。

说到底,本章和整本书全面转向话语制度主义,旨在认识并解释智库是怎样影响亚洲安全制度的。话语制度主义也被称为建构制度主义,它极好地容纳了观念对制度的影响,同时承认那些因为制度的整齐划一而存在的不足。不同于其他流派的制度主义,该理论将观念置于制度变迁的中心,而非边缘地带。它还将施动者与结构间互动关系的重要性提升到理论核心层面。本质上,话语制度主义展开了一场建构主义与制度主义的对话,并同时运用这两种路径来揭示亚洲当前的政治结构是如何从特定的某一系列观念发展而来;后者又是如何由话语行为体塑造并推广的。

二、作为观念行为体的智库

近年来,有关观念如何影响政治的研究随着研究者对"观念是如何,以及通过何种途径产生影响"兴趣的增加而逐渐复兴。这一观念转向的部分动力来自解释非国家行为体为何会出现在政策制定阶段的必要性。截至目前,已经有数不清的理论框架尝试解释观念如何影响某一政策,进而影响制度变迁。这些研究路径中的大多数将观念定义为同物质利益存在竞争关系的因素(Gofas and Hay, 2010;Goldstein and Keohane, 1993)。但晚近的理论已经拒绝了此类二分法,并指出两者存在相互强化关系,即在观念产生利益的同时,利益也加剧观念的活跃程度(Campbell, 2002)。这些理论指出,解释观念性事实的重要性是理解制度稳定和变迁的一个前提条件(Béland, 2009)。

早年关于观念转向最值得注意的一项贡献是古德斯坦(Goldstein)和基欧汉(Keohane)的《观念与外交政策》(*Ideas and Foreign Policy*)一书。古德斯坦和基欧汉并未提出观念决定利益的学说,但他们的确承认"观念**及利益在解释人类行动时存在因果相关性**"(Goldstein and Keohane, 1993:3—4,突出强调部分随原文)。他们基于理性选择制度主义的研究路径提出了三种观念同政治议题因果关系产生联系的方式:观念能够充当政策路线图,可以作为政策协调焦点,还可以通过制度化过程主导政策形成

(Goldstein and Keohane，1993：13—24)。也就是说，观念之所以会改变政策与制度，是因为它可以澄清不确定性。这种情况不仅是制度主义的有机组成部分，还出现在后文将讨论的某些建构主义的路径中。

格里夫(Greif)进一步探究了施动者(观念)与结构(偏好)的关系，旨在调适各类强调施动者和强调结构的路径。他的根本目的是强调"研究制度的重要性在于其一系列均衡现象；它们是影响行为的结构成分，同时施动者在行为上对该结构的回应也会促进制度再生产"(Greif，2006：16)。这一路径强调了施动者/结构的相互性关系，并将制度嵌入其历史及文化语境。该路径承认(施动者引介的)观念能够改变(清晰地体现在结构中的)偏好，并同时说明了变化的展现形式取决于被研究的施动者/结构所处的历史及政治环境。

格里夫的学术贡献对本研究存在双重价值，因为他所关注的称为自我强化或内生性的制度类型在亚洲颇为典型。这类结构性和规范性的制度都是自主形成的，即它们并非由外力推动，而是在对行为体(规范)行动达成共识的基础上走向融合。这类互动是亚太地区主要的外交形式，在这类环境中：

> 假设结构已经存在，当每一个体都发现最佳选择是追随制度化的行为，此即为行为的自我强化；进而在一定程度上使受此暗示的行为确证相关信念并发展壮大相关规范，从而不断复制相关制度。
>
> (Greif，2006：17)

这一主张未及言明的是，如果施动者改变了信仰(抑或他们的信念受到观念性行为体如智库等的影响)，后续就会发生制度变迁。施动者主导的观念(规范)转向引发了该施动者行为的转变。制度与施动者的行为相互关联，且(规范性)行为上的变动成为从内部触发制度变迁的基础。

布莱斯(Blyth)通过考察各方优势观念(规范)的差异如何解释不确定时代，尤其是利益尚未被阐明或不为各方所理解时制度的反应，研究了这一互惠关系。他运用历史制度主义和理性选择制度主义方法，追溯了美国与瑞典在20世纪30年代大萧条及70年代石油危机期间经济政策缘何差异巨大(Blyth,2002)。他有效地将那些从内容上看"好的"经济政策主导观念的转变同两国实际发生的经济政策变动建立了联系。虽然两国面临着同样的外部冲击且政府体制相似,但它们回应上述危机的政策可谓迥异。上述全然不同的反应说明了行动者的利益并非一成不变,且危机时期尤为如此,它们或对自身的实际利益并无清晰认识(Blyth,2002)。各国的政治决策者对利益的认识同样模糊,他们依靠那些可及且被接受的、来自各国相互独立的政策社群定义危机的属性并做出最为可行的反应。因此,是观念而非利益决定了制度性回应(见图2.1)。

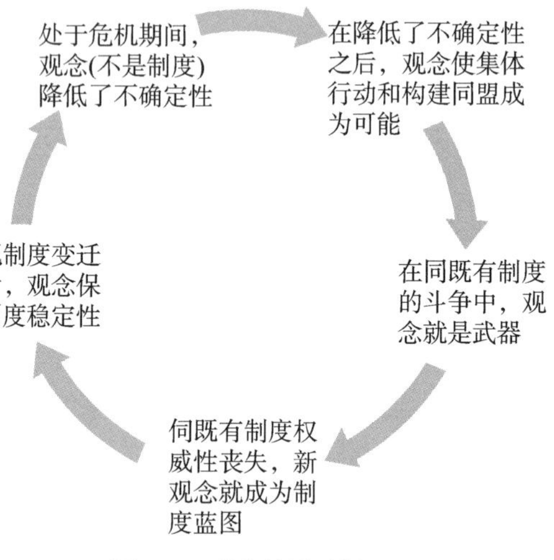

图 2.1　观念性影响循环

资料来源:Blyth(2002)。

布莱斯解释说,制度在演进过程中为观念提供了无数影响政治变革的机会。偏好不是固定而是多变的;这意味着智库之类的观念性行为体能对此施加可观的影响。通过强调观念的重要性并替政治行为体的偏好"松绑",布莱斯将观念定义为自变量,进而解释其如何改变偏好。

在这一点上,我们还检阅了其他从制度主义视角审视过观念作用的著述。该视角指出了观念是制度变革的重要因素,但认为其作用仅限于结构**范围内**。还有一类作品则受建构主义思想影响,认为观念是定义并掌控而非受制于制度。正如后文将进一步展开的讨论,上述两种视角并非相互对立,从内部和外部两方面将观念理解为具有影响力的制度,有助于解释亚洲各智库如何成功地为安全政策提供了智慧。

理查德·席格特(Richard Higgott)在其为 1994 年《太平洋评论》(*Pacific Review*)特辑写作的引言中谈道:"观念对于国际现象的解释力比人们通常能意识到的程度要重要得多。"(Richard Higgott,1994:368)他强调有必要考虑"在几个特殊政策领域(经济及安全)对亚太认同新的认识所能企及的程度,可能取决于整个过程中学者所受训练、对观念重要性的认识程度,**以及事关这些观念的动议提出者及阐释者角色的认识**"(Higgott,1994:368,此处突出强调为作者所加)。该特辑成为一系列致力于研究观念行为体及其对亚太地区经济及安全政策工作的起点。相关文献(至少在该特辑中)明确指出,"近年来,此类正式、半正式及非政府渠道的区域性联系正变得越来越重要,已成为区域交流的重要手段"(Higgott,1994:367)。

阿查亚(Acharya)则从规范(观念)的视角考察了上述论断,他确信其对解释国际关系领域的难题具有重要价值(Acharya,2009b)。他拒绝了此前国际关系对区域发展问题的解释路径(那一解释路径在极大程度上建立在美国霸权的现实主义理论基础上),而是运用基于观念的视角看待规范,运用建构主义的分析方法去甄别变革的域内根源(考察区域内各国关系同既有亚洲制度规范之间的关系)。他致力于寻求关于"为何亚洲尚未建立起区域性多边安全组织?为何区域内既有制度如此之弱但又拒绝改革?"的规范性解释(2009a)。同布莱斯和格里夫一样,阿查亚尤其关注变革的内因。从亚洲的特殊语境出发,他提出了"建设性本土化"(constitutive localisation)的概念,将采纳规范、适应规范、调整规范的权力授予本土行为体之手。很重要的一点是他总结指出的——通过运用"话语、概念架构、概念嫁接及文化选择"造就观念上的(以及在此语境下规范性的)变革,能够实现新的规范性观念同本土实践及信仰的结合(Acharya,2009b:15)。任何行为体若能将新规范同本土实践结合起来(如智库所做的那样),就能激发并引领制度变革。一旦某项规范的建设性本土化得以实现,就会随之反映到区域性制度上;进而使制度一方面成为规范的向导,另一方面也成为未来制度创新及制度竞争的场所。

例如,我们可以确定地指出,是观念而非物质方面的因素推动了东盟的建立。东盟国家在物质利益方面共性极小,然而鉴于它们纷纷将本国的脆弱性归咎于国家一体化程度不足及区域内国家间隔阂,因此将区域合作视为实现安全的一种途径(Ba,2009)。尽管这种将多样性和隔阂联系起来的做法完全出于观念认识,但它确实让东南亚国家克服了国土纷争、区域敌对和大国干涉,进而建立了区域性联盟。

如上所述,制度主义和建构主义学派的学说存在诸多重要的相似之处。两种路径都通过澄清利益概念、甄别问题及其解决方案以及历时性地或在不确定时影响结构变迁,证明了观念的作用。两种理论在某些方面也都展现了观念和制度之间的复杂互动,并注意到施动者试图利用并影响此类互动。实际上,在一些著述中,制度主义和建构主义路径的区别看上去只是出于作者写作重点的差异(Hay,2006)。上述相似之处为我们建立一个研究制度变迁的"新"途径打下了基础,它结合了制度主义和建构主义的几个方面。研究者或是为其贴上话语制度主义的标签(以反映其制度主义的根基),或是称之为建构制度主义(以强调其建构主义的渊源),这一新路径建立在了一个观念或结构都不占据主导地位,两者相互建构的妥协式基础上。

三、话语制度主义

话语制度主义转向的动力来自发现能够同时从国内与国外两方面解释结构变迁的变量。从这一流派研究中兴起、最合乎逻辑的理论是话语(建构)制度主义。它结合了前述三种"新"制度主义,并遵循建构主义及后现代主义理解话语的路径(Tønder,2010)。话语制度主义填补了建构主义同其他致力于解释制度变迁的新制度主义理论(理性选择制度主义、历史制度主义及社会制度主义)间的空白。由于智库通常在"看不见的"话语层面塑造着决策,因此国家论及国家中心论的建构主义理论在解释智库的政策影响力或是作为政策行为体的发展历程的能力上有所欠缺(Jones,2009;Stone,2011)。这一不足在一定程度上源于智库空间的非官方属性,使得智库虽然在政治上很重要,其实践却是在制度主义分析框架之外的。话语制度主义则通过识别智库作为"话语行为体"的角色,证明其对政治进程的影响;进而发现智库的政治权力来源,阐明它们运用话语改变观念、推动制度变迁的能力。

任何讨论亚洲智库推广非传统安全观念的分析框架都必须围绕两个问题展开。其一，观念如何接受动员，超越政治空间并随之对后者产生影响？其二，这与最终形成的制度构成怎样的关系？因此，相应的分析需同时关注观念的价值和潜在的进程间的两个焦点，解释智库利用两者间的互动将之变成政治变迁。本章讨论了两个重要方面：其一，介绍了源于此前讨论过的"新制度主义"的话语制度主义理论框架。话语空间的概念同施密特（Schmidt）的"话语范围"（Schmidt，2011）密切相关，但本书将之拓展，涵盖了众多话语"层次"。话语制度主义填补了现有从观念角度论及智库的文献同其对区域治理制度观念领域议程的实际影响之间的空白。其二，对有关解释非国家行为体怎样同各类与国家有关的结构通过架构规划、建立关系网，并设置议程来传播非传统安全观念的相关理论进行了回顾。在智库构建话语体系的语境中，上述三种机制使智库成为能够在国家/非国家以及正式/非正式行为体之间传递观念的"观念经纪人"（idea broker）。

话语制度主义与智库

话语制度主义的力量源自其能够同时包容变迁的内外根源，这也是相关分析为何令人信服的原因所在。话语制度主义运行于建构主义和制度主义的中间地带；通过调适结构，对标施动者及其观念相互作用同时又存在竞争的影响，解释制度变迁更胜一筹。话语制度主义的"话语"维度通过容许观念和行为体参与到"传达观念的互动进程"中，说明了观念和行为体**都**会影响制度。它还揭示了上述行为体和观念一方面会出现在当下的制度结构中，另一方面也会被当下的制度结构所塑造。

话语制度主义非常适用于智库研究，因为它能同时阐明智库在当前治理结构内部和外部所处的位置，同时全面解释智库作为专业机构是如何在观念中掌控全局的。研究者可利用话语制度主义通过话语行为体关联观念与制度，进而澄清智库何以在正式及非正式进程"中间"进行运作，从而施加政治性影响的。该理论还可用于解释制度缘何能够同时充当制约型及赋能型结构（Schmidt，2010b）。这一功能是通过识别"施动者即便身处制度之内，也能在其制度规则之外进行思考、谈论和实践，深入思考自身正在运用的制度规则,寻求改变或是维系某些制度"实现的(Schmidt,2008:314)。

本书在话语制度主义的定义下讨论话语的力量(更确切地说,作为制度变迁的一种机制),并将之运用于智库创建的话语空间。不过,将中介性质的、模糊不清的那一些形式化机制同另一些由智库提出动议的政治空间混为一谈,在方法论层面造成的问题显而易见;而直接联系智库引入的内容,又很难识别进而定量地分析特定政策的发展同制度变迁之间的关系。这并不是说智库不会对非传统安全议程产生影响;它们显然会影响,只是这种影响通常"躲在幕后"。

亚洲的智库在公众和个人之间、国内和国际各部门间促进了观念的传播,扮演了"观念经纪人"和"政策企业家"的角色(Smith,1991;Stone,2000b)。而且其利用自身政策专家的合法性身份为新的安全治理形式背书。其以这种身份担当了治理运营方的角色,并从中创造了推进非传统安全议程的政治空间。我们可以在业已建立的政治论坛日渐流行、日益突出的非传统安全议程里,以及新创办的论坛或致力关注、或多少涉及来自非传统安全挑战的现象中,找到其成功的证据。

话语制度主义重新定义了其他理论中构成二元对立关系的观念性的行为体和物质性的结构(Gofas and Hay,2010)。其他"新"制度主义将施动者(行为)从属于结构(规则),而话语制度主义重新评估了此间关系,"视制度同时具备客观给定的(given)(作为施动者思考、表述及行动的语境)和主观认定的(contingent)(作为施动者的思想、言语及行为)的属性"(Schmidt,2008:314)。政治结构与施动者间的关系被对等看待;"制度和结构之所以相关是因为它们反映、折射、制约,以及促成人的行为;反过来,它们也是为过去施动者再生产或改变制度和结构的行为所造就"(Bell,2011:894)。这一施动者和制度形成政治互动的观点,在研究者考察亚洲的智库及各国政府间关系时尤为典型且颇具启发性。

然而话语制度主义方法仍有不少竞争者。以贝尔(Bell)为例,他承认解释制度变迁时观念的重要性,但认为在解释观念的力量时,赋予了话语制度主义太大的权重,几乎达到了后现代主义方法的程度(Bell,2011)。通过细读文本可以发现,贝尔同话语制度主义的隔阂主要源于其断章取义的认识,他的理论忽视了话语制度主义者将观念同其制度语境相匹配的努力。

施密特明确地指出"话语制度主义中的'制度主义'指的是该路径不仅同观念的传播/交流相关……而且同身处其中并利用其进行传播/交流话语的制度语境相关"(Schmidt, 2010b: 4)。此外,"话语制度主义……同其他新制度主义理论的核心共识就是制度的重要性"(Schmidt, 2010b: 4)。话语制度主义和其他新制度主义的区别在于它们对制度不同的预设及侧重变迁不同的根源和施动者(Schmidt, 2010b)。话语制度主义清晰地揭示了行为体在塑造它们所能获得机会的制度内部运作;与此同时,行为体也能运用话语的力量改变制度。话语制度主义并非如贝尔所言那样,将施动者从制度中区分出来,而是重申它们相互建构的关系(Schmidt, 2008)。本质上,施动者在制度内运转,其行为或强化或改变制度结构。话语(互动)正是在施动者和制度之间的这一点上改变了观念,制度变迁由此发生。

话语的类型

简单地说,话语就是在特定政策及制度语境中,施动者和结构间传达观念的*互动*进程(Schmidt, 2008)。在考察言说的内容之外,话语还对其他对分析而言颇为重要的中介变量,如对行为体(谁对谁说了什么)及语境(话语是如何、何时、何地,以及为什么被言说)进行分类讨论。这一概念的重要性在于其容纳了作为施动者的智库同时身为观念运作方的状态。它还同时解释了由智库创建、以第二轨道对话形式运作的政治空间的重要性。智库在这一系列空间中构建了能同其致力推广的观念及议程产生共鸣的、具体的政治语境。

话语制度主义识别三个层面上的观念,即政策、规划和哲学。相应地,处于一个层面的观念决定了它的潜在政策影响力,层次越高,其接受度越低、越难以落实。观念的初级层面是"政策",它们考虑具体的政治情境,形成具体的政策建议。这是智库所推广观念中最常见的类型,也就是最具体、因果相关性最显而易见,从而为政治行动提供指导原则、实现政治目标的类型(Goldstein and Keohane, 1993; Schmidt, 2008)。

第二个层面上"纲领性(规划安排)观念"则是包含了构成政策层面的想法、广义的观念性规划(Campbell, 2002)。由一项项具体想法组成的非正式安全议程(例如,将非军事议题重新定义为安全或合作/集体安全路径)即为纲领性观念,可用于定义需要运用更加精准的政策想法去解决的问题集合。非传统安全议程即由这类观念/想法组成;智库也正是致力于该层面的工作,并取得了极大的成功。改变某种观念基础要比改变任何具体政策花费更多的时间,但也更具影响力。这类观念通过明确目标、突出协调工作重点、调整既有规则及规范建立新制度形成政策架构(Goldstein and Keohane, 1993)。像美国企业研究所(American Enterprise Institute, AEI)和传统基金会(the Heritage Foundation)这样保守派的政策性研究机构在罗纳德·里根(Ronald Reagan)执政期间对美国财政及外交政策的非凡影响力可谓是解释纲领性观念的推广是如何改变一个国家对自身利益的认识,进而去追寻全新利益目标最好的例子(Burch, 1997)。大多数建构主义的文献都轻视了纲领性观念的重要性,忽视了它们比单一政策涉及面更广的事实。而且一旦被接受,"(纲领性观念)久而久之就依靠各种各样的话语和场合,成为组织化逻辑或是协同范式"(Stone, 2011:19)。

公共哲学构成了上述分层的最上层。相比于政策性或是纲领性观念,公共哲学是存在于更为本质化层面上的"世界观"。此类底层支柱性观念包含了对价值、态度,以及其他"适当且符合社会认同行为的共识性标准"的假设(Katzenstein, 1996:19)。国家对安全的认识就是本质性问题,但除非遇到危机,上述基础性问题基本上仍未受到承认,也未受到异议(Campbell, 2002)。坎贝尔(Campbell)鉴别了该层面上作为认知范式的观念,他认为此类范式决定了因果关系,且"制约了决策者去尝试他们认为或许会有用的其他备选项"(Campbell, 2002:22)。尽管底层的观念(即政策)更容易产生影响力,但最根本且最具持久性的变迁是在范式层面发生的。传统与非传统安全理念间的论争正是在范式层面发生的。亚洲的智库运用自身的话语能力、同智库网络的联结及其创造的话语空间,给出了一系列因果相关的叙事,重新定义了亚洲安全问题某几个方面的问题/解决方式集合。在非传统安全议程的框架内,安全议题不再只是军事问题,也必须在多边或区域合作的语境下才能讨论。我们将在下一章详细讨论构成非传统安全议程的具体观念。

协同及交互式话语

观念的动员通过运用话语实现,具体有两种形式。协同式话语指的是政策构建过程中精英群体或个人介入阐述、发展,以及阐释政策的"协同式"进程(Ladi,2011)。对于东盟政治层面的讨论而言,东盟地区论坛及香格里拉对话作为决策者阐明自身政策立场的场合,无一例外地被协同式话语所主导。参与其中的个人包括选举产生的官员、公务员、非政府组织、专家、跨国倡议团体和知识共同体(Schmidt,2008)。智库同政治精英之间的协同式话语出现在政策发展进程的开端。正如时任悉尼大学国际安全研究中心(Center for International Security Studies,CISS)主任艾兰·杜邦(Alan Dupont)所指出的,智库经常组织会议和焦点小组讨论,为待研判的问题提供相关信息;同时决定了政治精英会寻求什么类型的政策分析(作者访谈,2011年于悉尼)。

第二类话语围绕着个人或群体公开提出、探讨及合法化其政治主张的"交互式"进程展开(Schmidt,2008)。这类话语被运用在向相关群体传达政治主张的价值上。从智库的影响力上升到区域论坛层面开始,它们便运用交互式话语敦促决策者在区域层面给予其主张以合法地位。交互式话语还涉及公众之间,以及公众向决策者提供反馈的信息交流。这一过程包括了"反对派成员、媒体、该领域权威专家、社会贤达、激进社会运动者、公共知识分子、专业人士、智库、有组织利益集团,以及社会运动"(Schmidt,2008:310)。这些新加入进来的政治行为体能够诠释、影响及修改介绍给他们的主张,并同倡议方交流,告知相关变动,由此形成一个观念交换过程。拉迪(Ladi)发现,"为实现变革并保持稳定,公共政策转向需要一套在功能上协同度高且交互性强的话语,而在大多数时候智库拥有此类能力,并提供恰如其分的资源"(Ladi,2011:205)。智库以政策企业家的身份,频繁地参与到这两类话语中,并充当了话语空间的提供者。他们在精英和精英间游说活动中协调政策话语,继而将这些主张传达给其他政策行为体,并通报给公众。这两方面的能力使智库能够掌控话语,进而得以凌驾于其他行为体之上推进某些观念化议程。

成功的话语

话语不仅是言说,而且还具有观念性和互动性(Smith,2010)。

> 话语不仅是观念或"文本"(被言说的内容),它也是语境(何地、何时、以怎样的形式、何故被言说)。该术语不仅涉及结构(言说的内容,或言说的地点及形式),也涉及施动者(谁对谁说什么)。
>
> (Schmidt,2008:305)

智库之所以有能力影响政治制度,是因为它们有能力参与到成功的话语里。表达一项主张,即使观念足够好,也不足以保证它被政策行为体所接受。成功的话语倚赖众多因素,例如相关性、有效性、连贯性、一致性及准确性(Schmidt,2008)。我们有必要在此详细引用史密斯(Smith)有关成功的话语条件的论述:

> 一套话语若要占据主导地位必须不仅承担认知性功能(勾勒某一政策性规划的逻辑,描述其必要性)、规范性功能(界定该政策性规划的引人之处及其恰当性),而且还要承担协同功能及交互功能。
>
> (Smith,2010:145)

正如芭(Ba,2009)在其对东盟区域主义的研究中注意到的,观念所拥有的权力及意图并非继承得来,其获取的时机有赖施动者的动员(即施动者通过参与话语体系动员观念)。因此,尽管观念十分重要,它们对制度的影响取决于其他方面,例如语境和言说者。这些方面决定了观念能否被成功地推介给那些拥有政治权力的人。

> 对话语而言,没什么是不可能发生的。通常来说,它对政治变迁的影响就比配角大那么一丁点,例如体现关键政治行为体的利益、彰显制度路径依赖之类。同样常见的是,话语能够改变对利益的感知并指出通往新制度的道路,由此克服利益和制度在变革议题上的分歧,在因果关系层面影响政治变迁。
>
> (Schmidt,2002:169—170)

当话语在得当的场合得到有效的运用,就获得了权力。同时行为体融入话语的能力，也为相对弱势的行为体（如智库）是如何成功挑战了亚洲长久以来按部就班、默守成规的诸多观念，提供了一种解释。正如前文论及的，亚洲的智库所处的政治环境强化了它们推广观念、推进制度变迁的实力。它们同政府之间的密切联系及其在域内社会政治史领域的经验，都为它们了解怎样才能进入体制并推广政策提供了优势。

四、话语战略

令人惊讶的是，话语制度主义直至晚近才被运用于智库研究（Ladi，2011；Stone，2011）。运用话语制度分析的著述仍限于理论领域，且坚决以国家为中心地分析教育、经济、安全以及非正式安全等领域制度变迁中的观念（Blyth，2002；Katzenstein，1996；Speller；Stone，2011）。尽管这些研究对认识决策过程中观念的价值做出了很大的贡献，它们毕竟忽视了将观念转化为制度时必要的*政治过程*。坎贝尔等学者痛惜有关观念的研究对观念如何影响决策的机制缺乏清晰的认识（2002）。甚至在极大程度上已将话语制度主义这一概念系统化的施密特也承认，关于这一概念最好的研究也存在理论化程度不足的问题，最糟糕的情况则是在大多使用话语制度主义分析框架的研究中，话语制度分析无处可寻；"归根结底，如果结构发生改变——正如制度发展假说论证的——那么必有某些政治行为体通过调整结构影响了某些政治进程"（Schmidt and Radaelli，2004：194）。本书旨在填补上述空缺，通过分析政治空间中运作观念的政治机制，将话语制度主义分析框架操作化。

本书通过揭示智库运用某些政治性战略传递观念的过程，找回政治并将其安置在话语制度主义分析框架中。本书的研究不仅关注话语进程，而且注重*话语空间*的重要性，对话语制度主义文献做出了显著的贡献。智库为提高自身话语能力创建了独特的话语空间，它们可以从中掌控对话及其他交互式进程。此类空间通常伴生于正式治理结构，但相比正式场合的严格限制又在政治上有一定自由度。在智库的掌控下，此类空间为国家及非国家行为体提供了一个更灵活的讨论敏感安全问题的环境。尤其对亚洲这样政治碎片化显著的区域而言，不受外交规则局限的政治空间极为罕见,是除了商品之外备受追捧的东西。此类空间有许多形式,包括智库组织的对话、会谈、会议,合作网络等具备第二轨道属性的进程。此外我们还能发现其他更短暂、大多尚未成形的政策,并在域内各类智库推动下建立的知识共同体中发现话语空间。智库以正式政治活动边缘的话语空间为平台,将非传统安全议程归结为安全问题(理论话语体系化),列入正式或非正式安全议程(议程设置),然后将之同其他政治行为体和决策者联系起来(建立关系网)。这些是智库参与治理运作事务的基本组成部分;阿凡特(Avant)等学者认为"除非有人将该难题定义为问题并将之列入相应议程,才能对其进行针对性的治理"(Avant,2010:15)。因此,亚洲的智库网络在将此类议题定义为安全问题并将之提上政策议程之后,才算真正启动非传统安全治理进程。通常,智库会同时运用问题框定、议程设置及建立关系网等策略,旨在充分利用所有上述能够企及的渠道获得政治影响。通过运用上述策略,它们成功地用非传统安全观念促进了制度变迁(制度化)。

问题框定/议程设置

关于智库在何时,或者更确切地说在政治进程中的**哪一步**影响了政策的问题,我们可以查阅到大量论争文献(Abelson,2006)。考虑到智库论坛为引介观念提供了场所,说智库在政策周期的极早期、政策论证架构之初就产生了影响的确合乎逻辑(Peschek,1987)。体系化对话语的成功颇为必要,而且使用具有说服力的框架能够说服听众,提议的一系列政策行动具有重要性和相关性,且颇为得当。智库经常处于问题识别(框定)、议程设置和政策规划最前沿,因为它们对新兴政策挑战的反应比政府官僚机构更敏锐。它们以此为契机,针对亚洲所面临的新兴安全问题,提出概念化的语言和治理范式。

亚洲的智库尤其会将问题框定运用于激发它们所期待的政策回应,"……综合性地针对受众'架构(理论话语)体系',以吸引他们的注意并鼓励相关行动,进而'适用于'有利的制度环境"(Keck and Sikkink,1998:2—3)。(理论话语)框定是一种政策职能,而在架构政治性问题、设置议程背后,政治性权力的影响都极为显著。

框定是创造对某些事物的"知觉"从而引导政策回应可能倾向的过程。

本质上,理论框架是建立"因果叙事"(causal story)或问题/解决方案集合、引导政策形成的一系列要素(Blyth,2007;Stone,1989,2007)。按照恩特曼(Entman)的论述:

> **框定**是选取自身感知到事实的某些方面并在交流文本中进一步突出这些内容,以这样的方式推广对某一个问题的定义、因果解释、道义上的评价,以及/或针对**所描述的问题**提出解决方案。
>
> (Entman,1993:53,突出强调部分随原文)

(理论话语)框架由话语构成,"话语通过改变行为体对政策性问题、政策遗产及其'适用'程度等方面的感知,协助造就了政策变革的开端,并因此加强了其自身推动政治制度变革的实力",从而掌控该体系(Schmidt and Radaelli,2004:188)。框定的(问题)通常是刻意架构的,能够成为操控意见的有效工具(Nelson and Oxley,1999)。

> 话语体系有助于说服政治行为体及公众当下的制度遗产存在缺陷……话语体系充分帮助行为体推动制度变迁,此类行动通常会涵盖对当前制度遗产意义及其表现的公开讨论。
>
> (Béland,2009:569)

(理论话语)框架事关政治,智库则有效地利用该框架推动从非传统安全角度理解安全问题。一旦被有意地纳入政治议程时,"话语体系协助政治行为体说服其他群体和个人,从而围绕一个具体的改革倡议或前瞻形成联合阵线"(Béland,2009:570)。由此,智库引发了人们对非传统安全问题的关注,通过第二轨道对话联结起政治行为体,进而提出非传统安全议程是实现区域稳定的最佳行动路线。

智库运用构成特定意义的、旨在"协助彰显意涵丰富的事件和现象,从而起到组织经验、引导行动的作用"(Benford and Snow,2000:614)。通过在明确的语境中框定信息,智库能够突出它们所期待的、针对某一问题的理解(Nelson,Oxley and Clawson,1997)。坎贝尔通过指出"在20世纪八九十年代,经济全球化的概念被用作评价保守主义或是新自由主义政策转向的体系"说明了体系化的力量。对经济全球化体系的接受,以及同期的新自由主义政策转向"造成了规范上本身渴望此类制度变迁的社会中观念和修辞间的冲突,"同时指出"认为有必要提供更具体的政策建议以修复一系列社会及经济问题"(Campbell and Pedersen,2001:1)。

"非传统安全"的概念提供了一个有别于此前对安全概念认识的新框架。这是一项旨在将不稳定的非军事及跨境根源纳入主流安全话语的动议。从非传统安全理论框架出发考察安全问题,暴露了既有区域制度的不足。也正因如此,上述框架正越来越多地被智库和其他行为体用来评价和激发亚洲安全治理领域的变革。智库体系化及重新架构理论话语体系的技巧是其推广非传统安全观念、倡导政策及制度变迁的关键维度。

问题框定非常重要的一个方面是议程设置。金顿(Kingdon,2003)指出,议程设置是政治进程的第一步。受到人们广泛关注、涉及主要利益的各项议题构成了决策期间的议程。问题本身具有"流动性",它们随时间变迁而改变,又因处于政治结构的不同位置表现各不相同。智库在政治论争中占据了优势,因此经常能在政治议程中加入新话题,或是在过时或低效的论争中提出新的议程。

智库在政治议程中引入新议题的目标历来建立在这样一种认识上,即一旦实现上述目标,该议题就会在相关问题框架的引导下产生前进的动力。这些框架通过含蓄地概括"指向最终选择的备选项"(Kingdon,2003:2—3)为将发生的对话和论争提供支持。按照黛安娜·斯通(Diane Stone)的论述,"对权威话语的管理而不是研究本身为智库的议程设置赋能"(2007:274)。

智库已经可以决定哪些纲领性观念能够在政治上受到关注,进而通过积极参与甄别、定义及推广非传统安全议程引导决策者理解上述观念。要让政治决策者接受并落实观念是很难的,若涉及亚洲政治图景的体量和多元性则更加复杂。亚洲的智库回应本地区复杂的情况采取的策略是积极设立并制度化域内智库网络(Kahler,2009a)。反过来,这些智库网络也成为非传统安全话语的重要载体以及智库与政治行为体之间重要的协同式话语场。

网络化

亚洲的智库在治理各层面上建立了各类行为体之间的联系,由此为推广有关政策的游说创造多重政治机遇(Keck and Sikkink, 1998)。这些智库网络构成了生发于亚洲区域主义的竞争性空间中正式及非正式治理尺度最基本的一环。这种语境中的智库网络同时担负起了交互式和协同式话语功能。麦甘(McGann)和宾夕法尼亚大学智库与公民社会项目(the University of Pennsylvania's Think Tank and Civil Societies programme)的研究报告曾指出,智库将全球化(或本书研究中的区域化)视为自身优势:

> 借助各国、区域及国际性网络的联系,智库开拓并加强了同其他非政府组织和研究机构的密切联系,进而巩固了其决策过程必不可少的参与者地位。
>
> (McGann et al., 2012:15)

智库以倡议网络的身份,以话语空间为平台"将新的观念、规范和话语引入政策论争,并充当了信源和证词"(Keck and Sikkink, 1998:3)。除提供政策分析外,我们还必须认识到智库是一种"政治性空间,境遇各不相同的行为体在其中以正式或非正式的形式进行协商,讨论它们共同事业的社会、文化及政治意涵"(Keck and Sisking, 1998:3)。此类网络提供的政治空间发挥了极大的作用,而且成为智库有能力掌控话语关键方面(谁对谁说什么?如何言说?在什么语境中言说?),从而超越其自身影响力的场所。此类场合已经以第二轨道对话的形式部分地实现了制度化,为推进非传统安全议程所必需的各类交互性及协同性功能提供了平台。

分析话语空间对理解智库推广各类观念,尤其是非传统安全观念必不可少。非传统安全议程的敏感性使之不便于在正式场合进行讨论;因此,上述议程的推广多在智库网络组织的非正式外交场合进行。在交流观念/主张方面,此类网络允许智库接受来自其他场合的观念,然后根据本国需求修改落实。它们创造了"叠加了个体化和交流功能的基础性结构,以便快速并有效地传递新的观念和政策路径"(Struyk，2002：626)的做法。此外还经常充当政府向公众传达决策进程的机制。智库的价值还在于其在协同式话语机制中的作用，虽然它们的角色颇为微妙。智库网络的非正式属性使它们在严格遵循等级制、充满繁文缛节的正式治理进程之外创造出话语空间，容纳那些颇具挑战性的政治话题。上述智库网络提供的"合议性的氛围"为政府官方代表拓展了以非官方身份参与其中的机会(Struyk，2002：633)。由此创造了一个同时有正式及非正式谈判在进行、有各类不同的政治行为体参与、广泛涉及共同且多元政治目标的独特会场(Keck and Sikkink，1998)。

在对智库如何影响安全治理的研究中，有关网络的概念存在三种不同的解释：纯粹指由研究中心及政策研究所构成的网络、网络化行为本身，以及政策性网络这一概念化类别(Stone，2000c)。第一类，即智库网络，纯粹由智库及研究所构成，不包括其他非国家行为体。有的网络仅关注单一政治性问题(如全球气候网络)，有的是区域性组织[如东盟战略与国际问题研究所协会、东亚智库网络(NEAT)]，抑或这两类网络的结合(如斯德哥尔摩网络①)。网络内智库拥有相似的组织架构和意识形态，通常按照地理位置或议题领域组织形成。某一智库同时隶属于一个以上的智库网络而且／或是同时涉及国内及地区两个层面治理事务的情况并不罕见(Stone，2000c)。

亚洲的智库网络在不同国家的智库间协调观念(协同式话语)，进而通过智库网络促进这些观念在各国及域内决策领域中的传达(交互式话语)。此类网络创造了共享信息、观念以及专家意见的联合阵线。或者政府也能利用诸如智库提供的网络作为渠道，同别的政府在正式政治机构约束之外实施合作(Kahler，2009b)。

"网络化"行为本身在观念传递过程中意义重大，它既发生在正式的网络边界之内，也发生在网络之间。从这个角度来说，网络化由智库学者和负责人——拉近的人际关系构成(Stone，2000c)。此类非正式的联系由一

---

① 斯德哥尔摩网络(Stockholm Network)是一个市场化的、涉及全欧洲范围的智库网络。——译者注

系列个人发起的或私人、或公开、或政治、或专业性的关系演进而来,用于在个人同机构双方/多方间信息及资源的迁移(Cross,2011)。

例如梅里·卡巴莱诺-安东尼(Mely Caballero-Anthony)同时担任了南洋理工大学拉惹勒南国际研究院非传统安全研究中心(Centre for Non-Traditional Security Studies,该中心既是东盟战略与国际问题研究所协会成员单位,也是亚太安全合作理事会成员单位)主任和东盟秘书处外部关系与协调局局长(Director for External Relations for the ASEAN Secretariat)(World Economic Forum,2015)。与之相似,曾任印度尼西亚副总统顾问的德维·福土纳·安瓦(Dewi Fortuna Anwa)同时在印度尼西亚顶级智库之一的哈比比中心(Habibie Center)①担任领导职位。她亦曾积极参与麦克阿瑟基金会的亚洲安全倡议。上述智库学者有规律地担任政府职务的"旋转门"现象在全世界都很常见。埃布尔森(Abelson)注意到"他们(即智库学者)在政府中担任各类职务所获得的资源,为他们之后游说推广自己的思想打下了人际关系基础"(Abelson,2006:138)。

此类联结对推广某些观念的影响不应被忽视。智库在很大程度上依赖其成员的人际网络实践,这一观点已被广泛接受。不出意外地,本研究访谈过的所有智库工作人员都提及个人关系网"非常"甚或"极为重要"(Wilkins,作者访谈,2011年于悉尼;Ewing,作者访谈,2011年于新加坡)。有时某些倡议、项目或机构的成功全靠上述联系(Bartwal-Datta and Curson,作者访谈,2011年于悉尼)。最重要的是,此类网络在传播观念,以及维持既有或获得新的资金资助,保障同政治决策者进行沟通、参与决策论坛的渠道、吸引政治行为体关注个别智库的研究工作等方面产生了决定性影响(Stone,2000c;Dupont,作者访谈,2011年于悉尼)。"此类私人网络不同于一对一关系,无法普及推广。但它们冲破了政治领域、学科界限、制度及国家边界的约束。此类关系网可以说是造就了政策研究者'看不见的同事'"(Stone,2000c:36)。

---

① 哈比比中心(Habibie Center)是由印度尼西亚第三任总统巴哈鲁丁·朱苏夫·哈比比(Bacharuddin Jusuf Habibie)及其家族成员在其卸任总统职务之后创立的非政府、非营利性组织。——译者注

最后一类网络是政策网络。政策网络从以变化求生存的"跨国倡议联合阵线"(Keck and Sikking,1999)到专注特定问题稳定的"政策共同体"或关注面更广的"知识共同体"(Stone and Nesadural,1999)不一而足。这一类网络同本研究最为相关,因为智库一般符合知识共同体的定义,即"在特定领域内拥有公认的专家意见和专业技能,在本领域或议题范围内对政策相关知识提出权威主张的专业化网络"(Hass,1992:3)。尽管并非所有,但部分智库网络的确符合知识的四项标准:对一系列规范性、原则性理念形成共识,并为其行动提供基于价值观的依据;对因果解释形成理念共识或专业的判断;对基于自身认知和主体间互动所定义的知识验证标准形成共识;共同的政策性趋向(Hass,1992)。虽然所有的智库网络都以此为标准审视(各智库)是否是称职的政策性共同体成员,但并非每个智库都参与了知识共同体。而且,一个智库网络可以隶属于多个致力于研究非传统安全议程中各类问题(气候变化、全球流行性疾病、恐怖主义等)的知识共同体。

所有以上三类智库网络都在联结行为体和资源、追求共同的政治目标上有重大的意义(Stone,2000c:37)。一旦观念影响制度的力量得到重视,此类网络便拥有可观的权力,足以塑造区域内的安全观。而且,智库之所以值得我们给予特别关注,还因为它们是这类共同体的主要成员,实力能够跨越国境(详见 Rhodes and Marsh,1992)。

鉴于决策者在没把握的时候会征询智库意见,与此相关的区域性网络一直在扩张。正因如此,智库乐得凭借自身"专家"地位赢得接触政治决策者的优势。智库花了很大力气提升本机构在某些政策建言领域的专业声誉,安全领域尤为如此。相应地,域内政府官员也越来越倾向于在战略局面不稳定时征询智库建议,请他们协助自己解释现有知识体系、针对新兴安全问题提供政策建议(Cross,2011)。

所有形式的智库网络都在推动非传统安全议程方面坐拥显著优势。它们亦是评价智库被用来介入政治结构、传输观念、对制度产生影响的政策进程的重要方面。智库在安全问题的治理实践中扩大了自身影响,但它们缺少其他政治行为体那样的决策权及合法性;然而,"对它们在政策网络中互动的观察,使我们得以管窥智库是如何渗透进非正式的政治圈子、取得'入场券'并接触决策者的"(Stone，2000c：38)。智库网络不仅是在政治舞台间传递观念的重要行为体，而且更擅长在亚洲安全环境变动日益剧烈的情况下回应非传统安全问题。

> 鉴于非正式关系加入并常常处于主导地位，关系网络相对更灵活且更快更便捷地适应新加入的行为体或新出现的需求。对于某一特定的安全问题，只要在行为体之间存在利益交换或共同利益，它们就能即刻建立非正式关系。而正式的制度性联系则需要可观的时间和资源，才能在各国法律或国际机制中赢得一席之地。
>
> (Krahmann，2005：24)

此外，关系网络更擅长横向突破国界，提出跨越国界、管辖权，以及治理结构的问题。因此它们更适合应对非传统安全问题的跨界特性(Keck and Sikkink，1998；Krahmman，2005)。正式及非正式的关系网络逐渐成为新治理形式的必备要素；因此智库以治理运作方的角色承担起这项工作不足为奇。

> 安全治理与网络的兴起相关，这种联结乃是碎片化的治理安排所促使，甚至要求在国家与非国家行为体间构建网络化的协同模式的背景之中。
>
> (Krahmann，2005：21)

智库利用关系网络实现交互式和协同式的话语目标，还通过网络化运作使话语进程倾向从非传统安全视角解释安全问题。这一做法帮助智库将非传统安全议程纳入政治议程，并在此框架下提出决策方案。以上所有因素对智库致力于将非传统安全观念制度化、纳入区域治理结构的行动而言都很重要。

制度化

智库积极参与亚洲防务政策的制度化进程，它们在亚洲地区安全对话中日益突出且注定承担重要角色(Capie and Taylor,2010:359)。非传统安全的挑战随着"国家间甚或国家同非国家行为体之间互动的正式确立"(Caballero-Anthony and Cook,2013:2),业已促成了制度的多元化。

话语制度主义观察制度的视角颇为独特,"制度被认为是施动者思考、言说和行动所处的语境,同时亦是施动者进行思考、发表言论、实施行动的结果"(Ladi,2011:207)。也就是说,制度约束了政治行为体能够实施的行动;同时亦被它们的行为和选择所改变。受其既隶属于政府机构,同时又有极高组织自主性两方面因素的影响,智库能够在话语制度主义"等式"的两侧同时起作用。同政府的紧密联系使其可以作为国内政治行为体提供政策建议;同时鉴于智库并非正式治理结构的一部分,它们还可以在政治制度之外活动,从而避免了很多制度上的约束。

作为政治结构的一部分,智库有无数参与到政治进程中的切入点。它们由此可以成功地用观念去影响一种制度结构的构造、维系及更迭。首先,面对非传统安全问题不确定的结果,智库可以提供能够定义并厘清不确定性根源的观念。此类框架随后被用于定义危机,进而澄清政治利益的关键所在,从而强化支持或削弱既有制度。在亚洲这样的地方,对非传统安全问题治理的政治关注度极高,区域性制度则在回应此类关注时面临越来越高的关注度(Krahmann,2005)。那些无法有效处理并解决此类问题的制度都被认为是"堕落"地迎合利益相关者的政治利益(在本案例中指亚洲各国)。相应地,那些"成功"解决非传统安全问题则被视为高效且合法的制度,进而赢得了支持、产生了影响。

智库以区域制度变迁促进者的角色重新定义了利益。那些未能成功解决非传统安全问题的制度必须被改变或是被彻底取代。在此情况下,智库不再只是政策企业家,而是进一步成为治理运作方。它们的主张相当于以"理想"制度为目标规划的蓝图,因此可以直接通过强调必须在制度领域实现变革,表达出制度变革必将实现的信念,进而落实并引导政治行为。智库还成了召集和动员集体行动的集结点和联盟建构的工具。此外,观念亦可通过制造政治行为体之间的共识,明确制度应承担怎样的角色以及如何履行相应的责任与义务,从而为将来政治及制度的稳定奠定基础。

如此,智库可以通过批评既有制度激励外生性变革。与此同时,它们还可以通过提出有关制度改良和制度增效的议案激励内生性变革(Mendizabal and Yeo, 2010)。智库通过公开质疑东盟的工作效率激励外生性变革,同时通过向东盟提交改革建议推动内生性变革。智库首先作为外部行为体提出批评,继而作为内部行为体通过名人小组(Eminent Persons Group, EPG)向东盟提出改革建议。它们强调了一系列僵硬的区域性制度同东盟无力处置不断变化的安全议程之间的矛盾。智库随之为面向未来的治理形式提出了颇具说服力且可信的制度模式。诸如提高制度实力、将东盟建立成为国际法人实体等很多由智库提出的议案,最终都成为东盟宪章(the ASEAN Charter)的正式条文(Acharya, 2009a)。

在某些情况下,例如成文制度的缺失,抑或改革行不通的时候,智库提出或支持的观念也可以成为一系列崭新制度的模板。例如,全球化进程使许多国家注意到有必要设立区域或全球性的规制组织(regulary body)。此类制度通常没有先例可循,或者既有制度明显机能失调以至于必须被取代(例如国联)。诸如此类的情况越发常见,从而为智库的介入提供了绝佳机会;智库也因其广泛参与决策网络和知识共同体赢得了更多机遇。

而一种制度一旦建立,就会一直主导决策进程,直到其受到挑战、发生改变或被其他制度所取代。正因为这种延续性的存在,

> 既已制度化的规范(及观念)尤为重要,因为它们更容易在法律和文化中找到相应的表述。制度化规范表述的不仅是直接影响行为的世界观,而且通过确立什么是得当行为的一系列标准,对行为产生间接影响。在此过程中,(决策者)通过对特定问题的说明,选择性地预设了个体或群体价值观。
>
> (Katzenstein, 1993: 158)

制度化的观念对政策的影响已经持续了几十年,甚至几代人,有时候比最初规划设计时的预期还长(Goldstein and Keohane, 1993; Blyth, 2002)。到目前为止,制度化是推广观念所能形成最持久也是政治上最具争议性的结果。建立关系网络、形成问题体系、设置议程、创建话语空间通常是尝试实现制度化之前必须构建的政治要素。

问题框定/议程设置、网络化及制度化等三个方面的策略都同话语相关。它们是智库在政治空间中运作观念、解释如何在政治行为体之间传递观念的方式。通过分析上述策略、解释它们是怎样将智库嵌入亚洲安全治理的政治进程,我们将关注的目光投向了亚洲智库尚未被发现的一面。

五、小结

这一章涉及了大量理论基础。首先,本章概括了观念何以成为制度变迁有力的政治性工具。随着学者们越来越关注观念,他们开拓了评价非政府行为体和(制度)结构外行为体的分析空间。在这一演进中,话语制度主义已从一种理论工具,发展为探究用传递观念的互动性进程(话语)解释政府及非政府行为体何以运用观念改变制度。接下来将具体说明该理论的价值,展示非传统安全观念是如何通过智库被用于打造区域治理结构以及推广区域治理新模式的。

第三章　智库与非传统安全问题

一、引言

亚洲的智库在一直公开支持非传统安全议程。相对于重新定义或是将某些政治问题安全化(更多关于安全化的讨论,参见 Buzan *et al.*, 1998),该议程更为深入。非传统安全议程实际上包含一系列政策性范式,其背景及动力来自安全问题持续变动的属性,以及关于面对新危机各国应当作何反应观念的转变。

本章分为两部分。第一部分区分并讨论了智库之间的互动和有关非传统安全议程的对话及网络。这部分首先明确了非传统安全议程的内容,由此研究者可以清晰地追溯这些观念主张的推广过程。由此可以说明,为什么安全议题的传统与非传统认识间的冲突实际上是更宏观的规范性治理范式崩塌的一部分。随后作者结合各机构所在区域的历史—政治语境,介绍了后续将进行个案研究的各个智库,确定它们在安全决策过程中担当的政治性角色。智库取得成功的根本性要素之一在于它们以第二轨道网络及对话的形式建构的话语空间。智库对上述空间的掌控使它们能够积极影响观念化进程,同时推广其对安全问题的非传统认知。在某些情况下,上述空间成了安全治理实质性的决策场合,尤其在缺少备选官方场合时更加如此。在政策形成研究中,非正式政治空间的重要性远未受到正视,且概念化程度极低。在区域层面尤为如此。近来研究者方才开始注意到观念拥有影响认同及利益的力量。因此,将上述概念的相关应用拓展到区域及非正式政治领域,对拓展制度主义及建构主义文献十分及时且很有必要。

本章后半部分说明了研究方法论及案例选择的依据。追踪非传统安全议程从最初的观念到最终的制度化之间的变迁，需要具体且深入地考察其中的话语进程。过程追踪方法最适合评价智库的话语影响，因为该方法能够洞察多个却不具备可比性的变量，它们都是造就成功话语的决定性因素。这样做可以对智库运作下的话语进程做出细致入微的考察，进而清晰揭示智库在推动非传统安全议程中所做的贡献。

二、亚洲的非传统安全问题

随着非传统安全观念渐成常识，它们从根本上瓦解了赋予当前治理制度合法性的传统规范。因此，智库推动非传统安全议程便成为事实上对新的、"改造过的"治理模式的呼吁；对那些同新兴安全范式紧密相关的行动而言尤其如此。认识到观念能够在政治动荡时期定义并引导偏好，对解释智库如何成功地将非传统安全议程制度化颇为重要。在这种情况下，结构化和物质主义的约束通常能引发"精英之间"运用"危机定义的"观念提出挑战性政策（Blyth，2007）。布莱斯指出"精英间说服"的概念是社会建构中显而易见且重要的机制（Blyth，2007：716）；这一观点强调某些精英施动者的力量主导制度变迁。"精英之间的说服"概念颇为有趣，而且尽管布莱斯只是将之运用于国际政治经济分析框架，它也同样适用于安全政策问题。智库因其专业性而具备政治权威；在非传统安全问题上，它们就是政治精英。

精英间使用说服这一形式超越了单纯引介观念的做法，进一步提供了路线图；他们运用路线图讲述"因果叙事"给"施动者提供了能在其中对危机事件提出定义、做出判断、提出解释等之于一系列特定行动而言必要的解释框架"（Blyth，2007：762）。以因果叙事的形式起到了同时提出问题和解决方案的作用，从而使之成为推进一系列特定行动的论据。本章所引介并由智库网络在亚洲实践推进的非传统安全议程便是由一系列此类因果叙事组成。非传统安全议程提出问题，继而将非传统安全"问题"同互不相关的"解决方案"关联起来构成完整的政治整体（Blyth，2007）。

非传统安全*问题*（尤其是疾病的全球性大流行、恐怖主义，抑或环境恶化等安全威胁)催生了非传统安全**观念**(定义不安全来源及概述得当回应的新框架)。非传统安全观念构成了一整套议程,旨在提供一种新样板来识别并解决亚洲所面临的安全威胁。

虽然看似"横空出世",非传统安全问题并非新的问题——它们只是晚近才被贴上**安全**问题的标签。20世纪90年代早期,托马斯·荷马-迪克森(Thomas Homer-Dixon)发表了一篇广泛流传的论文,提出环境恶化是一个安全问题,在部分案例中可被视为激烈冲突的直接动因(Thomas Homer-Dixon, 1991)。再往前追溯两年,诺曼·迈尔斯(Norman Myers)将一个国家因环境问题引起的不安全感视为邻国稳定和战略利益的潜在威胁,由此将环境安全视为一类跨境问题(Norman Myers, 1989)。而这只是学界将各种政治、经济、社会或环境问题重构为"安全"问题,在数量上出现戏剧性增长的起点。

> 如今在环境、食品、能源、健康、发展以及其他部门发生的事件及趋势,都将上述传统上不属于"安全"论域的问题论域推到了很多国家、国际组织及公民社会议程的政治层面。此类转变将"安全"的语言及概念基础作为理解和解说当代挑战的工具,以新的形式重置于新领域。
> (Ewing and Caballero-Anthony, 2012: 8)

诸如1997—1998年亚洲金融危机、"9·11"恐怖主义袭击、SARS及H1N1型流感病毒[①]的大流行等区域性问题,进一步支持了作为不安全"新"来源的非传统安全问题正变得越来越重要。非传统安全的概念已被广泛接受,并实实在在出现在区域性安全议程及学术出版物中。其中智库研究工作的努力功不可没。非传统安全问题所涉利益及其日益增长的政治重要性使越来越多的研究中心致力于与之相关的研究工作(ASEAN Regional Forum, 2009a)。新加坡南洋理工大学拉惹勒南国际研究院非传

---

① 原文为swine flu,即"猪流感"。但回到21世纪初亚洲区域性公共卫生事件,此处指的应该是2009年由会引起猪流感、禽流感和人流感暴发的H1N1型流感病毒所引发的大范围流感疫情。——译者注

统安全研究中心主任梅里·卡巴莱诺-安东尼指出了非传统安全问题的几个共同特征：

> 它们通常在本质上是非军事问题，在范围上属于跨国问题——既不是国内问题也不是纯粹的国际问题，不久前才引起注意，又因全球化和通信革命而迅速传播。由此造成各国的解决方案见效甚微，需要综合地（从政治、经济和社会等方面）回应，也需要人道地使用武力。
> （Caballero-Anthony，2010a：202）

作为整体的亚洲被认为极易受到非传统安全威胁的挑战，同时潜在的新安全难题亦是惊人地多，或将因环境恶化、能源安全、食品安全、水资源不足、不可控移民、跨国犯罪以及疾病的大流行而被引发（Dupont，2001；Economy，2004；Tan and Boutin，2001）。

尽管非传统安全议程已越来越为各国所接受，非军事问题的"安全化"还是受到了强烈的挑战，受到秉持"安全"即武力和军事方略的传统主义者强烈批评。斯蒂芬·沃尔特（Stephen Walt）提出了反对拓展安全议程的强势言论；他主张这样做的话就会：

> 产生过度扩张"安全研究"范围的危险；照此逻辑，诸如污染、疾病、虐童，抑或经济衰退等问题都会被视为对"安全"的威胁。如此定义该领域将破坏其中知识分子的凝聚力，进而导致更难落实对上述任何重要问题的解决方案。
> （Walt 转引自 Buzan *et al*.，1998：4）

上述批评受到了众多驳论，其中最尖锐的是艾兰·杜邦的批评。他反驳说传统现实主义的定义过于关注权力和武力，但却忽视了安全威胁跨境的可能性，也忽视了某些非传统安全问题会同时动摇国内和区域稳定；此外，现实主义者也忽视了非国家行为体影响力的增长。杜邦提出的解决方案是，拓展安全概念，在不降低传统安全威胁重要性的情况下，将非军事安全问题及非国家行为体对（不）稳定的影响纳入分析视野（Dupont，2001）。

上述传统和非传统的安全研究路径区分并强调了各自针对一系列问题的不同态度,包括安全治理应该包含哪些内容、区域性治理机构应该拥有怎样的权力等。现实主义者根据其对安全的理解解释当前的安全制度,非传统安全概念的支持者则以此动摇现存秩序、支持制度变迁。虽然传统主义者做出了卓绝的努力,但智库及其他非传统安全议程的支持者对精英的游说,以及精英间的相互劝说起到了效果,区域(治理)范式越来越倾向从非传统视角来解释安全问题。

从事战略研究的学者已经注意到安全话语架构的转变;然而他们对结构及制度转向中所蕴含更深层次的由传统向非传统安全范式的转向仍未给予足够的关注。非传统安全议程显然不只是指出某些问题是否属于安全威胁;它通过对由国境线界定的政治观念,尤其是安全政治观念的设问,考验着各国的主权(Hameiri and Jones,2011b)。这一转变的架构不仅改变了话语标签;它本身在结构上和概念上都对安全治理拥有深远的意涵(Acharya,2009),而且"甚至对非传统安全事务最柔性的解决方案都提出了国家必须声明保护国民的新问题"(Evans,2004:271)。

非传统安全问题正通过改变或曰"重新调整"安全治理的层面改变着国家;然而"这都体现了呈现分化的、新的国家主权形式正在发展,而非宣告国家的让位"(Hameiri and Jones,2011a:2)。如今,国家地位正以意料之外崭新的形式呈现,例如"网络化治理及多层次治理等新形式的兴起",以及"私营与公共监管行为体越来越多地被赋予权威"(Hameiri and Jones,2011a:2)。即使被动地"重新调整"或"分化",国家仍维持了权威地位,这意味着国家(或者更确切地说,国家的某些方面)成了区域治理结构的组成部分(Hameiri and Jones,2011a:2;Slaughter,2004)。区域性智库密切地介入了此类进程,或是成为国家重新调整后的一部分,或是作为积极参与政治活动的非国家行为体寻求利用国家转型的进程生产或再生产"对其有利的、特殊的权力关系"(Hameiri and Jones,2011a:11)。

当前,国家及区域治理中的诸多变化为非国家行为体在新兴治理形式的框架下参与其中或获得影响力创造了众多机会。

确定某些特定问题因其"非传统"而很难在国界内解决,使之有可能转而超越国家政治范围实施治理。甚至在有的情况下,在各国政府既定制度之外,交给其他通常是相应领域行家,但不担负政治责任和普遍化责任的行为体来治理。

(Hameiri and Jones,2012:2)

智库通过提供专业化建议参与治理,踊跃地提供观念资源,或全新架构或重新配置治理结构的形态、强度及属性(Stone,2000a)。斯通指出,"智库的政策分析通常表现为一系列等待获得'机会窗口'的解决方案"(Stone,2007:274);而亚洲各机构安全观的调整为智库提供了丰富的机会。非传统安全议程中的观念通常按照问题/解决方案成对出现。每当智库认识到一个新的安全问题,它通常就会以上述形式组织论证,由此强调其所期望的政治回应(解决方案)。例如,在跨境犯罪被视为一类安全问题的同时,相应的最佳"解决方案"是强化区域制度。负责问题/解决方案配对的智库实际身处说服者的立场,同时负责识别不安全现象的"新"类型,以及形成政策最佳解决方案的意见。

非传统安全议程包括了五种不同的类型:重新定义安全以涵盖非传统安全威胁,承认不安全新根源的跨境属性,摒弃"东盟道路",推进对安全的集体性、协作性认识,以及强化区域性制度并增加跨国合作。表3.1罗列了非传统安全议程的核心主张。

表3.1 非传统安全议程

非传统安全议程纲领性主张	
问题主张(框架)	解决方案主张(框架)
重新定义安全以便涵盖所有威胁国家稳定的问题,无关其此前属于经济、环境、社会抑或政治问题	摒弃东盟道路
说明非传统安全问题的跨境属性,指出其解决方案同样需要考虑问题的跨境特征	强化区域安全建设 推进对安全的集体性、协作性认识(包括国家间合作及区域化)

很多非传统安全议程的因果叙事都受到了挑战,同时各因素的存在使拓展传统安全概念从而容纳非传统安全成分的工作变得复杂。非传统安

全问题的严重性及重要性已被广泛接受,但整个议程挑战了顽固的区域规范。

亚洲式互动及外交规范(统称东盟模式)是一系列细致入微且复杂的社会和制度规则,它们定义了亚洲区域外交关系中广为接受的特质。要理解亚洲无数正在发生的变迁,我们有必要理解现有的互动规范,以及智库是如何适应这些规范的。在此有必要引述斯塔布斯(Stubbs)和比森(Beeson)对东盟模式发展历程的概述。

> 由于地理、社会构成、历史、政治以及经济等不计其数的多样性所造就的亚洲国家与社会形态,形成了各国对主权、领土完整、不干涉他国内政,以及非正式、非对抗性谈判路线的坚持。尤其因为深受第二次世界大战后域内反殖民、反冷战心态的激励,该路径已逐渐影响了当前处理区域及国际事务的看法。
>
> (Beeson and Stubbs,2012:3)

这一外交路线涉及所有同东盟相关的区域化进程,比如东盟地区论坛以及一系列"东盟+X"会议;也解释了域内国家为何一贯反对加深制度化及捆绑多边协议的做法(Beeson and Stubbs,2012;Ba,2009)。

东盟模式(在考虑结构、基于共识的决策、不使用武力或武力威胁、不干涉他国内部事务、弱制度及去中心化的权力结构基础上的进程)的拥趸同非传统安全议程直接形成冲突(Singh,2000)。例如,承认跨境问题会造成对更加集中、联系更紧密制度更加强烈的需求,而这一趋势完全背离弱制度和去中心化的历史偏好;而且承认非传统安全问题的跨境属性还将挑战国家作为首要治理中心的核心地位,从而或将扰动根深蒂固的主权和不干涉规范。一旦国家将干涉他国内政的行动合法化,就会成为眼前导致区域不稳定的威胁。因此从传统安全向非传统安全的转向在某种意义上导致了对政治规则如何在制度与空间层面进行组织的广泛讨论(Hameiri and Jones,2011b:4—5),这一转向同时破坏了亚洲的治理规范和当前的治理制度。

> 非传统安全政治的一个显著特征是它力图将安全相关的空间、话

> 语及其管理从国家层面调整到一系列新的空间、政治,以及/或制度场域,同关键行为体的利益、战略以及意识形态形成一致,从而进一步改变国家机器。在实践中形成的治理方案反映了上述行为体同那些抗拒上述调整尝试行为体之间的冲突。
>
> (Hameiri and Jones,2012:2)

决策者看上去接受了反思自身安全议程、致力于寻求新的解决非传统安全问题方式的事实已经"对本地区的区域安全合作产生了深远的影响"(Caballero-Anthony,2010a:203)。在演进过程中,

> 非传统安全还包括了新的多层次治理安排,它们引入了一系列将国内同国际、公共同私人的差别问题化的新行为体和新治理工具。
>
> (Hameiri and Jones,2011b:3)

从传统/非传统、主权/协同式,以及弱制度/强制度的转变对当前的区域治理形式提出了重要的挑战。最重要且意义最为深远的是,非传统安全范式的成功推广必然导致彻底的制度变迁。换句话说,亚洲的非传统安全议程同特定几个非传统安全问题关系并不大,而同安全治理的关注点由国家转向区域、成为首要安全关照密切相关。要建立上述治理新形式需要符合以下标准:

> 通过在不存在政治权威的情况下制定并落实约束性决策,形成能够让各类公共和私人行为体协调各自需求及利益的结构及进程。
>
> (Krahmann,2003:11)

这就需要区域安全观转型,从个体(国家)中心转向广泛合作的路径(Rüland,2002)。区域性智库致力于跻身"政治精英"行列,从而自接受并实践非传统安全议程开始引导各类变迁。消解以国家为中心的制度转型,在政治上为智库提供了在区域层面形成各类创新型治理方案的机遇。作为非传统安全领域公认的专业机构,其智识合法性和政治权威性使智库在

开拓此类机遇时有强大的优势。

智库学者(及机构)很快注意到需要通过变革安全治理本身来解决非传统安全问题。论及冷战后的安全重构,"很快就可以看到,区域安全合作和信心构建的根本基石是区域安全对话的制度化"(Ball,1994:165)。同哈梅里和琼斯的调整论相似,克拉赫曼(Krahmann)注意到安全议程拓展过程中伴随着缺乏统一的威胁、安全治理中的中心向区域及次区域层面上不同中心发散等,增加了对非传统及私人行为体的容纳度(Krahmann,2003)。

域内决策者开始将非传统安全问题视为对社会、主权以及地区一体化的威胁(Caballero-Anthony,2010b)。在话语层面,大多数区域性制度通过将非军事威胁纳入议程并呼吁更为深入的区域性合作应对非传统安全问题。我们可以在亚洲各地注意到安全话语的转变,非传统安全的标签也开始明确地出现在国内和域内对话议程上。各方还就非传统安全威胁跨境属性形成了共识,该信念在2004年印度尼西亚海啸、此后禽流感的暴发以及其他非传统安全威胁发生之后又被多次强调(Acharya,2009a)。

国家同样积极参与处理抑或尝试处理非传统安全问题。在安全问题,尤其是非传统安全问题上进行合作的压力越来越大。此类问题的安全化属性反映在实践中,是通过防务进程进行的合作,如东盟国家国防部部长会议(ASEAN Defense Ministers' Meeting,ADMM)及东盟地区论坛国防官员对话会(ARF Defense Officials' Diaolgue,ARF-DOD)的推进速度较其他不以安全为核心的论坛快得多(Ball,2012)。东盟组织了一系列旨在解决非传统安全问题的经常性会议,其中一些推进了诸如强化安全制度或培养集体(或至少合作性的)安全意识等工作。更为罕见的是,新制度(东盟10+3及东亚峰会)已经将非传统安全问题当作其存在理由的一部分,显示了主流安全范式可见且可度量的转变(Caballero-Anthony,2010a)。

然而在上述努力之外,确切结果的缺失造成了各方对有效性的质疑,因而维持了现有区域安全结构的合法性。例如,东盟几十年来一直致力于解决东南亚地区的跨境烟霾问题。印度尼西亚森林火灾造成的烟霾问题最早在20世纪90年代就被东盟所关注。东盟为此组织了不计其数的会议,达成了集体行动方案,并形成了一个不具约束力的区域行动计划;但这在近20年后却又造成了区域性麻烦(Sydney Morning Herald，2010)。其他领导力不足造成的问题,包括对1997—1998亚洲金融危机糟糕的回应,以及未能协调谈判达成马六甲海峡海上安全协定等事实不过是强化了对既有制度无法满足21世纪治理需求的担忧(Ahmad and Ghoshal，1999；Mak，2011)。

在认识到越来越强的质疑之声后,众多区域性制度都积极尝试更好地处置非传统安全问题,包括采纳受非传统安全影响的安全范式等。区域性政治行为体开始支持采纳有关强化安全制度、外交事务同样要求国内相关方负责等纲领性主张。东盟成员国和东盟地区论坛都提出了强化自身制度结构的改进办法;东盟亦自2007年起随着《东盟宪章》正式生效,确认了法人地位。各方还在非传统安全观念基础上设立了全新的论坛。香格里拉对话的声誉在于它新设立了一个能使以往受区域性会谈限制无法讨论的敏感安全问题,在新建的政治空间中能被开诚布公地提出。另一个新论坛,即东亚峰会,积极推进了集体安全观念。所有这些自适应措施反映了对非传统安全核心纲领性主张的接受度越来越高。

三、作为政治行为体的智库

亚洲的智库最近才加入智库共同体,它们中的大多数诞生在过去30年内。现在世界上有大约6 000—7 000家智库,亚洲的智库占到全球总数的18%(即1 194家)(Hamre，2008；McGann，2012；Stone，2004)。智库数量的增长往往与政治不稳定同步,因此亚洲智库发展与亚洲安全及治理实践的戏剧性变革相同步并非巧合(McGann，1992)。尽管它们相对年轻,亦是自身社会—政治历史背景的产物,区域性智库已经占领了有利地位,并以此为起点推介有主张明确的议程。

尽管它们无处不在,但各智库因其文化、所属政府体系以及社会—政治历史背景的差异,目标、结构和影响都不尽相同(Parmar，2004)。"智库"这一概念被用来指代类型广、差异大的各类组织,包括经济与合作组织(OECD)、政府机构的研究部门、非政府机构(NGO)(如乐施会和透明国际),以及政党附设机构等不一而足。我们在此援引智库研究专家黛安娜·斯通的论述,将智库概括为"被各方广泛运用以至于含义模糊的标签"(Stone,2007:262)。以下的定义则用于说明究竟有多少种类型各异的组织有可能被归纳在"智库"的标签下:

> 智库的体量、结构、政策涉及范围及政策重要性各不相同……"智库"是个难以捉摸的字眼(slippery term)。它被随意地用于描述各类从事同政策相关的技术或科学研究与分析的组织机构。这些机构可能隶属于政府……也可能是独立的非营利组织,还可能是附属于营利性公司的实体。
>
> (Stone,2004:2)

智库在全球范围内的拓展进一步增加了澄清定义的难度。尽管这一出自英美传统的标签没变,如今对"智库"的定义已经扩大到各类区域及政治语境之中(Stone,2007)。照此,智库的"传统"定义对包括亚洲在内的发展中地区的很多机构来说就不那么合适了;在发展中国家,智库同国家的联系更为紧密,也更多地介入相关事务(Nesadurai and Stone,2000)。这一描述实际上排外了任何有关自主性或完全的独立性等要求;正如梅德维兹(Medvetz)所认为的,指望智库保持相对于管理体系、学界以及媒体的独立性是"错误的预设"和"武断且具有误导性的绝对化假设",也是将智库孤悬于现实环境之外的做法(Medvetz,2012:24)。反之,本书同意梅德维兹主张的嵌入性更强的路径,以此克服绝对化的假设,即将智库及其网络置于所处的历史、组织和政治语境中。透过历史视角,通过"确定有多少成员将自己区别于较为正式的制度"(Medvetz,2012:16),从而创造出颇为独特且被证明对亚洲和整个世界都颇有意义的政治空间及话语空间的过程,便有可能梳理出智库网络的变迁历程。

鉴于认识到"智库"一词的内涵存在歧义,本书避免提出一个明确的定义。作为替代,这里旨在提出一个大致概括亚洲的智库是怎样运行的描述性框架。在此分析语境下,"智库"一词实际被用来描述域内形形色色从事政策分析与发展的各类组织。通过建立关系网络等做法,智库得以建立"在封闭的国际合作'俱乐部模式'之外参与其中的新平台"(Weyrauch,

2007：11）。此类平台身处正式政治进程之外却又与之相联结，是智库推进非传统安全议程的必要组成部分。

"公共政策研究机构的领域拓展、数量增长，以及网络化的趋势"（McGann and Sabatini，2011：1）使智库作为"观念经纪人"的实践者，成为全球公共政策领域的重要力量，并赢得优势地位。智库所充当的重要角色之一便是担当中介，"它们通常充当政府同国际组织间的调解人……致力推进制度及政策变革"（Ladi，2011：205）。而作为调解人，智库的作用之一便是充当信息过滤器，为面临信息过载但时间有限且政策问题日益复杂的政府和机构分忧（McGann and Sabatini，2011）。

在全球范围内，智库的基本目标是通过对话、政策分析/交换及教育影响官方政策。智库成功的关键不仅在于其所提供的政策分析，而且在于其将之传达抑或转手给掌权者的运作。

> 以此为目标，智库收集、概括并创造了一系列信息产品。它们通常直接提供给政治领域或官僚机构的受众，但有时也会向媒体、利益集团、商业机构、跨国公民社会组织或一国公众提供资讯。
>
> （Stone，2004：3）

这正如梅德维兹曾经简要阐释过的那样，

> 智库必须实现某种微妙的平衡，其行动一方面包括了向广大受众传达它们的认知自主性，另一方面向有限的一小部分受众传达它们的不确定性，愿意接受从属地位，使自己的产品符合用户需求。
>
> （Medvetz，2012：18）

智库就各种各样的问题组织会议、正式或非正式会谈，抑或同政治人物或决策者进行一对一讨论；"智库也有可能对某些外国决策，抑或在国家设定的语境中通过同决策者或全权政策顾问的（规范性）互动影响广义的战略话语"（Köllner，2011）。高级别或具备政策性影响的智库有时还会针对政府官员或职员组织培训或通气会（Weidenbaum，2009）。

相对不明显的一点则是,很多智库还促进了精英网络的发展(即此前说的精英间游说),并自主形成了产生政策主张、交换知识见闻的社会网络(Stone,2000b)。智库还尝试通过邀请学者和专家同政府官员会面联结知识和权力(Conley-Tyler,作者电话访谈,2012)。上述网络及其提供的政治空间在智库研究文献中尚未得到充分重视,本书旨在探索此类空间在决策过程中的重要性。

智库建立的政治空间存在于正式与非正式政治间的灰色地带,那是智库能够掌控观念在政治进程中引介及输送观念的重要场合。鉴于此类场合既非政府管辖,亦非完全无政府存在,它们在一定程度上维持了正式进程中所没有的自主性以及政治上的开放性。

亚洲智库中的大多数同它们的西方同侪拥有同样的目标:"发展中国家智库寻求设置议程、定义问题框架,并通过政策运作确立政策话语"(Nesadurai and Stone,2000:2),同时"通过提供信息、专家意见,以及鼓励政府官员同其他私人行为体之间的交流,为治理做贡献"(Stone and Nesadurai,1999:2)。亚洲智库一个有意思的特征是,它们中的大多数以某些形式隶属于各国政府。此类联系从相对疏远到深入体制不一而足。另一个重要特征是,智库主要出现在两个领域:安全领域和经济领域(Rüland,2002)。这两个领域对域内政治精英而言都极为重要。

历史上,东南亚国家的智库是作为治理结构的一部分来提供政策分析的(Rüland,2002)。考虑到在政治体系内运作的智库深受国家控制,它们在同决策者的关系中偏向供给方,因而在向决策圈推介主张和分析时行动颇为微妙,因而得出上述结论并不出乎意料(Stone,2007)。此外,

> 大多数亚洲社会的智库认为他们的组织(必须)在政治上有所依赖。在很大程度上,它们对国家和社会的知觉受到更广义的文化及历史语境的影响,因而智库积极为政府提供政策建议但并不(或不被允许)挑战主流意识形态价值观。不同于西方国家的智库,比如说马来西亚和日本的智库,实际上很难拒绝国家行政权力的介入。
>
> (Shai and Stone,2004:143)

有意思的是，最初少数几个国家控制之下的智库适应了域内特殊的政治风格，很快发展建立了错综复杂的区域性研究机构网络。上述网络在"此前封闭社会愈演愈烈的民主化趋势、贸易自由化，以及市场经济体制和全球化进展"(McGann, 2007: 2; Stone, 2007)影响下政治机遇得到了拓展。其他促进因素还包括更加繁杂且压力更大的政治问题的出现、不断扩大的政府官僚体系，以及对从事管理和赢得竞选的官员的信任(McGann, 2012)。茹兰德(Rüland)则站在一个更具批判性的立场上指出，智库同样被国家视为"为维持经济奇迹，行事保守且仅在最小程度上分享权力，只是凑巧利用政府行事专业化的机会获得了合法性"(Rüland, 2002: 85)。智库逐渐赢得意识形态自主性是因为官僚体系条块分割，而新兴安全问题拥有非传统属性；由此导致各国政府既未设立机构，也未做好准备做出得当的政治回应(Rüland, 2002: 85)。所有上述事实都打开了过去对智库紧闭的康庄大道：它们开始提出主张澄清国家利益、充当政治行动的路线图，以及充当集体行动的焦点(Goldstein and Keohane, 1993)。

由此造成的结果就是，亚洲的智库"开始通过参与'全球公共政策网络'，同政府及国际组织合作发挥一定影响力"并积极参与国家、区域及国际层面的政策进程(Nesadurai and Stone, 2000: 32)。对它们来说，接纳过去或现在的政府成员并/或接受在政府委员会及论坛任职的成员十分普遍(Khoo, 2004)。在此情况下，政府将智库纳入自身结构体系，希望它们支持官方倡议。此类智库通常能够恪守针对现有政策提出有益的建议与批评不为政府所接受之间的红线(Khoo, 2004)。上述情况下，智库并不直接制定政策、进行立法，甚或提出政策建议；与之相反，它们的影响力建立在进行研究、为政策研讨提供咨询、推进议程进展、规划问题架构，以及将对话制度化的基础上(Weidenbaum, 2010)。换句话说，它们通过提供观念主张赢得权力。尽管缺少定量数据，但"既往研究表明，很多智库所提供的概念化语言、主导性范式、经验性事例等协助，在日后为政策制定者所接受和采用"(Stone, 2007: 276)。

推广非传统安全观念的责任落在智库身上主要是因为它们能够接触更开放的话语空间。正如前文论及的，东盟外交准则是建立在非冲突性及避免冲突基础上的，这导致正式的治理空间病态化运行，因而不希望且没能力处理大多数因处于讨论"禁区"而无法推进的非传统安全问题。回想起来,很明显"对这一路径(东盟模式)而言尤为有意思的一个表现是第二轨道进程的兴起"(Beeson and Stubbs,2012:3)。对东盟模式的刻板遵循为智库带来了政治机遇,它们由此建立起区域性网络,并为讨论敏感且存在争议的安全议题组织了"非正式"或曰第二轨道会谈。

第二轨道外交:创造政治空间

第二轨道对话的发展同非传统安全议程的兴起及亚洲区域主义的发展同步。智库创造并充分利用了这一政治空间,并成为将非传统安全观念纳入政治议程的首要推动者。在区域治理结构发展过程中,智库的主要贡献是它们主张的观念。列侬(Lennon)注意到"鉴于随着冷战的兴起安全挑战逐渐全球化,观念产业也以跨国安全政策网络的形式随之全球化了"(Lennon,2006:297)。上述网络同正式的区域化进程一起发展,为其提供政策分析,并为之提供讨论敏感安全问题的非正式政治空间。由于绝大多数非传统安全观念被认为太过敏感而不适合放在正式进程中进行讨论,第二轨道论坛通过自身垄断性话语以及对非传统安全议程因果叙事的掌控,得以主导非传统安全进程。

第二轨道外交(Track II,Second Track)指的是在正式外交渠道之外进行的外交活动,通常有学界、智库专家、记者、军方官员、政府及行政部门官员以"非官方"身份参与其中(Capie and Evans,2007)。除少数几个显而易见的例外,第二轨道进程对正式区域制度保持了一定的从属性。同样,"虽然各类组织有所不同,但参与区域性对话的重要智库都有意拉近自身同本国政府的联系"(Stone and Nesadurai,1999:3)。

第二轨道对话背后的逻辑是"未背负官方身份或承担官方责任的个人更愿意自由地讨论敏感话题"(Ba,2009:178)。在智库的组织下,此类会谈是非正式、非政府且非官方的——尽管这里官方还是非官方的划分可能存在问题(Kraft,2000)。因为他们仅在"个体"身份上隶属于官方,而很多与会学者同样在政府机构和业界兼职,或是政府常规咨询"论坛和组织的成员资格通常可以用'混合的'或'交融的'来称呼它们颇为模糊隐晦的身份"(Kerr,1994:399)。

学者和参与者纷纷指出政府官员的"非官方"参与,更多是承担一种"出于礼貌做做样子"而非实质性的区别;但这种做做样子的身份因其满足了政治上的需要而受到鼓励。最重要的是,这类集会的非官方属性允许官员和专家共同评估并可相对隐晦地指出复杂且敏感的安全问题。所有参会方都在更自由地交换各自主张,以及从其他信源了解资讯、分析评价和政治影响中受益。

> 第二轨道进程能够创新地提出官僚体系很难企及的新主张和新解决方案。第二轨道外交由此能够成为通过对各类政府官员没时间或没资源深究的问题进行研究并提出主张,发展成为潜在专业建议基础,从而成为为政府提供政策建议的有益来源。
>
> （Aguilar,2008:45）

另外,此类非正式讨论还为建立私人关系、使官员适应新治理概念,以及提供政策发展新空间创造了机会(Kerr,1994)。

作为理想的经纪人,智库"作为施动者是变革及规范的运作方,致力于通过改变人们的利益观、重新定义各类身份,使之接受开放的区域主义及合作安全等关键性准则"(Job,2010:112)。拉迪有关智库对政策变迁的影响研究强调,亚洲的智库更容易通过摆正自己的位置、获得促进制度变迁的资源(Ladi,2011)。尤其是它们在政策极有可能发生改变的(不稳定和不确定时期)关键时刻有接触决策者的渠道。

20年前,柯尔(Kerr,1994)曾将第二轨道进程的兴起同冷战的结束及与之相关的军事实力增长、战略不稳定性增加联系起来。其他学者如克拉赫曼则注意到"非国家行为体日益提高的地位在一定程度上是当前治理政策的结果。相关政策设计旨在解决跨国安全问题,又力图减轻公众获得安全的成本压力"(Krahmann,2005:18)。博尔等(Ball et al.,2006)学者则进一步提出第二轨道对话数量增长这一表象背后的动力是非传统威胁的出现。

智库在此发挥的一个重要作用就是推动各方接受合作安全观念,我们在博尔(Ball,1994)、埃文斯(Evans,1994)、柯尔(Kerr,1994)、切斯曼(Chessman,1999)、斯通和耐萨杜来(Nesadurai,1999)及纳齐亚潘

(Nachiappan，2010)等各自的著述中都能读到。

> 在过去的几十年间，一个由知识分子、学者和官员组成的共同体借由智库、大学，以及私人或公共基金会等的跨国运作，成为构建亚太地区经济和安全结构的核心。
>
> (Job，2010：112)

第二轨道进程同样为构建区域安全政策的方向与重点贡献了极有价值的观念主张。例如它们鼓励并提出了关于建立信任与安全措施(Confidence and Security Building Measures，CSBM)的倡议，激励了安全对话的发展，从而进一步推进了安全制度化建设(Ball，1994)。

芭注意到，早在1991年，作为域内主要第二轨道行为体的东盟战略与国际问题研究所协会就曾提出通过用更为结构化的框架来解决安全问题(Ba，2009)。那一年举行了多个第二轨道或东盟批准的非正式对话，旨在考量组织更正式区域安全对话的可行性。作为其成果的一系列会议(马尼拉研讨会、曼谷研讨会及两次南中国海问题工作坊)成为评估区域性对话能否在实践中起作用的试验田。而上述会议相继成功举办的成果被"1992年东盟新加坡峰会声明所援引，将之作为基础和先例，使后部长级会议(Post-Ministerial Conference，PMC)能够展开政治—安全扩大对话"(Ba，2009：177)。

最终，东盟战略与国际问题研究所协会的建议为东盟地区论坛打下了基础。在此进程中引入非官方组织(尤其是东盟战略与国际问题研究所协会)的做法受到了东盟官方公开支持。这也是第二轨道致力于亚洲安全制度化进程，并产生正面影响的典范(Ball，1994；Katsumata，2003；Kerr，1994；Stone，2011)。

智库网络业已在各国内部(如美国)推进特定观念性议程方面取得了成功。例如列侬曾做过三个有意思的案例研究，衡量了包括智库在内的第二轨道安全网络对美国防止和扩散政策的影响。尽管列侬只关注了防止核扩散这样一个传统安全问题在美国的政策结果，但他的理论框架同样为评价亚洲安全网络的量级提供了洞见，对涉及合作的安全问题如非传统安全尤为如此(Lennon，2006)。

列侬考察了三个相互独立的政策网络——亚太安全合作理事会、东北亚合作对话(the Northeast Asian Cooperation Dialogue)和俄罗斯安全新路径(New Approaches to Russian Security)。同本书论点尤为相关的是其对本书之后考察的亚太安全合作理事会在美分支机构的案例研究。他通过审视以下四方面因素衡量各政策网络的潜在影响。(1)该网络所推进的联系和观念；(2)该网络所寻求的同政府部门参与者形成的互动方式；(3)该网络设置议程的能力；(4)该网络提出的政策选项(Lennon，2006：20)。他深入的个案研究显示，安全政策网络不仅对其自身即刻改变政策存在价值，而且有助于他们提升改变/改善政策背后观念的信念。他同时指出，网络体系对通过用观念、专家意见及资讯将个体同制度联系起来，从而建立起知识的生产力亦有贡献。总之，上述三个网络体系所做的工作为列侬提出一个政策问题如何立体地支持合作的解释提供了帮助(Lennon，2006)。

既有文献已开始关注智库论坛上某些观念性主张议程所能产生的潜在长期政治影响，但尚未有研究者对以非传统安全问题为目标的政策进行深入研究。除斯通、列侬和博尔等少数几位学者，相关文献少有全面拓展思路认识智库推广观念的实践对亚洲的制度及安全治理结构所产生的长远影响。本书把智库视为政治行为体，解释它们是如何创造话语空间、掌控安全观念进而导致制度变迁的，最终揭开谜底填补这方面的空缺。

小结

我们已经很清楚亚洲安全属性的转变迫使其从本质上改变区域安全管理模式。这些变化总体而言隶属集体安全议程，具体包含以下主张：重新定义安全以包含不安全的非军事根源；指出非传统安全问题的跨境属性；扬弃东盟模式；最终巩固区域安全结构。对非传统安全议程发展的简要回顾将智库置于传统与非传统安全认知观念之争的中心位置。上述主张都对既有安全治理模式构成了深远(但无疑也是根本性的)挑战。

此外，智库通过提供非正式政治空间成为政治行为体。这类空间的存在及其对区域安全治理的影响还有待全面探究。非正式空间填补目前治理领域的空缺之处，并将智库置于它们可以利用政治的不确定性去重新定义安全，并推动各方接受非传统安全议程的位置上。这些场合已成为重要的话语空间，是各方在此讨论非传统安全主张、举办工作坊并本地化相关主张的平台。正因如此，智库组织的第二轨道论坛实际上已成为分析和治理非传统安全问题的中心。显而易见，智库对上述进程的掌控使它们在观念领域拥有其他行为体所不具备的特权，这赋予它们定义亚洲安全状况、勾勒适切的政治性回应的权力。

亚洲的智库既非完全自主，亦非作为政府的非正式臂膀存在。反之，它们弥合了公共和私人政策领域之间的鸿沟（Stone，2007）。话语制度主义不仅肯定了这一视角，而且注意到这是理解制度变迁的必要角度。

四、方法论

追溯观念的变迁是涉及对治理多方面的度量且包含无数政治行为体复杂且非线性的进程。要全面认识智库网络推介观念主张、促进制度变迁的能力，研究者必须同时将其视为区域政治结构内部兼外部的行为体。这意味着相应的观念从起意的开端到产生结果（实现制度化）全程决定了观念是如何在政治进程中推进，以及这一推进背后的行为体和机制。选择进行案例研究则因为这是控制行为体数量和体量最有效的办法，方便研究智库及非传统安全情境下的话语。互不相关的案例使研究者能够通过清晰定义智库网络行为体深入分析其中的政治进程及机制。研究者在通过收集同研究个案智库有关的出版物及其他材料、访谈第二轨道进程亲历者获得第一手数据，同时收集学术文献等二手材料的基础上进行质性研究。这些信息构成运用过程追踪方法进行比较案例研究及个案分析的基础。本书共选择了四个案例，每一案例都在某一层面上增加了我们对智库推进非传统安全议程的理解。案例研究的目的在于形成一个对智库是如何运用自身各种政治权力建立起一个相互联系的非政治空间体系，并从中推广非传统安全主张，成功地将之制度化的全面认识。

基础理论

过程追踪，又称"类连接"分析（George and Bennett，2005）或"宏观因果分析"(Mahoney，1999)，是用于解释无数"不可比"的证据如何形成一个证据链，从而构成事件叙事的方法。尤其适用于对话语的研究。这一方法适用于分析通常受到众多相互作用因素的影响，但又无一直接进行比较分析的政治进程。同本书相关的切入点在于过程追踪展现"某一行为体是如何将某些观念纳入决策论争，并充分利用它们的"(Campbell，2002:29)。作为方法论，过程追踪通过"在有限的一个或几个案例之内揭示因果机制假说涉及的具体路径"(Bennett and Elman，2007:184)，为研究智库和非传统安全议程提供了极大的优势。本书所提出的因果机制假说是一系列话语进程(通过创造话语空间、形成问题框架/议程设置、架构网络及制度化实现)，从而将观念主张转化为制度变迁。过程追踪接纳作用于因果机制的各种因素，其中某些因素可能比另一些更重要，但没有哪一项能直接进行比较，而是将所有因素叠加在一起才能让研究者得出关于某一解释是否得当的结论。(Gerring，2007)。

该方法让研究者能够以定性叙事的形式随时间的推移、场景的变换"追溯"进程和观念的变迁。运用该方法的一个优秀范例可以参见乔治(George)和本奈特(Bennett)的《社会科学中的案例研究和理论进展》(*Case Studies and Theory Development in the Social Sciences*，2005)。他们将此研究过程类比为研究者面对一排50块直立在桌面上编了号的多米诺骨牌。研究者只能看到第一块和最后一块骨牌，其他数字则是隐而不见的。研究者必须先立起再推倒它们以确定这些骨牌会从1到50按顺序依次倒下，而且所有骨牌都是正面朝上的。人们的第一反应是一块骨牌会推倒另一块，但并非必然如此。比如说研究者起身离开的时候，可能有其他人就这么轻率地从另一头推倒这些多米诺骨牌；或者说没那么戏剧性，就是有人撞到了桌子，只弄倒了最后两块骨牌，抑或一下子把所有骨牌都弄倒了(George and Bennett，2005)。

过程追踪考虑到了所有有可能被弄倒多米诺骨牌的可能性，进而追溯了各种可能把骨牌全部弄倒的变量。本研究中，第一块多米诺骨牌展现的是智库推进非传统安全议程的做法，最后一块骨牌展现的则是新的区域治理形式。中间的那些骨牌则可以说明或至少假设，智库是如何运用政治话语将非传统安全观念主张引入制度，从而影响区域安全治理的。那么了解两端骨牌之间过程的唯一办法就是通过立起再推倒的过程，审视其中其他骨牌相应的角色(George and Bennett，2005)。这就是后文依次研究四个案例的目标。

确认中间骨牌发生了什么可以类比为确认智库行为、非传统安全议程的推进，以及亚洲制度变迁之间的因果进程。若要在这一过程的开端到结果间——建立关联性叙事，必须回应兼顾行为体、推进机制、成功及不成功的行为体/观念主张/话语等一系列因素，从而甄别智库怎样促进了安全治理新形式的确立。过程追踪广泛运用各类质性数据，创造了深入语境并涵盖所有有助于解释造成显性的结果，并综合了所有可得信息的叙事，来回答一下核心问题：智库是如何在亚洲推进非传统安全议程，并造成了什么制度性结果？

研究设计

本书将运用过程追踪的方法考察四个案例，去理解智库在推进非传统安全议程过程中运用的政治机制。对于所选案例，本研究特别关注各智库网络运用的话语战略，致力于揭示此类策略是否导致了制度变迁。案例研究检验了作为一种理论，话语制度主义在解释传达观念主张时的话语价值；此外，这些案例研究亦对探究并甄别其他以这种形式起作用，但全新或尚未理论化的因果机制做出了贡献。

本研究选择与既往制度变迁研究相同的因变量(Acharya，2009b；Ba，2009)。但并非用规范来解释制度的存续，而是用规范(以及其他各层面的观念)来解释(内因和外因推动的)制度变迁。正如目前的规范性观念已被用于评价当前的制度那样，转变中的区域制度也可适用于评价和激励制度变迁。智库对这一层面观念性变革的掌控为它们在相当程度上掌控未来本区域安全治理的形态创造了可能性。本研究的自变量是话语空间和各类主要的话语战略(问题架构/议程设置、建立关系网络、制度化)在空间内的运用。上述分析的度量尤其关注作为规范性变革主要推动者的智库，这使本研究的适用范围比此前阿查亚和芭的著述小得多。

案例选择及其理由

我们的分析样本包括了智库及其进行非传统安全研究、参与第二轨道对话,以及实践多层次治理(国内和地区层面)的智库网络。考虑到亚洲智库是相对新生的事物,且其创始环境充满政治约束,因此样本量很小。所幸的是,小样本意味着本研究有能力聚焦安全问题。各案例在本质上具有可比性,且渐次深入;从各案例中获得的信息共同构成了非传统安全话语、制度变迁以及安全治理的广阔图景。

所选四个研究案例如下:

(1)东盟战略与国际问题研究所协会。东盟战略与国际问题研究所协会是东南亚地区建立的第一个智库网络,是同东盟关系紧密的附设机构。尽管最初设立的目标并非指向安全对话,该网络实际上已成为讨论区域安全政策的重要场合。东盟战略与国际问题研究所协会在作为成员积极参与治理进程中表现尤为突出,激励了东盟作为治理行为体的制度化进程。

(2)亚太安全合作理事会。亚太安全合作理事会与东盟地区论坛同期成立,是后者的附属机构。该网络拓展了亚太地区智库的研究范围,引导它们进一步日益关注非传统安全问题。该理事会积极推动区域安全结构更深入的制度化,同时寻求自身嵌入区域性制度的途径。

(3)国际战略研究所及其附设的第二轨道进程,即香格里拉对话。香格里拉对话是第一个有亚洲各国国防部部长参与的安全对话项目,无论正式或非正式场合均是如此。自2002年建立起,该对话已成为区域安全治理的核心场合。该智库网络拥有直接联通安全和防务决策者的渠道,积极参与非传统安全问题的治理。

(4)麦克阿瑟亚洲安全倡议。麦克阿瑟亚洲安全倡议是最新形成且耗资最大的智库网络——它涵盖了整个亚太地区共27家智库。该网络的建立旨在提供对亚洲地区所面临的安全威胁的分析,亦是造成非传统安全问题及其治理方面的研究和专业人士骤增的动因。

案例研究的资料来源

本书通过综合运用一手资料和二手已公开材料进行案例研究,包括对第二轨道对话的观察,以及作者组织的同对话组织者和参与者进行的半结构化访谈。

一手资料包括相关机构、智库网络和政府机构的出版物。所引文件按照以下四个条件选取：真实性（真实且无异议的来源）、可靠性（没有错误且未经扭曲）、典型性（内含典型证据）且有意义（清楚易懂）（Scott in Bryman, 2004）。最具相关性、最有价值的一系列文件是那些由智库直接以政策简报、备忘录、研究报告等形式刊发的资料。来自国际组织和非政府组织、同上述进程密切相关的文件同样很重要，它们提供了有关参与者及进程本身的一手信息。二手文献则包括有关智库、第二轨道对话、政策传达、政策分析、区域政治、规范，以及观念对政策进程影响的学术论文与著作。

半结构化访谈

除一手及二手信源外，本研究还通过访谈充实有关智库和第二轨道进程的资讯。作者深入访谈了各机构内部有一定权力和影响力的研究人员；以此保证受访者熟知组织内决策进程，且深入了解组织目标和动机。尽管对各组织高级成员的访谈至关重要，研究者同样有必要访谈直接参与涉及非传统安全项目的研究人员。具体参与非传统安全项目的研究人员更熟悉相关议程的最新进展，而且对怎样利用话语进程传达非传统安全观念颇有洞见。本研究共进行了 14 次正式访谈。

历次半结构化访谈都包括了一系列涉及下列主题的开放性问题：
- 该组织的政治目标，以及如何追求这些目标
- 该组织同国内/区域治理进程的相互关系
- 意欲推广的非传统安全观念
- 第二轨道进程中的组织化介入情况
- 实践推进时运用的策略及机制（问题架构/议程设置/关系网络的形成/制度化）
- 受访者预期中的制度化结果

作者的观察

在访谈智库成员和第二轨道外交实践亲历者之外，研究者作为观察员观摩了数次非正式对话。研究收集了对话活动，以及第一轨道代表同第二轨道代表互动实践参与者的行动议程及其坦诚的对话。与会者在提出涉

及进行对话的价值和推进非传统安全议程行动初步意见的阶段进行了无数次非正式对话。作者在第二轨道进程非文字资料方面做了颇有价值的观察,并将之引入了各项案例研究。

局限

解释性案例能看出观念是怎样在第二轨道外交进程中被建构、推广和传达的。然而它们也存在一定的局限。涉及非传统安全的第二轨道话语和进程绝大多在非正式层面进行。因而同某些涉及非传统安全议程推广的实践相似,并未形成文件,所以必然隐而不见。这一文献上的鸿沟通过作者访谈聚焦第二轨道建立过程未成文的方面,以及对上述进程的亲历观察所得的素材尽可能地做了填补。

对一手文献的运用和半结构化访谈同样存在局限。直接从智库获得的一手文献只能展现话语进程的一个面向。来自智库的资料揭示了观念主张的内容及其传达形式,但无法为我们提供任何涉及观念是如何被接受、阐释,抑或意见交换过程中其他各方对它们的运用等各方面信息。研究者对官方参与者和决策者的访谈尝试总体来说并不成功,个中原因后文会具体讨论。此外,研究涉及的资料有可能因机构自身政治目标的不同而存在偏差,这或将导致高估智库对决策过程的影响力。为纠正这一偏差,研究者尽其所能查阅了同一进程或相似进程的官方论调,从而将政府行动同智库的观念游说联结起来。

我们还应注意到几处访谈中的局限。第一,同官方文件相似,受制于既定利益,受访者会尽力强调自身所属机构的影响力。第二,某些受访者可能不愿意做出公允的评价,这有可能是因为他们希望以最理想的形式塑造所属机构的形象,抑或认为此类评价可能对自身或所在组织的地位造成负面影响。第三,一个实际问题是,出于时间、资源和渠道原因,研究者无法访谈很多研究人员,或是一一访谈某一进程所有相关机构的研究者(Smith, 2010)。访谈通常在某几个场合中针对数个机构展开。受访者包括智库负责人、研究人员、不同层次的学者、第二轨道进程的参与者,以及熟悉第二轨道进程的学界专家。第四,在亚洲进行学术访谈还会受到社会约束的影响。如果未经介绍,或是没有私人关系,很难知道潜在的访谈对象。受访者除非是研究者的熟人,通常也不愿分享其个人经历(Chow in Common,2001)。出于上述各种原因,虽然做过几次尝试,研究者仍然不可能直接同决策者搭上话。若要尝试理解域内决策者有关智库的认识和意见,必须额外花精力从演讲、公开采访及政府文件中获得体现决策者立场的解释。

五、小结

每一个案例都意在揭示某个智库及其智库网络是如何介入话语进程的。过程追踪是追溯亚洲各智库网络推动的因果故事是怎样描述安全叙事的得当方法。该方法颇为适合收集那些造就话语空间、架构问题/设置议程、架构网络、实现制度化等一系列全然不同的变量;进而构成条理分明的整体,被智库网络用以寻求建立新的安全范式,从而形成复杂的政治进程架构。

历史和政治事实的偶然性造就了域内各智库赢得话语权威地位的特殊利益所在。通过各项案例研究,本书运用话语制度主义理论重新审视智库是如何运用话语赢得政治影响力的。话语制度主义被证实是成效显著的分析视角,研究者由此首次对亚洲的智库/智库网络进行比较分析。话语制度主义尤其适合这种类型的分析,因为智库的影响极大地依赖其是否有成功参与话语进程的实力。此外,创造性地命名话语空间的做法亦使它们能够为现有与新兴的正式制度提出观念,同时在正式制度缺席的情况下充当准制度填补空白。由此,它们成为一个发展并践行亚洲区域安全治理、全新且尚未分化的空间。

第四章 东南亚国家联盟:战略与国际问题研究所*

一、引言

东盟战略与国际问题研究所的建立源于东盟几个成员国相关人士的私人友谊。这些人中很多都是国立智库的领导,这也是"他们构成东盟安全与国际关系议题学者网络核心的唯一标准"(Soesastro et al.,2006:4)。东盟战略与国际问题研究所最初的架构形成于1974年,当时印度尼西亚的战略与国际问题研究中心(Centre for Strategic and International Studies, CSIS in Indonesia)主办了一场以东盟发展为主题的区域性会议,此后又举办了很多会谈。在一系列东盟—美国合办的会议期间,相关机构提出建立一个以东盟为关注焦点的政策研究网络。印度尼西亚战略与国际问题研究中心的尤素福·瓦南迪(Jusuf Wanandi)采纳了这一主张,并于1984年首次召开了官方会议;东盟战略与国际问题研究所于1988年正式成立(Wanandi, 2006)。

该智库网络最初包括四家智库:印度尼西亚战略与国际问题研究中心、东盟战略与国际问题研究所(ISIS)、新加坡国际事务研究所(the Institute of International Affairs, SIIA),以及泰国朱拉隆功大学安全与国际问题研究所(the Institute of Security and International Studies, Chulalongkorn University, Thailand)。时任菲律宾国立大学系统(the

---

* 东盟战略与国际问题研究所并不是一个实体机构,而是名为"研究所"的智库网络。——译者注

University of Philippines System)政治科学系主任的卡罗丽娜·赫南黛斯(Carolina Hernandez)也是该网络成员(Soesastro,2006)。另外还有两个新加坡智库是该网络的非正式成员,它们分别是东南亚研究所(the Institute of Southeast Asian Studies, ISEAS)和国防与战略研究院(Institute of Defence and Strategic Studies, IDSS,后改名拉惹勒南国际研究院)(Aguilar,2008)。

东盟战略与国际问题研究所自建立起就是东南亚乃至整个亚洲地区第二轨道进程的主导者(Hourn,2002)。这是一个组织松散、伴生于正式会谈及东盟行动的区域性网络,其成员机构均为东盟国家智库。尽管该网络政治形象温和,且践行"不露面"路线,它仍是推进亚洲非传统安全议程的有机组成部分。

东盟战略与国际问题研究所几乎从建立之初就开始推进安全治理新形式,不遗余力地在域内培育新的治理机构(Stone,2011)。正如斯通注意到的"东盟战略与国际问题研究所是通过非正式外交行动促进建立区域性治理新机构的创举"(Stone,2011:3)。它是亚洲第一个智库网络,致力于从战略上构建联结正式和非正式政治的空间;亦成为众多后起智库网络的组织化模板。在亚洲,绝大多数新兴的第二轨道外交网络(包括本书之后将研究的三个智库网络)都曾试图效仿这一理想的政治论坛。东盟战略与国际问题研究所逐渐在区域政治互动中获得了牢固的话语地位,而且该网络内生于域内第一轨道及第二轨道进程的发展。该智库网络为制度创新及时提供了政策建议和政治空间,同时培育了一个接受非传统安全观念影响的政治共同体。该网络还成为内生和外来主张的试验场,允许成员机构通过政策创新的裁与缝,形成"某种创造性接纳"(Evans,2006:103)以匹配本区域实际情况,从而推动并落实观念交换。

东盟战略与国际问题研究所随东盟一同发展。越南国际关系研究所[即现在的越南外交学院(Vietnam's Institute for International Relations)]于1995年加入该网络。1997年4月,研究所接受了柬埔寨合作与和平研究所(Cambodian Institute for Cooperation and Peace, CICP)为成员。老挝则于1999年由其外交事务研究所(Institute of Foreign Affairs, IFA)代表加入。东盟战略与国际问题研究所第九个,也是最新一个成员是2001

年加入的文莱政策和战略研究所（Brunei Darussalam Institute of Policy and Strategic Studies，BDIPSS）。缅甸是目前唯一在协会中没有代表机构的东盟国家。

东盟战略与国际问题研究所成员智库同其所属国政府间的紧密关系成为该网络有能力推进非传统安全观念的一个重要事实。经东盟战略与国际问题研究所以东盟名义注册为非政府组织，协会各成员机构同各自所代表政府之间的距离各不相同，甚至存在根本性差异（Stone，2011）。东盟战略与国际问题研究所的成员智库包含了从政府隶属关系明确到几乎完全自主的各种类型。河内的国际关系研究所和代表老挝参加网络的研究所都是各自国家外交部的附属机构（第二轨道进程参与者 1，作者 2011 年于吉隆坡的访谈；Evans，2006）。其他智库则受到所在国政府的潜在影响。例如马来西亚战略与国际问题研究所（ISIS Malaysia）的很多员工是政府雇员，且其执行所长是官方指定的（第二轨道进程参与者 1，作者 2011 年于吉隆坡的访谈）。反之，有的机构则拥有极大的自主性。菲律宾战略与发展研究所（Institute for Strategic and Development Studies，ISDS）和新加坡国际事务研究所在人事关系和运作方面都独立于政府。此外，智库同政府之间的关系也会随时间变化而变动。雅加达的战略与国际问题研究中心最早由政府建立并对其拥有很大的话语影响力。但有证据证明战略与国际问题研究中心领导人同印尼总统苏加诺的冲突导致该机构不再受宠，其政策影响力也因此大跌（第二轨道进程参与者 2，作者 2011 年于吉隆坡的访谈）。该机构因此顺势重构为独立智库，不再隶属于政府部门（Wanandi，2011）。

东盟战略与国际问题研究所在结构上遵守东盟规范，同时"虽然设置了一个小型且非正式的秘书处，但关系网络建立在私人关系之上而非硬规则或复杂结构上"（Evans，2006：99）。该网络在很多场合都被描述为"俱乐部"、政策网络或政策共同体（Soesastro et al.，2006），按照沃恩（Hourn）的论述，

> 东盟战略与国际问题研究所建立之初就具有明确的目的，即构建相关项目来填补空缺并相互提供支持，而非在区域内形成竞争……该

观念保证了东盟战略与国际问题研究所作为域内最重要的智库社群，能够同其他国家及地区的其他社群或机构进行对话。

(Hourn，2002：13)

这并不意味着该网络中的智库能就所有问题达成一致，而是指它们有机会参与到协同式话语及交互式话语中去。本质上，它们"很少一开始就能在知识上拥有共识，而是通过讨论和社会化的途径逐渐形成了共同的目标偏好"(Evans，2006：100)。在东盟战略与国际问题研究所安排的空间里可以协调不同的观念主张，一旦形成共识，还可以利用各成员智库的网络关系实现动员。

不可否认的是，分析东南亚第二轨道对话时必须考虑"国家及跨国、官方及非官方、第一轨道及第二轨道进程间复杂且共生的关系"(Job，2010：112)。填补东盟战略与国际问题研究所成员机构间正式联系空白的是智库同政府之间非正式、"非官方"网络。正如某成员智库的外交政策与安全研究负责人所注意到的，我们很难描述此类网络特性，因为它们建立在每位学者同其所属政府的私人关系基础上(Mun，作者访谈，吉隆坡，2011)。通常情况下，东盟战略与国际问题研究所各智库同其所属政府的密切联系会产生负面作用，因为这会成为智库自主权的桎梏(Kraft，2000)。但从外部视角看，此类联结又是将有关非传统安全的政策观念传递给决策层的重要途径。

私人关系在这里尤为重要，因为东盟战略与国际问题研究所同东盟之间不存在任何正式联系渠道。制度性结构的缺失使东盟战略与国际问题研究所严重依赖个人之间的非正式关系传递该智库网络的政策观念。智库网络自身内部架构很弱；成员单位不必负担网络经费，甚或没有必须参与其中或做出贡献的义务(Mun，作者访谈，吉隆坡，2011)。

关系网络制度设计中各智库平等的属性同网络关系内各方默认等级制的交织导致了该弱点的存在。网络中某些智库，通常是那些新成员(柬埔寨、老挝和泰国的)，或无法交纳足够的研究基金，或研究水平不足，因此实际贡献有限(Sotharit，2006)。"同东盟成员国的构成相似，东盟战略与国际问题研究所成员单位的组成、体量、能力、资源、所处政治和社会语境，及其国内和地区影响力都可谓差异显著"(Evans，2006：100)。有意思的是,该协会成员智库的权力分工同东盟的情况颇为相似,协会的创始成员比后期加入的智库拥有更大的权力。尽管该协会主动采取包容性举措,但有几个成员智库总体而言仍然不够积极,抑或仅在区域层面稍活跃。实力悬殊的情况制约了东盟战略与国际问题研究所,使其很难对东盟结成统一战线,从而巩固智库间的话语协同,或是在智库和第一轨道(外交)行为体间形成话语交互。通常,相对强大的智库代表整个智库网络提出政策建议,并将之作为协调性成果提交给东盟。

尽管东盟战略与国际问题研究所面临着结构性制约,但该网络在各方认识到第二轨道外交主张的好处之前便率先开拓"第二轨道"进程着实功不可没(Evans，2006：100)。在过去几十年间,该网络在建立一个发达的第二轨道外交共同体并使之成为专家讨论非传统安全议程中心的过程中起到了重要作用。此外,该智库网络也是将非传统安全观念纳入东盟治理进程的重要平台。

二、作为政治行为体的东盟战略与国际问题研究所

建立东盟战略与国际问题研究所有两个主要目标:其一是及时提供国际关系相关事务的政策建议;其二是支援区域协调与合作——这些行动大多得到东盟的支持(ASEAN-ISIS，2006)。协会建立后不久,各成员单位就面临着必须决定自身同东盟之间的地位关系问题。它们选择了正式隶属关系,尽管从性质上来说这种隶属关系尚需讨论(Hourn，2002)。

很快,关于东盟战略与国际问题研究所的整体目标浮现出两种全然不同的视角。有的成员单位认为东盟战略与国际问题研究所是出于相对哲理化、理想化的缘由而建。它们主张建立该协会的目的是集中东盟政府框架之外各国学者及成员智库内部所有资源,从而推进区域合作……另一方面,其他成员单位提出建立东盟战略与国际问题研究所是出于更实际的目的。这一派认为,从事区域研究及调研的个人寥寥无几,因而更重要的目的是尽可能多地为区域内事务提供此类学

者和思想家资源。他们还主张为东盟提供更广泛的议程和更多的技术专业人士。

(Hourn，2002：12—13)

东盟战略与国际问题研究所同东盟的关系最终体现为上述两个视角调和妥协的结果。协会同时拥有在国内外运作的能力，而且能够依据政治语境在正式或非正式政治行为体的角色间切换。其正式功能是为国家行为体提供政策建议，并获得介入政治进程的回报。东盟战略与国际问题研究所同东盟存在"几近制度化"的关系，并与决策者建立了密切互信关系。例如，在每年东盟部长级会议（ASEAN Ministers Meeting，AMM）之前，东盟战略与国际问题研究所的代表都会同东盟高级官员（ASEAN Senior Officials，SOMs）举行会谈，将过去一年间收集的信息分享给这些官员，并就之后东盟部长级会议发表内容提出建议（Hourn，2002）。不过尽管承担了上述"正式"职能，该协会仍服从于政府行为体设定的外交规则。

与此同时，东盟战略与国际问题研究所还担当着国家结构之外的角色，参与各国官僚机构不便介入的跨境研究。这一身份使该协会不再受制于东盟模式，从而能够在更大范围内追寻政策建议创新。它可以在此探究敏感且具有挑战性的安全议题，提出在正式场合不会被通过的尝试性主张。而且此类互动的非正式属性亦使协会成员单位同各类域内及域外行为体建立联系。

东盟战略与国际问题研究所既能在体系内又能在体系外开展工作的能力使其成为效率颇高的话语行为体，同时提高了自身推进非传统安全观念的能力。其在不同类型及正式程度的话语之间的敏捷转换使该智库网络颇具灵活性，由此也能更好地回应迅速发展的安全问题（通常是非传统安全问题）。此外，该智库网络还能迅速调用某一类话语（协同式）形成政策观念并立即将之转换为另一种适用于正式政治进程的话语（交互式）体系。它能够将在"非正式"情境下塑造的非传统安全观念通过其"正式"角色转化为匹配官方进程的政策主张。为确保上述协同式/交互式话语和正式/非正式进程间的转换，该智库网络通过进行会谈、召开会议、维系关系网络等形式培育政治空间。

>总体而言,东南亚各智库创建了一个跨国关系网络来维系区域合作的治理空间。因此,智库网络及其成员组织创造、整合、使之正当化(legitimate),并传播有用的知识,(从而)在新兴的区域治理体系中充当了一个重要角色。

(Stone,2011:5)

东盟战略与国际问题研究所同时介入正式及非正式话语的能力使之能够在一定程度上掌控纳入区域安全的观念类型。其对非传统安全议程的首要贡献就是维系了这片政治空间。智库网络在这一空间中以易被接受的形式向决策者引介非传统安全观念,使之适应决策过程进而实现传播。

时代独特的历史境遇和社会偏好使东盟战略与国际问题研究所在亚洲赢得了政治权威。即使东盟最初就是为回应安全观照而建立的国际组织,许多安全事务仍然因其争议过大,而未在 1967 年建立东盟论坛的《曼谷宣言》中对东盟授权(Ba,1997)。东盟在面临美国撤出越南,以及 20 世纪 70 年代印度尼西亚政治动荡导致的战略不稳定时仍是一个"虚弱的新生儿"(Ba,1997)。鉴于东盟是域内唯一涉及跨国问题的制度框架,加之东盟论坛此前已正式介入有关安全问题的讨论,唯一可行的治理备选项就是东盟战略与国际问题研究所提供的话语空间了。该协会主办的论坛尽管身份地位并不正式,仍成了实践安全治理的场所。以下因素又进一步强化了该协会的特殊地位。

>受制于有限的研究能力和政策分析能力,东盟国家的政府无力处理日益复杂的国际关系事务。因此,财力及人力资源不足的东盟国家拓展了第二轨道外交行为体的职能。

(Aguilar,2008:43)

治理能力不足使东盟战略与国际问题研究所成为实质性地探讨并解决跨境安全问题的论坛。该智库网络以提出观念主张、提供治理空间的形式为回应安全挑战、处理地区秩序问题做出了主要贡献。"东盟战略与国际问题研究所在东盟安全问题上扮演了智识领袖的角色"(Aguilar, 2008: 45; Sukma, 2006)。该智库网络利用其专业人士身份、制度及个人声誉，以及接近国家机关的便利提升自身观念主张的影响力，从而嵌入正式安全进程。

正如本章随后将讨论的，东盟战略与国际问题研究所对非传统安全议程的推动显而易见；然而我们并不清楚这样一个由诸多行为体组成的结构松散的网络缘何能在层级众多、规模差异显著的政治空间内对如此复杂的议程实现动员(Hameiri and Jones, 2011b)。观念主张本身并不能引发制度变迁，必须由施动者进行动员。东盟战略与国际问题研究所就是这样一个施动者，话语制度主义则为我们提供了观察该智库网络是如何将非传统安全观念传达给政治决策者的渠道。话语制度主义最重要的一面，亦是使之能够完整分析非正式政治行为体的原因，就是话语制度主义对**情境**(context)和内容的强调。情境包含了引入话语的制度环境，以及由谁、以怎样的形式引入(Schmidt, 2008)。换句话说，情境在考察观念的传递与接收时综合考量内外两方面因素。某个政治中间人对其所推广观念的情境掌控度越高，在交流其观念主张时效率就越高。因此话语制度主义可以用来解释东盟战略与国际问题研究所对话语空间的掌控是如何成为宝贵的政治工具，并被智库网络用来为非传统安全观念赢得特殊地位的。

三、东盟战略与国际问题研究所和话语空间

东盟战略与国际问题研究所协会作为政治行为体的角色及其激励制度变迁的能力有赖于该智库网络额外建构的政治空间，以使其在结构和制度上不再受东盟模式的制约。协会在正式与非正式进程交汇之处建立了话语空间。上述空间很适合构建协会智库网络内部和其与政府之间的对话场合。在协会历史上，话语空间是"建构、争论、阐释新社会事实以及各色人等进行交流与互动的平台"(Stone, 2011: 18)。很多此类场合渐渐成为永久性论坛，变成东盟战略与国际问题研究所年度对话及会议的一部分。提供并运作此类场合赋予了该协会提出什么主张、怎样提出问题和主

张、由谁同哪些行为体交流意见的权力；同时所有上述话语领域的重要方面都需要话语制度主义要素的支持。因此，东盟战略与国际问题研究所论坛对推广非传统安全观念尤为重要，各大论坛是智库凭借自身才能，以非正式的身份在从事挑战性强、创新度高的政策研究过程中同各方建立政治性联系、赢得具有合法性的正式身份。

东盟战略与国际问题研究所主办会议的氛围凸显了协会话语空间的双重属性。该协会的第二轨道进程从各方面来说都未曾脱离其第一轨道外交而存在；实际上，它们是把第二轨道提出的观念主张传达给第一轨道行为体的中介。很多第一轨道参会者以"非官方"的身份出席会谈，又无缝衔接其正式职能，"向各自所属国家政府提出政策建议"（Katsumata, 2003:95）。参会者的双重身份凸显了第一轨道及第二轨道泾渭分明的影响范围。与此同时，这也在一定程度上解释了第二轨道进程何以如此有效地应对了第一轨道的政策需求。

即使所受限制小于正式进程，东盟战略与国际问题研究所构建的话语空间也并非不受限制。某次会议上，来自第一轨道的某位参会者明确提出自己并不奢望学术自由；即使会议本身具有非正式属性，"非官方职能"并不存在（作者在东盟战略与国际问题研究所会议上的观察，吉隆坡，2011）。这表明研究所主办会议所兼具的"正式"及"非正式"属性并不能使所有参会者都卸下官方义务。类似的局限同样出现在智库学者中，对研究人员，尤其对民主化程度较低国家的研究人员而言，有些智库的"自主性受到限制"（第二轨道进程参与者1，作者2011年于吉隆坡的访谈）。上述局限或将影响某些研究人员的说辞，但这不会阻止他们听取其他研究环境更自由的学者所提出的主张。中立的氛围鼓励了身处政治立场光谱不同位置的智库成员及政府官员共同参与讨论。即使某些参会者因场合敏感无法直接参与东盟战略与国际问题研究所主办的会议，相关讨论仍能使他们适应新的政治路径，了解此前不曾抱有的"激进观念主张"（Ba, 2009）。协会话语空间的社会化因素颇为重要，不容小觑。正如前文曾提到的，因各怀目的或情势所需，协会中有的机构实为政府官僚机构的外延（Evans, 2006）。然而即使此类机构无法参与讨论，其也听到、看到了相关主张；他们出席会议行为本身就将非传统安全主张同政府决策者联系起来。而持续接受上述观念能使行为体适应某些特定的安全解释,从而给他们足够时间去适应这些观念并研究可行的政策变迁。随着时间的推移,这些观念或将改变原本难以改的国家政策,即使那些国家不愿改变,至少也能容忍相关主张。

东盟战略与国际问题研究所对议题挑战程度的包容是其包括论坛在内的第二轨道进程深度参与于非传统安全论争的原因。在这样一个包容的环境里,非传统安全议程逐渐发展,从昙花一现、仅关注"区域参与度及投入度",逐渐成为前瞻性地对"广泛解决人类安全和发展问题"的讨论(Soesastro et al., 2006: 2)。东盟战略与国际问题研究所渴望提供及时且相关的政策建议以使东盟注意到积极管理非传统安全问题的重要性。此外,通过对一些非军事问题形成新论,协会旨在整合其可能产生的影响以及对域内制度规范。这也反过来促使该协会推进同非传统安全议程相关的其他观念:承认安全问题的跨境属性、摒弃东盟模式、推进集体安全和协作安全观念,进而最终形成更强的区域安全架构。

深究传统安全转向非传统安全的本质,"第二轨道行动在区域安全共识兴起(建立共同话语)的过程中起了作用……论坛是向域内引介非传统安全视角的场合"(Kraft, 2000: 347)。东盟战略与国际问题研究所和第二轨道"成功地改变了众多安全议题官方观点"(Kraft, 2000: 347)。东盟战略与国际问题研究所致力于将众多非传统安全问题定义为安全威胁。例如克拉夫特(Kraft)注意到"1994 年,亚太圆桌会议(The Asia-Pacific Roundtable, APR)作为该智库网络组织的对话活动就有一场关于非传统安全问题的小组讨论和一场以人权为主题的大会讨论"(Kraft, 2000: 348)。该智库网络的确在其组织的大多数对话中强调了非传统安全问题。这样做一个不可避免的结果就是承认上述问题的跨境属性,且"将非传统安全问题表述为'跨国'本身就坚持了在国家框架之外治理上述问题的立场"(Hameiri and Jones, 2012: 5)。

例如东盟战略与国际问题研究所曾于 2011 年组织过一次有关核能的讨论会,对话的焦点集中在将核能作为日常可能引发的跨境问题。与会者敏锐地指出"没有哪个国家能够说这是主权问题",因此亟待在地区层面进行讨论(作者列席"第四届东盟—澳大利亚—新西兰对话"时的观察,吉隆坡,2011)。

东盟战略与国际问题研究所从观念主张和政策行动两方面同时挑战了东盟外交规范。

> （东盟战略与国际问题研究所）协会总是在东盟规则及规范边缘运作，尤其是想扬弃"共识"和"一致同意"的概念，并以"自愿联合阵线"取代"最低共同标准"路径，从而支持并接受双元领导模式，作为规则而非例外参与其中；协会致力于推进一系列包括人权和民主在内、因官方政策及意识形态差异，不方便所有成员国坐下讨论，同时也不愿意受制于"一刀切"的不干涉内政原则的观念主张。一个令人惊讶的现象是，某些成员机构，尤其是印度尼西亚、泰国和菲律宾的成员单位都愿意开诚布公地讨论本国的内政问题，同时鼓励而非被动容忍外方评议。
>
> （Evans，2006：100—101）

以上各方面都同此前的东盟规范差异巨大。东盟战略与国际问题研究所话语空间的架构及属性使该智库网络成功地推广了非传统安全议程。只有在自身隐蔽之下的论坛上该智库网络才能像有效推动非传统安全观念那样不受约束地讨论第一轨道议题。例如该网络切实组织了有关违反人权、民主改革的可能性等主题的对话活动，并就当前区域安全机制活力进行了辩论（作者列席"第四届东盟—澳大利亚—新西兰对话"时的见闻，吉隆坡，2011）。尽管并未公开反对东盟模式，但该智库网络通过推广"自发的"对话活动鼓励坦率的言论以及对敏感话题的讨论传统外交规范。

尽管东盟战略与国际问题研究所旨在为形成中的话语背书，但在过程中仍对直接导致冲突和批评的做法心存顾虑。该智库网络还公开反对那些同东盟模式南辕北辙的观念，即使它们完全符合自身的政治蓝图。例如，东盟战略与国际问题研究所的确有意推广合作安全，但它声称拒绝了亚太共同体（Asia Pacific Community，APC）的倡议。该智库网络并不在内容上排斥该倡议，而是一方面反对的是该主张的倡议方式（未行磋商或形成共识），另一方面反对的是主张的提出者（时任澳大利亚总理的陆克文，Kevin Rudd）。亚太共同体的主张被认为是外界"强加"的观念，且因其此前未曾告知涉事各方，甚至未同它们进行过协商（因此违背了东盟模式偏好的共识模式及磋商行动），而遭到拒绝。陆克文因此"虽尽力尝试且通过渐进主义外交政策及非正式渠道几乎实现了目标，却终究未能在亚洲实现制度化突破"（Huisken and Milner，2014）。东盟国家之后总结认为亚太共同体这一概念还是明智的——这一提议遭到反对仅仅是因为澳大利亚不遵守外交准则。亚太共同体由此销声匿迹，随后被本地区提出的安全话语"东亚峰会"（the East Asia Summit，EAS）所取代（作者对 Mun 的访谈，2011 年于吉隆坡）。东亚峰会继承了很多当年为建立亚太共同体设计的职能。尽管两者本质上拥有相同的理念，但引介该理念话语环境的差异决定了两者最终的接受度和制度化结果不同。上述彻底的区别成功地支持了话语制度主义所主张的：观念主张的传达方式和其内容同样重要，甚至更加重要。

四、东盟战略与国际问题研究所和非传统安全议程

东盟战略与国际问题研究所建立的话语空间已成为推进非传统安全议程重要且具有相当影响力的场合。该智库网络以不同形式推进该议程。按照斯通的论述，该协会通过落实三大重要目标，有效地影响了治理进程。正如前文所论述的，首要目标是智库网络**创造**新观念的实力。就非传统安全问题而言，东盟战略与国际问题研究所贡献了颇有价值的资源和专家形成了非传统安全主张，同时致力于主办论坛组织讨论。目标之二是各智库通过设置议程、把问题结构化向其他政治行为体**传播**上述主张；由此将相关主张列入政治议程，围绕上述议程引导论争，进而将讨论导向对当代安全问题的讨论。目标之三是协会通过各成员单位正式及非正式的**智库网络**传递这些观念主张（Stone，2011）。智库网络是东盟战略与国际问题研究所获得成功的重要组成部分，也是智库网络积极地将相关主张纳入政治进程的一项机制。该协会大力拓展的正式及非正式联结体系，是其成功地将非传统安全观念主张嵌入区域治理结构及制度的关键所在。

问题架构与议程设置

东盟战略与国际问题研究所对话语平台的掌控使其取得了提出哪些

议程，以及如何架构某议程相关主张的专断权。如何架构政策在对觉察问题、识别得当的回应、使政治精英接受政策建议等一系列选择都对最终决断颇有影响。通过对上述工具的运用，该网络的成员智库在非传统安全框架内提出了许多新的问题，同时在此框架内对久拖不决的问题重新进行了论述。与此相似，各方对所提政策的回应也被整合在非传统安全观念框架内，成为智库所推动的因果叙事的组成部分。而通过提出强化区域制度、同东盟模式决裂、在追求集体安全与合作安全时不再强调一致等行动，协会塑造各方所期待的政治回应并提出解决方案。这又进一步推广了非传统安全观念主张。由此形成的解决方案一方面具备短期政策影响力，另一方面还对政策回应及制度发展产生了长远的规范性影响。

问题架构的力量超越当下具体问题，洞察未来确定论调。对"新"安全问题的预警使东盟战略与国际问题研究所从一开始就取得了掌控安全话语的优势地位，从对问题的定义到对合理化解决方案的表述无不如此。协会主办的亚太圆桌会议和其他一系列论坛无不是诸如"新兴安全问题""演进中的安全"等论断式的标题；此类论坛旨在甄别并标记哪些问题应在安全议程框架内进行讨论。例如，2010年举办的第24届亚太圆桌会议组织了"谈论气候变化"及"使亚太地区'保护的责任'（Responsibility to Protect，R2P）运转起来"的会议（亚太圆桌会议，2010）；第26届亚太圆桌会议则组织了题为"海上交通线（the Sea Line of Communication，SLOC）安全：处理方式及其回应"和"亚洲非法跨国移民管理"的会议（亚太圆桌会议，2012）。上述前瞻性思想话语赶在这些议题传入第一轨道进程之前，已率先勾勒出观念主张（以及由此形成政策）的话语边界。例如，东盟战略与国际问题研究所组织的一场关于海事公域与安全的小组讨论将此问题架构为协调海军合作的行动。该小组并未集中讨论域内各国海军**是否会**进行合作，而是聚焦于**如何**进行合作。这样组织小组讨论迫使参与者在承认在已实现合作的前提下进行讨论，即如果他们想要参加讨论就必须接受这一前提条件。此外，相关架构也会将某些问题排除在安全话语之外。例如，亚太圆桌会议议程将维基解密（Wikileaks）相关丑闻视为外交问题而非安全议题。因此涉及维基解密的讨论聚焦于情报交换而非其安全意义。如此种种，协会架构论争的能力影响了对观念主张的阐释方式，从而将讨论引向同智库网络的议程相一致的路径。

东盟战略与国际问题研究所在运用涉及非传统安全观念架构问题上颇具战略性。例如,2012年的亚太圆桌会议议程涵盖了水资源短缺和跨境移民问题(亚太圆桌会议,2012)。协会将上述问题连同对传统安全考量一起提出,使它们作为安全议程的一部分获得了合法性。而且给上述问题贴上"安全"标签反过来也能在政治上将这些观念主张列入区域议程,由此获得域内治理主体的关注。而非传统安全问题及相应的解决方案一旦被纳入东盟议程,便获得了政治关注度,即使其本质挑战了域内外交规范。

然而并非所有该协会的成员智库都有机会将问题架构发展为战略。对问题框架下观念主张的掌控通常仅限于那几个资源最丰富(通常也是最活跃的)的网络成员单位。协会主办的大多数会议都是专门性质的,倡议并组织会议的各智库都对话语进程拥有可观的控制力。它们掌控了会议的**内容**及**语境**,甚至包括邀请哪些第一轨道进程或非协会成员单位的参会代表都由其决定。所幸对非传统安全议程的支持者而言,有能力且有动力组织会议的智库正是最有进取心的那几个。颇具前瞻性的智库如马来西亚战略与国际问题研究所和印度尼西亚战略与国际问题研究中心都多次主办过东盟战略与国际问题研究所年会。新加坡国际事务研究所和菲律宾战略与发展研究所同样在协会主办的会议中有强势代表。上述四个智库都长期推进非传统安全议程。强势智库作为枢纽联结了隶属于协会各智库的各类网络。最重要的是,协会内其他智库(通常因历史原因更为保守,由政府主导)仍然出席会议并接触到了这些进步的观念。同时,鉴于这些智库通常研究能力较弱,因此也有动力去接受研究水平更高同侪所提出的方案。

尽管东盟战略与国际问题研究所智库网络是在区域层面推进非传统安全观念主张,其成员智库实际上也分别向母国政府强调了对非传统安全分析框架的认知。协会各智库充分利用各自同政府业已存在的联系,能够将区域论坛中获得的观念主张本土化,并使其同本国独特的政治语境相匹配。印度尼西亚战略与国际问题研究中心和马来西亚战略与国际问题研究所就曾利用这种联系将观念主张引入国内政治场域。例如,在印度尼西亚准备担任东盟轮值主席国之际,战略与国际问题研究中心提交了一份备忘录,提出了"东盟共同体"的概念。这一概念之后被印度尼西亚政府所采纳,并将之作为其东盟轮值主席国任期内的主旨目标(第二轨道进程参与者2,作者2011年于吉隆坡的访谈)。

在某些情况下,智库介入政府事务的机遇有规则可循且可以预期。印度尼西亚战略与国际问题研究中心隶属于印度尼西亚外交部的身份意味着该智库时不时被要求起草外长讲话稿(第二轨道进程参与者2,作者2011年于吉隆坡的访谈)。该智库于是利用这些机会公开对问题进行架构,并赋予其合法性。与此相似,马来西亚战略与国际问题研究所的一位工作人员也指出,该所经常被要求起草总理讲话稿,涉及外交政策时尤为如此(第二轨道进程参与者1,作者2011年于吉隆坡的访谈)。政治官员的公开言论是形成问题架构、传达观念主张的有力渠道。此类行动是观念主张的跳板,助力它们成为公开政策辩论的一部分(Buzan et al., 1998)。

问题架构及议程设置是在安全讨论中引进非传统安全观念颇为重要的第一步。东盟战略与国际问题研究所掌控了话语空间,为东盟规范之外的观念主张提供了适宜的平台,使非传统安全观念更容易融入了主流安全话语。而相关主张一经提出,协会就可以通过问题架构展现既有政策轨道的瑕疵所在,并给出审慎寻求其他政策路径的理由,从而说服其他政治行为体。该协会依照非传统安全议程架构问题,并将相关问题引入第二轨道决策议程。就这样,智库运用(交互式及协同式)话语向与会者及政治决策者证明其观念主张的价值。随着非传统安全议程在这些论坛上得到引介,便通过密集的正式及非正式网络,渗入政治空间,传播到其他平台并被其他行为体所接受。

建立关系网络

东盟战略与国际问题研究所同时运用交互式及协同式话语建立关系网络。该协会为关系网络内的智库提供了交换各自研究、信息,有时候也涉及影响力的框架。成员智库在此交流非传统安全议程进展,并充分利用其内部网络鼓励"加强协会成员单位之间的交流"(Sukma, 2006:90)。考虑到网络中的智库研究实力和自主性程度各不相同,这是一种颇有价值的工具。那些研究议程活跃(也往往颇为进步的)智库能够为那些能力稍弱,抑或不被允许进行相关研究的智库输送政策建议。以上分工使该协会保持了面对类型广泛的问题都能提出超过任何一个研究所能力范围的专家级意见。此外，接受新观念的智库亦能够随之在将之传达给政治进程之前使相关资讯适配本土规范（Acharya，2009b）。即使智库在某些问题上坚守母国立场（例如马来西亚战略与国际问题研究所和新加坡国际事务研究所在人权问题上的立场），它们也并不阻止其他坦诚的智库（菲律宾战略与发展研究所）提请辩论这类问题。东盟战略与国际问题研究所提供了一个有益的"观念—政策"循环，智库同来自第一轨道的参与者一道在此寻求资讯、政策影响及政策建议。按照某位参与者的说法，来自第一轨道的参与者渴求知晓新的观念主张，同时意识到自身没有对所有潜在的情形——进行研究能力（第二轨道进程参与者 2，作者 2011 年于吉隆坡的访谈）。东盟战略与国际问题研究所在一个各方都方便的关系网络枢纽中提供了宽容对待反对意见、摆脱规范性制约的话语场所，从而使以上各项活动实现了交融。

　　在上述机构间的交互式关系网络之外，东盟战略与国际问题研究所还通过不间断的同其他智库，尤其是在美国、日本、澳大利亚和韩国等地举行的双边及多边会谈，培育区域之外的智库交流网络（Wanandi，2006）。由此在东南亚区域之外拓展了该协会的智库网络；该做法也由此成为其他诸如亚太安全合作理事会等智库网络的先例。该协会还同东盟经济论坛（ASEAN Economic Forum，AEF）携手，已将互动拓展到公民社会（第三轨道）组织（Caballero-Anthony，2005；Kraft，2000）。此类跨区域关系传播了信息，扩大了智库网络的域外影响。上述扩大化效应不会消失；同时非传统安全观念若能在多个方向上由各类行为体进行推广，也更具说服力。如此，东盟战略与国际问题研究所各成员智库就能稳步将非传统安全观念推向制度规范的"临界点"，从而实现观念进而实现制度变迁（关于规范变迁，参见 Keck and Sikkink，1999）。

　　部分是出于其对某一观念性议程的集体推广，东盟战略与国际问题研究所表现出很多认知共同体的特征。实际上，该智库网络明显是一群专家在自身专业领域内同当局分享有效主张（valid claim），这是哈斯（Hass）对知识共同体下的确切定义（Hass，1992）。此外，该协会通过提供知识、专家意见及观念主张,在支持东盟及区域合作的基础上共享原则性信念。这些核心价值表现在该智库网络旨在强化东盟、促进区域合作和稳定等方面共同的政策运作上。然而,尽管各成员方拥有共同的基本目标、旨在促进安全合作,东盟战略与国际问题研究所仍谈不上是一个真正的知识共同体。该智库网络在成员类型及意识形态方面差异过大,很难说它们对概念的有效性存在共识,或是对因果关系持有相同的信念。这并不是说该协会智库网络内部不存在分散的知识共同体,抑或某些智库网络成员不是外部知识共同体的一部分。例如,该协会三大标志性活动,即旨在建立信任、解决冲突的亚太圆桌会议,东盟—马来西亚战略与国际问题研究所主办的人权学术讨论会,以及东盟(各国)人民大会(ASEAN People's Assembly, APA)等机构单独作为实体来看都更像是知识共同体。上述三大活动集中了网络中拥有共同因果信念和专业判断的特定个体,因而更愿意在有效性上形成共识。东盟战略与国际问题研究所近乎知识共同体的特征帮助该智库网络在各种场合通过提出与政策相关的专家意见,推广政策主张(Stone, 2003)。

实现规范变迁同样需要观念主张的本土化以适应国内和区域内政治市场(Acharya, 2009b)。本土化是重新架构观念主张以适应本土政治语境的一种形式。这既是智库网络的价值所在,也是话语空间贯穿其中的原因。智库网络在域内广泛收集观念主张及政策方案,并存放在东盟战略与国际问题研究所的话语空间里;观念主张在上述空间中或被接受或被"本土化"以符合各国当地规范和偏好。协会成员智库的本土化属性使其熟知本国情况,便于落实观念主张的政治情境和文化背景。它们还能"拿来"主张并提出相应的"本土化"解决方案,即使它们出自外部施动者(Acharya, 2009b)。一旦完成重构,智库就会再次利用自身的网络关系将接受(并本土化)的观念主张传达给决策者(Stone, 2000b)。本土化同时横向地在地理空间上、纵向地在不同治理层次上实现。协会成员智库可以从区域论坛上获取并接受观念主张,并对其进行调整以适应国内受众;或是调整来自域外行为体的观念主张,使之适用于亚洲语境。就这样,东盟战略与国际问题研究所"扮演了一个以东盟目标为准绳,过滤筛选并接受来自世界其他地区诸如综合安全及合作安全等相关概念和路径的特殊角色"(Evans,

2006：102）。

东盟战略与国际问题研究所改造非传统安全观念以适应当地情境的做法,极大地促进了它们融入区域性政治论坛、充当了发展包括东盟地区论坛在内的区域治理制度的基础。有效本土化,以及东盟战略与国际问题研究所高效地担起本土化施动者重任的实践缘何重要,都能通过话语制度主义做出解释。正如话语制度主义理论学者所提出的,在被传达的观念主张之外,传达话语的行为体以及话语传达形式本身也是成功构建话语的重要因素(Schmidt,2010b)。举办东盟地区论坛之类的主张本身并不新颖,但此前所有此类举办对话的提议都被东盟驳回了。前期提议被驳回的首要原因或是它们不理解区域规范的要义(因此在制度化方面要求太高),或被视为西方国家强加于该地区的政策主张(Morada,2010)。本质上来说,就是不够"本土化"、无法在情感上被该地区所接纳。此前讨论过的亚太共同体的失败就是最近这种现象的实例。

东盟战略与国际问题研究所对合作安全观念的成功引介,正是因为该智库网络将致力于合作安全组织的概念同本土境况相结合,从而让决策者接受相关主张。协会利用区域规范及当前政治气候,提出区域合作符合域内行为体的利益。随后还递交了一份备忘录,支持东盟后部长级会议致力解决的安全问题,从而进一步"促进'兴趣的增长'以支持东盟在安全问题上扩大化的职能"(Ba,2009：174)。该智库网络随后建议建立东盟地区论坛,从而使东盟各成员国从逻辑上解决战略不稳定的问题。整套观念主张都在上述本土化、以东盟为中心的"框架内"形成;东盟地区论坛等合作安全组织由此取得了政治成效。

最终,这一框架变得无处不在,东盟也被动加入了行动,这是因为：

> 提议设立区域安全对话倡议的数量和频度清晰地向东盟传达了这样一条信息：（东盟）不但面临区域安全扩大化的强势共识和契机……而且还面临着竞争性制度框架的挑战。
>
> (Ba,2009：175)

1992年,东盟在新加坡举行的会议是迈向东盟地区论坛的第一步。会上提出了一项声明,公开提及是几次东盟主导的非正式对话为东盟地区论坛的建立打下了基础(马尼拉研讨会、曼谷研讨会及两次南中国海工作坊)(Ba,2009)。在1993年第26次东盟部长级会议联合公报上,东盟正式承认了东盟战略与国际问题研究所在建立东盟地区论坛中做出的贡献(东盟部长级会议,1993)。

五、制度化

东盟战略与国际问题研究所话语空间不受局限、不断创新的特性逐渐演进为区域治理的重要组成部分。实现如此发展的原因之一是敏感的安全问题所要求的协商不得不被纳入这些智库网络主办的论坛中,因为第一轨道话语面临着外交上的限制。鉴于相关论坛相比第一轨道对各类观念主张更为开放,智库网络各空间已成为各方优先选择进行评议、传达以及培育全新/敏感主张的场合(Ba,2009)。

上述安排保证了相关实践同时有利于第一轨道和第二轨道。来自第二轨道的与会者能够积极参与决策进程,同时第一轨道的与会者从更为开放的话语空间、第二轨道的专家意见,以及试验新观念主张的会议中受益。来自第一轨道的与会者已经利用上述契机,并通过观察注意到,"在很多问题上,至少某些(来自第一轨道的)与会者会站在远超本国利益或官方政策立场的高度上表达自己的立场并尝试提出解决方案"(Evans,2006:104)。在评估智库论坛(第二轨道)上提出的观念主张之后,第一轨道行为体可以随之在政府论坛上提出上述主张,从而使这些观念获得政治认可(第二轨道进程参与者1,作者2011年于吉隆坡的访谈)。这些空间中,政府官员同样可以就研究议题向智库提出建议,智库也可以提供政策建议。这类话语空间的价值在于它并不明显划分第一或第二轨道。反之,这类空间是一种半制度化的场合,第一和第二轨道的行为体、观念和利益,以及偶尔的第三轨道的利益,在此交汇。

东盟地区论坛的建立是东盟战略与国际问题研究所影响制度变迁最广为人知的例子,但却并不是唯一的事例。协会运用其政治权威和话语空间在域内各处触发制度变迁。黛安娜·斯通观察到"东盟各国智库所做的与政策相关的研究,同它们的政策企业家一起,(已经)存进了对区域合作可能益处广泛的理解"(Stone,2011:25)。茹兰德认可上述意见并注意到:

> 东盟战略与国际问题研究所的第二轨道对话必能为控制域内新兴安全困境做出贡献。协会成功地游说东南亚及亚太地区其他国家正式加入被视为东南亚和平解决争端"大宪章"的友好合作条约(Treaty of Amity and Cooperation,TAC)。
>
> (Rüland,2002:88)

东盟战略与国际问题研究所拓展了安全的定义,引入了跨境及非军事问题。这样做成功地凸显了对改善治理的追求,并向各国说明从集体视角实现安全治理同样符合各国利益。此外,协会还以非传统安全观念为基础建构因果叙事,引导区域性制度的形成或转变。上述进程的一部分削弱了当下的安全观以及赋予现有制度合法性的区域性规范。由此在利益和预期上催生的波动造就了规范(进而在制度上实现)变迁颇为有利的大环境。

除自身致力消解东盟模式的实践之外,东盟战略与国际问题研究所在挑战正式外交互动中东盟外交规范的效用上也颇为积极。协会在其1998年牵头的某次恰巧关注新兴非传统安全问题的会议上,强调了对东盟模式的执念同有效地处理非传统安全问题互不相容。此次会议的初步结论是"为维持其重要性及可靠性,东盟必须应对经济危机、环境恶化、跨国犯罪、非法移民、民主化和人权问题,以及其他一系列非传统安全挑战"(Hourn,2002:57—8)这一结论作为一个实例,部分地揭示了东盟战略与国际问题研究所各成员智库更广义的信念,即东盟必须正式接受一项非传统安全议程主导的议程以保持自身的重要性及可靠性,从而有效地解决安全问题。

正式接受非传统安全议程必然意味着扬弃东盟外交规范,而且此次会议也认为不干涉原则很成问题。会议报告指出了这一规范的重要性,但同时鼓励东盟在论述一国的国内态势对整个地区形成安全威胁的事例时使用"加强合作(enhanced cooperation)"的概念(Hourn,2002)。

对东盟规范的批评不断增加,一些东盟官员提出:

> 东盟必须主动进行变革。鉴于全球化引发的变革如此迅猛,"东盟模式"在未来将无法解决众多问题……在此,建立在威斯特伐利亚体系基础上的主权绝对性已变得不那么重要,而干涉他国内政的诉求或将越来越常见。
>
> (Wanandi,2006:40)

东盟战略与国际问题研究所运用因果叙事来架构规范转向,并将之作为处理非传统安全问题的唯一方式。协会强调了当下东盟模式影响下治理的失效,并以此为理由劝说本地区放弃传统规范性范式。该智库网络随之将规范性变革描述为东盟有效回应新兴安全问题、维持其政治影响力的必要条件。

东盟战略与国际问题研究所话语空间及其双重正式/非正式属性的价值充分地体现在创办东盟地区论坛一事上。早在1991年,该协会主办的一场会议在一份备忘录中正式提出了有关东盟地区论坛的概要。这一备忘录激励东盟各国政府提出一系列包括在东南亚建立新的地区秩序以及巩固壮大东盟等倡议(Katsumata,2003)。此次会议的一位"非官方"与会者是日本驻东盟大使佐藤由纪夫(Yukio Satoh),他认为这一主张颇为引人注目并报告了日本外相。随后,日本外相中山太郎(Taro Nakayama)向1991年东盟后部长级会议提交了一份官方倡议(Ba,2009;Caballero-Anthony,2005;Katsumata,2003)。并不出人意料的是,日方这份倡议同东盟战略与国际问题研究所的倡议颇为相似,因此"可以清楚地看到东盟战略与国际问题研究所和日本方面先后提出了一系列相似的安全概念"(Kerr,1994:403)。日本官方支持由东盟牵头,将建立地区论坛的主张列入区域性议程。同样赞同该备忘录内容的新加坡政府则以此为基础,在1992年第四次东盟峰会上向东盟提出了新倡议。

胜间田弘(Katsumata)认为东盟战略与国际问题研究所通过推进以下观念主张为东盟地区论坛的建立做出了贡献:共同或合作安全的思想、实现多边安全对话并维系东盟模式的政府间论坛(Katsumata,2003)。政府间关系的重要性在这类场合变得尤为清晰,胜间田弘对此解释道:"从其成员单位同政府间拥有非正式却紧密的联系而言,东盟战略与国际问题研究所并非普通的非政府组织。因此协会提出的安全合作议程能够顺利传达给各国政府"(Katsumata,2003:103)。胜间田弘上述关于东盟战略与国际问题研究所与东盟各国政府之间相互影响的论述得到了赫南黛丝分析研究的支持。后者比较了协会最初提交给东盟的 6 份备忘录和最终形成的政策,发现备忘录内容同东盟决议显著相关。她由此同样得出了东盟地区论坛最初的概念文件在极大程度上受到了来自东盟战略与国际问题研究所观念输入的影响(Hourn,2002)。东盟各国外长也指出协会在此扮演的重要角色,赞扬了该智库网络在推广强化安全合作观念、主导建立东盟地区论坛中做出的贡献(Kerr,1994:397)。此外,该协会作为一个智库网络还推动扩大了东盟地区论坛与会者的专业范畴,让防务与外交事务之外其他领域的官员一同参加会议(Morada,2010)。

在建立东盟地区论坛之后,东盟战略与国际问题研究所继续推动区域性制度的深入和强化。2003 年,印度尼西亚战略与国际问题研究中心学者利扎尔·苏克玛(Rizal Sukma)向印度尼西亚外交部提交了一份题为《东盟的未来:通往安全共同体之路》的文件。我们可以就此认为印度尼西亚战略与国际问题研究中心和同时任东盟轮值主席国的印度尼西亚国家政府保持了良好的工作关系。苏克玛在这份文件中建议东盟在 2020 年之前形成一个安全共同体。这份文件的主要内容同扬弃东盟模式、建立更强势的区域安全治理模式的实用主义非传统安全观念相一致。文件建议削弱东盟的不干涉原则,并从基于共识的决策转向"东盟-x"的决策模式(转引自 Tan 2012a 中 Sukma 的论述)。陈思诚(Tan See Seng)认为,该提议的一个弱化版得到了采纳,它是 2003 年建立了东盟安全共同体(ASEAN Security Community,ASC)(后于 2007 年拓展为东盟政治-安全共同体(ASEAN Political-Security Community))的滥觞(Tan See Seng,2012a)。最重要的是,一些苏克玛引介的观念之后实现了制度化,以"共识-x"条款(尽管是一项弱势条款)的形式写入东盟宪章,同时形成了正式冲突解决机制以鼓励各国遵循规则(Nguyen,2011)。

同其投入建立东盟地区论坛的做法相似,东盟战略与国际问题研究所利用其令人敬畏的话语实力将非传统安全观念嵌入了东盟宪章。在推动宪章颁布上，协会拥有决定性的话语权，由此走上了巩固东盟、赋予其法律人格最具决定性的那一步。宪章尚在酝酿时，东盟高级官员会议（ASEAN-SOM）就特邀该智库网络为其提供建议。部分成果被写入了"东盟战略与国际问题研究所关于东盟宪章的2006年第1号备忘录"。该备忘录在该网络核心智库的笔下，扬弃东盟规范引入了人权机制并关注公民社会。

> 它们（东盟战略与国际问题研究所成员智库）达成一致认为，尽管在宪章中承认东盟规范和原则、承认过去的成就很重要，但必须加入新要素来巩固强化东盟，尤其是新观念和新制度。
>
> （Hernandez，2007：16）

这份备忘录于2006年4月被提交给在巴厘岛举行的东盟外长会议，它基于非传统安全理念为东盟提供了宪章的全文模板。协会还进一步回应名人小组（Eminent Persons' Group，EPG）的提议，咨询公民社会并请他们对东盟宪章提出建议。最终，协会上述备忘录中提及的许多观念尽管在程度上大幅缩水，但终究被官方写入了东盟宪章（Caballero-Anthony，2008）。

虽然宪章呼吁制度化的力度相对较弱，但东盟战略与国际问题研究所备忘录同宪章所倡导的地区机制之间存在明显的相关性。在某些事例中，相关文件中倡导的机制明显出自该协会业已运作过的非正式机制。例如，东盟战略与国际问题研究所人权讨论会（the ASEAN-ISIS Colloquium on Human Rights，AICOHR）显然与宪章中倡导的人权委员会几乎完全相同。尤其是东盟战略与国际问题研究所组织的三大论坛明显被东盟宪章选中，成为其部分机制，即亚太圆桌会议、东盟战略与国际问题研究所人权研讨会，以及东盟（各国）人民大会。上述三大"旗舰"深刻根植于非传统安全观念，因此相关概念或部分、或完全被东盟所接受。每项进程都是解释观念和制度是怎样在接受第一轨道进程"洗礼"之前经受更为宽容大度的第二轨道"测试"的极好事例。这些例子也在非正式行动和正式结果之间建构了重要的联系。

东盟花了很长时间来逐渐习惯其中某些进程。首次亚太圆桌会议举办于1987年1月。这是东盟战略与国际问题研究所历史最为悠久的会议，主要致力于解决安全问题。该对话让域内利益相关方坐到一起，旨在推进讨论及对话、缓和紧张关系并建立互信（Hassan，2006）。到目前为止，亚太圆桌会议已成为亚太地区最大、最包罗万象的第二轨道会议，吸引了超过24个国家大约300位与会者（Ball，2010a）。亚太圆桌会议已成为引介新观念、提出新倡议，从而推进安全合作的重要场合（Sukma，2006）。

东盟战略与国际问题研究所领导单位负责亚太圆桌会议项目的集体决策，包括议程、论题和各角色扮演者（Hassan，2006）。各方利用亚太圆桌会议这一平台开诚布公地讨论如何解决非传统安全问题，并把这些问题作为"真正的"安全进行考量，赋予其合法性。圆桌会议把诸如自然灾难、经济稳定、性别议题等非军事问题都归结到安全领域。会议还强调了众多安全问题，如传染病、跨国犯罪、海盗以及人权问题的跨国属性。以此为目标，"议程广泛而且深入，既讨论新兴问题也涉及老问题，就传统安全及非传统安全问题进行三个整天的讨论"（Wanandi，2006：33）。亚太圆桌会议明确立足于区域治理问题，我们可以从2012年5月举办的圆桌会议议程中得到佐证。首次全体大会强调了区域内安全制度的扩散缘何仍未能缓解紧张态势、减少战略错觉。第五次全体大会则更加尖锐，直接质疑本地区"在会议外交及建立互信措施之外"，是否已为"接受在形式上'更高深'的安全治理"做好了准备（2012年亚太圆桌会议）。各会场也会讨论未来安全治理中那些明确属于跨境和非传统安全的问题，例如"保障海底通信电缆安全""处置亚洲非法跨国移民问题"，以及"非国家行为体在促进冲突解决中的角色"等（2012年亚太圆桌会议）。

亚太圆桌会议经常被忽视的一个方面是其作为政治行为体同亚洲既得利益者建立了社交机制的功能性角色。2014年的亚洲圆桌会议吸引了一众名人在会上发表演讲，时任马来西亚总理达图·斯里·穆罕默德·纳吉布·宾·敦·阿卜杜尔·拉扎克（Dato' Sri Mohd Najib Tun Abdul Razak）、日本副外相及美国国防部代表等出席了会议。出席会议的还有时任及曾经的东盟秘书处成员、大使、欧盟代表、各国政府派出的代表以及协会大多数成员智库和域内其他几个智库的负责人（2014年亚太圆桌会议）。亚太圆桌会议历来致力于证明在区域层面讨论安全问题的益处，这也对推进域内行为体的合作做出了贡献(Stone，2011)。这类社会化进程有利于提高最终对更为正式的区域安全机构，如东盟地区论坛的接受度。

另一项区域合作创举是协会于1993年创建、旨在建立共识并推动敏感人权问题领域互信的东盟战略与国际问题研究所人权讨论会。某位参会的非政府组织成员注意到，在创办人权讨论会之前，东南亚尚无此类问题的讨论空间(Kraft，2006)。东盟战略与国际问题研究所人权讨论会对人权问题的关注公开挑战了东盟外交规范，因为这一问题对东盟模式下的不干涉原则构成了威胁。但实际上，该讨论会的目标并非对抗区域治理，而是创造话语空间"使各方在不发生争吵的情况下，平和地讨论并了解域内各方对人权问题的不同认识及解决人权问题各种路径"(Kraft，2006：86)。东盟战略与国际问题研究所的这一努力终获成功，为集中讨论人权问题建立了一个制度化的空间，且东盟外交规范也不会左右此间的进程和结果。在协会参加会议的克拉夫特(Herman Joseph S. Kraft)看来，人权讨论会为向东盟引介并适应挑战性的地区治理话题方面做出了贡献。这"使东盟现在一再强调人权的重要性——这在人权讨论会创办之初实为颇不寻常的情境"(Kraft，2006：87)。该论坛保持了一贯的推进势头，在其努力下最终在东盟宪章中收获了设立一个人权委员会，并在第一轨道外交层面实现了将保护人权的责任制度化的成果。

东盟战略与国际问题研究所最后一项旗舰式进程是东盟(各国)人民大会。作为协会1998年提交给东盟高官会议《第八届东盟论坛报告》的成果，东盟(各国)人民大会始创于2000年(Caballero-Anthony，2006)。该报告注意到东盟缺乏结构化地处理新兴安全问题的能力，同时认识到让区域内公民社会组织和非官方组织加大参与度是有益的解决方案。在东盟的支持下，(各国)人民大会旨在促进东盟同公民社会组织的接触(这有时也被称为第三轨道)。实际上在1995年，泰国外交部部长就(通过朱拉隆功大学安全与国际问题研究所的渠道)建议东盟战略与国际问题研究所架构框架，建立一个"东盟人民议会"(Caballero-Anthony，2006：23)。但协会对民众组织的展望视角不同于东盟。东盟希望建立一个区域性的议会间联盟，而协会致力于建立一个范围更大、集合各类民众、包括东盟社会各部门代表的集会(Caballero-Anthony，2006)。东盟战略与国际问题研究所成功地说服了东盟拓展东盟(各国)人民大会的外延,使之同该智库网络的观点更为匹配。

(各国)人民大会涵盖了非传统安全的几大纲领性观念。大会重新定义了安全概念,将非传统安全问题囊括进来;同时扩大了安全的所指范围,将国家与个人同时包括进来。尽管各国及区域政府(间组织)对此持保留意见,东盟(各国)人民大会仍坚持上述主张。因此,即使东盟官员最初支持(各国)人民大会,后者对诸多东盟规范的挑战终究让前者无法保障该大会获得东盟基金会的资金支持。卡巴莱诺-安东尼还注意到"两次申请办会都被驳回的事实,也可以被视为东盟某些官员对设立东盟(各国)人民大会持保留意见的象征"(Caballero-Anthony, 2006: 65)。所幸的是,东盟战略与国际问题研究所的双重身份(即同时能够在国家体制之内和之外运作)使其从体制内(以东盟为基础)转向体制外(国际)寻求资金来源,且区域外的支持颇有保障。首次东盟(各国)人民大会再次突出了其在政治上颇敏感的属性。因会期恰巧与东盟峰会相同,大会出于政治原因无法在新加坡举办(Caballero-Anthony, 2006)。尽管开端艰难,东盟(各国)人民大会还是持续引领了域内公民社会组织同非政府组织间的协同性话语,并为第一轨道和第三轨道搭建了展开交互式话语的平台。赫南黛斯注意到"东盟(各国)人民大会作为一种旨在推进人际交流,尤其是建立东盟共同体的区域机制,被称为'万象行动计划'(Vientiane Action Programme)的一项具体实践"(Hernandez, 2007: 16)。

上述各项非正式进程都以自己的形式推广了非传统安全议程。最终,东盟战略与国际问题研究所这三项旗舰项目都"从'非正式外交'政治进程发展为制度化的项目",并建立了"同政界、商界及其他政治精英的联系,获得了参与其组织的决策论坛的地位"(Stone, 2011: 30)。而且,他们还成为/或已成为制度化进程新形式的"路演"。

六、小结

在过去 30 年里,东盟战略与国际问题研究所一直是东盟主要的第二轨道合作者。协会从最初一系列人际关系发展为致力于提供及时且与决策相关政策分析的智库网络。作为相关进程的一部分,协会在政策与实践的联结处创造了独特的话语空间。这类空间存在于协会组织的会谈、会议、工作坊等各种场合,协会正式或非正式关系网络内。鉴于此类论坛不受东盟外交规范的约束,提出在正式进程看来太过敏感的安全议题就成为东盟战略与国际问题研究所的职责所在。因而不出意外,这使协会成为推进非传统安全议程的焦点。

东盟战略与国际问题研究所对域内战略互动变化的感知颇为敏锐,注意到了承认、定义和处理非传统安全问题的重要性;且该协会几乎在建立之初就将非军事问题也视为安全威胁。而且该协会还认识到,必须实现包括结构性变革及意识形态变革在内的变迁,才能处置新出现的不安全根源。该智库网络随后选择了一条复杂且在政治上不那么受欢迎的道路来摆脱东盟外交规范;协会一方面推广其所主张的、处理非传统安全问题的必要性,另一方面又维系着自身同东盟的政治相关性。

东盟战略与国际问题研究所积极利用其对话语空间的掌控,通过自身密集的智库网络果断引介、架构和传播各种观念主张,推广非传统安全议程。这些做法使其成功地让主流认知接受了"非军事问题具有安全威胁论"有其合法性;同时有效地论述了更强势区域治理制度极有必要。协会还在 20 世纪 80 年代有效地推广了建立多边互信的主张,在 20 世纪 90 年代创办了亚太安全合作理事会和东盟地区论坛,目前正致力于推广新一代人权观、"人的安全"以及建立东盟共同体的实践(Evans,2006)。在该智库网络的努力下,东盟实现了制度变迁;其源头就是协会的智库网络对某些非传统安全观念的推介。我在此赞同斯通的观点:

> 有些主张提及了东盟战略与国际问题研究所的影响力及其可能的多样性,但此类影响力通常难以确定并受制于时间和情境影响。无论如何,该协会是通过非正式外交途径激励区域治理新制度产生的创举。
>
> (Stone,2011:3)

东盟战略与国际问题研究所的成功,尤其是对比本书所研究的另外三个智库网络所拥有(或不拥有)的因素/机制,有两点发现颇有意思。第一,案例间的两两比较揭示了内部因素和外部因素在各智库网络的运作中具有同样的重要性。东盟战略与国际问题研究所成员智库通常与其本国政府关系密切,由此促进了各智库在拒斥体系外各方努力的区域性进程中的参与度。同时这也局限了该协会在治理过程中进行运作的自主性,必须去适应普遍性规则。第二,东盟战略与国际问题研究所是考察智库如何在治理进程内进行运作,从而对话语产生影响的绝佳出发点。它提供了各类案例是如何从不同方面来促进非传统安全议题各方面发展的有益洞见。下一章的个案研究将聚焦亚太安全合作理事会。该理事会在所涉区域广度上有所拓展,围绕整个亚太区域及东盟地区论坛这一区域性治理制度进行分析。我们将看清范围扩大的智库网络是如何同后期新加入的区域性行为体和利益相关方一道,成功地使亚太安全合作理事会将非传统安全议程制度化的。

第五章　拓展至东南亚国家联盟之外：亚太安全合作理事会

一、引言

亚太安全合作理事会是附设于东盟地区论坛的区域性智库网络。作为在东盟战略与国际问题研究所智库网络基础上拓展建立的机构，亚太安全合作理事会拥有 21 家成员智库，并将第二轨道进程拓展至东南亚国家之外的大亚太地区。亚太安全合作理事会的首要功能是通过创新性研究、政策分析，以及提供话语空间，为东盟地区论坛提供信息并推进论坛议程（Hernandez and Cossa，2011）。鉴于亚太地区各国仍在同解决战略不确定性作斗争，亚太安全合作理事会利用自身在安全领域所能获得的专家意见，在东盟地区论坛中阐释、影响并引导政策进程；由此确保自身作为域内强大政治力量的地位，并利用自身影响力使非传统安全议程成为在解释安全问题时颇具竞争力的组织化范式。该智库网络积极主导建立话语空间，集聚决策者和专家讨论非传统安全领域的突出问题。通过国家层面成员组成的亚太安全合作理事会和区域性网络的密切联系，亚太安全合作理事会在纵横两个方向上开拓了对不同类型的政治行为体传播自身观念主张的多层话语空间。亚太安全合作理事会有能力通过各政治层级逐级传达并从中传播观念主张，并将其建成为具备普遍共识，支持将非传统安全议程制度化为区域治理进程的知识共同体的一部分。

亚太安全合作理事会的主要特征之一是其同时对自身及非传统安全观念的制度化，并将其纳入了东盟地区论坛决策进程。致力于同新兴安全威胁做斗争的东盟地区论坛为亚太安全合作理事会提供了充足的机会提出政策主张、指导东盟地区论坛行动;其中部分政策建议为东盟地区论坛提供了进行治理、实现制度发展的信息。正如本章所要指出的,东盟地区论坛总是在改革问题上拖拖拉拉,加之自身能力有限,经常将安全的决策及执行权交给亚太安全合作理事会来解决;这不禁让人联想到上一章讨论过的,东盟也向东盟战略与国际问题研究所转移了部分权力。对于某些非传统安全议题而言,亚太安全合作理事会已成为一个随之利用其在代理治理空间的角色中获得的合法性,积极地塑造地区安全治理的重要组成部分。

本章首先通过评价亚太安全合作理事会同东盟战略与国际问题研究所之间的历史关系,简要介绍亚太安全合作理事会的背景。该智库网络是亚太安全合作理事会建立过程中必不可少的要素,其绝大多数成员智库同时是亚太安全合作理事会成员单位。这两个智库网络有很多共同点;然而随着时间的推移,两者的共性逐渐变少,因为它们对各自在区域安全体系结构中的角色地位的认知并不相同。这使它们各自选择了不同的路径,分别向第一轨道进程提出非传统安全议题,这也使两个智库网络同东盟或东盟地区论坛两者之一进行接洽。因此说明这两大智库网络的共性同分清两者在业务范畴、受众及制度化程度的差异一样重要。

本章内容按亚太安全合作理事会从政治行为体到治理权威发展,分为三个相对独立的部分。第一部分讨论了亚太安全合作委员如何在区域和国内两个层面上分别成为具有政治影响力的智库网络。这部分强调了亚太安全合作理事会在发展过程中颇值得关注的一系列特征(例如其同东盟地区论坛成熟的关系,还有其积极自我制度化的实践)。在智库网络话语影响力的视角下聚焦该理事会各成员智库作为政治变革行动者,从内部和外部两方面影响东盟地区论坛的能力,重新评估了亚太安全合作理事会同东盟各地区论坛的关系。亚太安全合作理事会的局外人身份或者说"第二轨道"状态使其便于发表对东盟地区论坛而言争议性太大的政策问题。另一方面,在正式外交进程中,一旦第一轨道行为体接受了某些主张的政治特征,具备东盟地区论坛"局内人"身份的亚太安全合作理事会便可以很快地使之成为主导性问题。

第二部分揭示了亚太安全合作理事会创造话语空间的过程。其体量决定了该智库网络广泛的政策影响力,并能在众多场合讨论争议巨大或敏感性强的话题。该理事会的基本职责是利用自身话语空间推广非传统安全观念并在全区域范围内通过协同式话语将政策主张法典化。同东盟战略与国际问题研究所一样,问题架构和议程设置是亚太安全合作理事会在域内塑造实现安全的路径、将安全观念列入区域性议程的重要方法。该理事会的话语空间可以充当域内更广义的安全知识共同体同东盟地区论坛狭义的政治进程间的接口。凭着这一身份,亚太安全合作理事会得以将在其他地方形成的观念主张本地化,进而将之落实在目标政治情境中。

第三部分聚焦亚太安全合作理事会将非传统安全观念制度化地纳入治理进程的成功实践。亚太安全合作理事会通过拓展安全议程、有效地将非传统安全观念融入主流安全话语,推动区域(正式及非正式)安全结构的制度化等手段激励制度变迁。亚太安全合作理事会逐步削弱东盟外交模式,并通过建立在非传统安全议程基础之上崭新的规范取代旧规范,倡导规范变迁。故此,本章将亚太安全合作理事会视为一个重要区域性行为体,运用话语空间在第一轨道和第二轨道之间为观念主张导航。该理事会作为正式和非正式进程之间观念桥梁角色,有效地助推安全范式的转变,使东盟地区论坛转向区域安全治理路径,从而协助实现了渐进的制度变迁。

亚太安全合作理事会与东盟战略与国际问题研究所

整个亚太地区的第二轨道进程(东盟战略与国际问题研究所仅专注于东南亚区域)实际上在亚太安全合作理事会成立几十年前就开始了。早在20世纪七八十年代,经济起飞和互联互通催生了亚太自由贸易和发展会议(Pacific Asia Free Trade and Development Conference,PAFTAD)和太平洋经济合作理事会(Pacific Economic Cooperation Council,PECC)。上述非政府组织使参与各方形成了相互合作的习惯,培育了共同体的观念,将专家意见落实于发展实践,向相应的第一轨道同侪传播观念主张。作为"面向官方但进行'非官方'对话"的场合,"……这些非政府组织致力推进更全面的官方互动,从而加强互信";它们亦是证明区域合作可行性的有力典范(Ball,2010a:10)。太平洋经济合作理事会及亚太自由贸易和发展会议组织的对话成为日后更正式合作模式的先驱,分别为"支持在政府层面达成合作协定"提供了"理想的'构建'"(Ball,2010a:10)。

太平洋经济合作理事会及亚太自由贸易和发展会议的成功,都是因后冷战时期的安全秩序和当前中国崛起等导致的不确定性一道,成了创建一个聚焦安全问题正式组织的动力(Evans,2000)。东盟战略与国际问题研究所通过同无数官员和学者的合作认识到,区域安全治理的缺失是解决战略不确定性的主要障碍。在建立东盟地区论坛的几年之前,第二轨道机构(即东盟战略与国际问题研究所)与第一轨道合作,"形成了有关基本安全需求及东盟应如何对此做出回应的重要共识"(Ba,2009:176)。最终建立的东盟地区论坛特别强调了亚太地区安全问题(Wanandi,1996;Katsumata,2003;Soesastro et al.,2006;Stone,2011)。

东盟地区论坛建立之际已存在以下区域性共识,即第二轨道进程(包括它们相应的话语空间)是任何新设第一轨道论坛的必备条件(Wanandi,1996)。东盟在此前一年便建立了亚太安全合作理事会;因此,于情于理都可以将该理事会作为东盟地区论坛的第二轨道配套机构。可以明确的是,亚太安全合作理事会的正式职能是提供及时且相关的政策分析。该智库网络隐藏的职能则是在第一轨道外交规范的局限之外,为官员以私人身份参与同非政府组织、专家及政策分析师的对话提供话语空间。

正如上一章所分析的,东盟战略与国际问题研究所全程参与了亚太安全合作理事会的创建,因此这两个组织在"确定设想、选择路径、明确意图,及进行实质性活动"等方面拥有类似的重要特征并不令人惊讶(Evans,2000:154)。亚太安全合作理事会于1993年由东盟地区论坛会员国的10家智库正式创立,创始单位中的7家同时是东盟战略与国际问题研究所成员智库。在那些未参与创建理事会的智库中,老挝选择不参加该理事会,而拉惹勒南国际研究院代替新加坡在东盟战略与国际问题研究所成员单位新加坡国际事务研究所,参加了亚太安全合作理事会(Ball,2010a)。

一开始,亚太安全合作理事会在制度和规范上深受东盟战略与国际问题研究所影响。不过该智库网络逐渐从依赖东盟战略与国际问题研究所的智库网络和各项进程,转向在参与者、受众,以及制度化等方面完全不同于原智库网络的独立进程。差异逐渐变得越来越显著,因为这两个智库网络在决策过程中选择了扮演不同的角色。上述差异逐渐改变了亚太安全合作理事会话语空间的属性，使之能够推动更广泛且更具挑战性的非传统安全议程，从而赢得比东盟战略与国际问题研究所更广泛的受众，虽然期间的变迁谈不上急剧。

其一，亚太安全合作理事会在涉及范围上，拥有不同的政策关注点和地理尺度。鉴于创立之初仅有10家成员智库（在数量上同建立之初的东盟战略与国际问题研究所相等），亚太安全合作理事会拓展了成员数量以涵盖绝大多数参与东盟地区论坛的国家。目前亚太安全合作理事会拥有21个来自印度洋—太平洋地区的成员：澳大利亚、文莱、柬埔寨、加拿大、中国、欧盟、印度、印度尼西亚、日本、韩国、朝鲜、马来西亚、蒙古国、新西兰、巴布亚新几内亚、菲律宾、俄罗斯、新加坡、泰国、美国和越南。该智库网络还有一个附属成员单位太平洋岛屿论坛秘书处（The Pacific Island Forum Secretariat）和孟加拉国一家已提出入会申请的智库（Ball，2010a）。这使亚太安全合作理事会在体量上大约是东盟战略与国际问题研究所的两倍；这样的包容性同时产生了正面和负面的影响。成员单位包括了很多主要大国的智库，例如美国和中国的；而战略利益的多样性和相对权力平衡的复杂性相比仅有东南亚国家智库参与的网络要复杂得多。一方面，智库网络的广泛性允许亚太安全合作理事会提出涉及整个亚太地区的问题；另一方面，也有人批评该理事会摊子铺得太大影响了工作效率（第二轨道进程参与者2，作者2011年于吉隆坡的访谈）。成员智库间的巨大差异也使该理事会很难达成共识，进而在对合作安全想法一致的基础上共同反对冲突。理事会成员鲜有共识（Simon，2010）。鉴于智库网络内部在推进这一具有争议性的议程各方意愿总是存在分歧，它们直接制约了非传统安全观念的推进速度。

亚太安全合作理事会同东盟战略与国际问题研究所之间的第二大差异是两者政策建议的潜在受众不同。后者仅向各国外交部提出政策建议，前者的潜在受众则包括外交事务官员和防务官员，在数量上也更多。这一差异也制约了亚太安全合作理事会在非传统安全问题，尤其是具体政策问题上的实践；各国外交部和国防部在管辖权方面的限制使该理事会的行动变得颇为笨拙。亚太安全合作理事会和东盟战略与国际问题研究所都认识到各国国防部和外交部需要一个合作性场合来协调工作,并解决类似非传统安全之类的问题。在第一轨道层面上,东盟地区论坛通过设立东盟地区论坛国防官员对话会和东盟地区论坛国防官员会议(ARF‐DOM)让各国防务官员参与其定期对话。这对东盟地区论坛本已安排的很满的外交官员会议起到了补充作用。在第二轨道层面上,亚太安全合作理事会围绕东盟地区论坛组织会议并利用自身网络提供非正式政治空间,从而在涉及安全分析时方便联系外交部系统和国防部系统。该理事会附属于东盟地区论坛的身份,以及由此参与论坛防务进程的地位,使更多潜在的受众有意寻求亚太安全合作理事会的政策建议。东盟地区论坛同时为外交事务官员和防务官员提供了得当的场所,解决了非传统安全在别处或因面临政治压力而无法展开讨论的问题;由此提出相应的主张,帮助各方甄别并安排安全优先级。此外,在聚焦安全问题的环境中,尤其在那些防务官员较多的场合,更容易注意到非传统安全问题的重要性和多边合作的必要性。

亚太安全合作理事会同东盟战略与国际问题研究所的最后一个重要差异是前者的制度化程度更高。后者的话语空间通常临时设立且稍纵即逝,而前者所提供的政治空间可以为成员智库和政治行为体召集相关各方讨论安全问题提供一个更为可靠且结构化的机会。在其初创的几年中,亚太安全合作理事会扩大了成员规模,形成了正式的章程和一系列规章制度,并且获得了稳定的财政基础(Ball,2010a)。亚太安全合作理事会的智库网络在现在看来实属"集约",其拥有系统的会议体系,存在跨智库网络的互动(第二轨道进程参与者2,作者2011年于吉隆坡的访谈)。理事会规范了成员资格步骤,且成员必须向秘书处支付会费;这些会费之后被统一收作会议基金。这一制度使亚太安全合作理事会避免了拖累东盟战略与国际问题研究所的"搭便车者"及缺乏参与度的问题。由于成员已进行了投资,它们更有可能积极参与,未能担负起应有财政职责的成员智库会受到谴责(Mun,作者2011年于吉隆坡的访谈)。

同时,亚太安全合作理事会在组织上也更加集中。其指导委员会每年召开两次会议,负责批准预算及为官方备忘录背书(Mun,作者2011年于吉隆坡的访谈)。在战略上,指导委员会负责通过设置议程及授权建立研究小组确定智库网络的政策研究方向。研究小组是理事会进行政策研究的主要机制,被"赋予了以政策为中心对域内特定的政治——安全问题进行研究的任务"(亚太安全合作理事会,1993)。指导委员会对议程设置权限使共有权确定包括或排除哪些问题,同时确定用怎样的基本分析框架来组织问题。也就是说,由指导委员会确立并告知各独立研究小组形成研究路径的因果叙事。遵循东盟的影响力规则,每个研究小组至少有一位来自东盟国家的联合主席(其中北太平洋工作小组是个例外,因为研究范围在东盟范围之外)。研究小组一旦成立,就会经常开会,广泛研究和讨论各类问题。

制度化对实现推进非传统安全观念目标颇有裨益。这既对亚太安全合作理事会自身有利(理事会拥有观念颇为一致,且拥有很强凝聚力的内部网络结构),也有利于外部关系(理事会成功地嵌入了东盟地区论坛的制度化进程,从而保障了自身既能接触政治权威,又在政治上保持了一定的自主性)。而且因为在经济上不再依赖政府资金或是少数几个富裕的成员,理事会得以专注于加强自身话语实力建设、增进同东盟地区论坛的正式联系、推广自己对亚洲安全治理未来的展望。

二、作为政治行为体的亚太安全合作理事会

亚太安全合作理事会一直被当作一个积极参与政治活动的东盟地区论坛组成机构。尽管设立该理事会的规划是进行安全对话的平台,但东盟地区论坛坚持东盟模式,由此导致的安全悖论使该论坛无法在正式会议中提请讨论敏感问题如非传统安全问题。由此造成的结果是非传统安全问题总是在程序上终结于亚太安全合作理事会,因此该智库网络自身逐渐担负起相关职责。尽管未曾声张,上述分工早在1995年一次东盟地区论坛会议上便确定了下来,明确了理事会作为东盟地区论坛"第二轨道"的角色。

东盟地区论坛考虑到很多议题自身的微妙性,以双轨制推进东盟地区论坛进程多有裨益。第一轨道行动由政府执行。第二轨道行动由域内战略机构和非政府组织,如东盟战略与国际问题研究所和亚太安全合作理事会来实践。为保证行动的针对性和相关性,第二轨道应

尽可能地聚焦东盟地区论坛目前关注的问题。双轨协同将极大助益域内互信建设。假以时日，这类第二轨道行动将推动参与活动的各类行为体形成共同体意识。

(东盟地区论坛，1995：3)

东盟地区论坛对亚太安全合作理事会多重角色的说明使该智库网络深刻嵌入正式的安全政治领域，丝毫不考虑其"非正式"状态。这说明，东盟地区论坛将亚太安全合作理事会视为政策创新及探讨的场所，且期望该理事会的介入正式对话。

除了在后文将讨论的作为政策主张传播的那些正式途径，亚太安全合作理事会还在东盟地区论坛正式进程之外构建了一系列非正式政治空间。理事会以这些空间为起点，充当了治理运作方的角色，跨越国境线传播安全观念主张，以实现协同治理并推广新的安全范式(Evans et al., 2010)。正如彼得·哈斯注意到的，"对知识及信息的掌控是权力的重要维度，新观念及信息的扩散能造就新的行为模式，因此成为国际政策协调的重要决定因素"(Peter Haas, 1992：2—3)。此外，鉴于亚太安全合作理事会的话语空间取决于正式与非正式政治的边界何在，他们更容易接触到决策者。实际上，第一轨道的官员经常出席理事会集会，由此形成了官方/非官方与会者的"交融"(Kerr，1994)。

亚太安全合作理事会这种杂糅的属性是该智库网络成功发挥观念性权力的重要因素。理事会的参与者评价：第二轨道的运作基于自主性和维持影响力之间的复杂妥协(Ewing，作者访谈，2011 年于新加坡；同时参见 Kraft，2000)。亚太安全合作理事会成员存在一种战略性认识，即必须充分吸纳包括军事及外交事务官员的个人能力，以此吸引政府资源的兴趣。亚太安全合作理事会形成了"新政策实施的前景同第二轨道进程中产生的每一项观念主张都密切相关"的认识并因此吸纳政府官员参与相关进程(Ball，2010a：10)。这种结合导致的结果是理事会不倾向于直接批评各国政府，而是通常聚焦东盟地区论坛感兴趣的议题，对其进行政策研究。作为回报，第二轨道行为体也得以参与第一轨道进程，并有机会提出新观念或其他各类主张(对作者 2011 及 2012 年在新加坡、吉隆坡、悉尼和堪培拉所做访谈的综述)。

获得渠道和保持自主性之间的妥协亦反映在亚太安全合作理事会的成员资格上,理事会既有完全自主的智库,也有纯属政府官僚体系的分支机构。例如理事会的印度、俄罗斯和越南的代表都隶属于政府部门,或是同政府联系紧密到已制约其自主性的机构(第二轨道进程参与者1,作者2011年于吉隆坡的访谈)。鉴于此,第一轨道发生的冲突时常殃及亚太安全合作理事会的话语空间,继而阻碍了建构对话。在一次访谈中,一位参与理事会的人士对某些成员委员会总是利用亚太安全合作理事会组织的论坛推动其官方利益的做法表达了失望。我们也注意到个别国家委员会曾试图限制不利于该国政府的研究成果传播(第二轨道进程参与者1,作者2011年于吉隆坡的访谈)。其他成员委员会极少(即便偶尔存在这种情况)同本国政府有所联系。不受政府监督使这些机构能够根据自身研究兴趣,执行更广泛的研究议程,进而将相关理念传达给受到限制的机构(如果那些机构是政府分支部门,就直接游说出席会议的政府代表)。其他很多成员委员会既有政府部门的代表也有非政府部门的代表,在自治和独立之间徘徊(Simon,2010)。

亚太安全合作理事会在下属各成员委员会与东盟区域论坛关系中正式与非正式地位无疑有助于该理事会作为一个政治行为体的效率。网络内智库能够发挥自身的"非正式"实力,获悉和发展创新性概念;同时能方便地转换到"正式"角色,将上述观念主张传达给政治决策者。然而也可以理解,该智库网络的复合属性在有的学者看来存在一定问题(Kraft,2000)。正如经常参与第二轨道进程的赫尔曼·克拉夫特指出的:

> 第一轨道和第二轨道的联动使第二轨道外交有机会获悉秘密信息并直接影响官方政策。但这同时影响了第二轨道进行批判性思考的潜力,进而或将影响分析与讨论的质量。
>
> (Herman Kraft,2000:346)

"自主性困境"对亚太安全合作理事会产生了怎样的影响目前还不得而知,笔者认为收益大于成本。隶属于官方的身份使该理事会得以在第一轨道和第二轨道进程的交汇之处创设话语空间；该空间使亚太安全合作理事会充分赢得了观念性优势,这超过甚或压倒了他们因官方隶属身份而付出的任何代价。不管同官方的联系如何,亚太安全合作理事会能够自主掌控研究议程,也有实力为推动其所期待的议程而发表特定的"因果叙事"(在这个例子中就是非传统安全议程)。考虑到亚太安全合作理事会同东盟地区论坛之间的关系,"有必要强调,支持东盟地区论坛并不意味着仅仅处理该论坛当下的议程"(Ball and Guan,2010:259)。亚太安全合作理事会审查委员会(CSCAP Review Committee)于2009年进一步强调,该智库网络的职能在于"通过对将来会遇到的威胁及安全顾虑的早期预警,站在时代浪潮前列"(亚太安全合作理事会审查委员会2009年报告,转引自Ball and Guan,2010:256)。

通过制度上接触决策者,亚太安全合作理事会能够增强自身观念性杠杆。例如,该智库网络每年都向东盟高官会议提交一份报告(Mun,作者2011年于吉隆坡的访谈)。此外,东盟地区论坛请亚太安全合作理事会就重要安全议题如预防性外交(Preventative Diplomacy,PD)和海上安全等作大会发言(Simon,2010)。某位曾任政府代表的第二轨道参与者注意到,第一轨道官员非常希望同第二轨道参与者进行交流并参与第二轨道会议,从中获得政策建议(第二轨道进程参与者6,作者2011年于新加坡的访谈)。

然而,在此也必须说明政府机构介入的代价。尽管对亚太安全合作理事会的研究项目和论坛并不存在正式的约束,但该智库网络的政府关系确实塑造了在智库网络讨论中提出的问题、在怎样的框架下研究这些问题。亚太安全合作理事会更愿意探讨东盟地区论坛感兴趣的研究课题,尽管该理事会仍然掌控了表述这些问题的宏观框架。

这并不是说亚太安全合作理事会对自身所处政治环境不敏感,或是未能察觉附属于政府机构的身份地位带来的局限。该理事会形成的问题框定倾向于避免单独对某国政府或某项政策直接提出批评,而是聚焦具有共性的问题,例如对更高的透明度和合作更深入的诉求。不过,这些约束在智库网络中也并非无处不在,理事会各成员智库在批评东盟地区论坛时已颇为坦诚。例如,至少有一位第二轨道参与者利用了东盟对非冲突这一机制施加影响,而且他也注意到赢得政府关注的有效途径是做/说一些让政府生气的事(第二轨道进程参与者6,作者2011年于新加坡的访谈)。除附属于政府机构的身份地位有其制约性,亚太安全合作理事会政治空间的收益,即过去被排除在外的进程能寻得途径纳入治理进程,就远远超过了任何因其同政府的联系而形成的制约。反之,该智库网络顺势一分为二的路径将影响力和自主权视为同一硬币的两面。正如埃文斯并观察指出的那样,亚太安全合作理事会的"独立性和创造力同其与政府的联系具有同样的价值"(2000:163)。

三、亚太安全合作理事会与话语空间

亚太安全合作理事会话语空间的价值在于其模糊了自主性/渠道、正式/非正式之间的分野。在官方层面,亚太安全合作理事会同东盟地区论坛通过递交简报和备忘录进行互动。在非官方层面,互动则发生在智库网络、会议及成员委员会等各种场合。该理事会的双重身份同东盟战略与国际问题研究所相似,但因前者在东盟地区论坛中地位相对更高而掌握更大的权力。而且理事会自身的网络更广,也使其能够更好地利用区域及政治地理因素传播观念主张。亚太安全合作理事会更多元性也准许其从不同渠道和立场了解更多的观念主张。通过掌控这些话语政治空间内部各种观念主张的形成和发展,理事会赋予了某些观念特权,并决定了这些观念以怎样的方式传达给谁。通过问题架构、议程设置、网络化联系,以及本土化实践,亚太安全合作理事会引导了此类互动(话语)的内容和情境。由此,亚太安全合作理事会在引介哪些观念和区域性议程,如何接纳最终将哪些观念作为潜在的制度变迁样板等方面拥有了强大的影响力。

批评者认为东盟地区论坛和亚太安全合作理事会纯粹是一个"清谈俱乐部",仅能提供有限的独立政策结果,这是一种误读。他们未能考虑到此类场合提供了颇有价值的观念传播模式(CSCAP,2007)。尽管两个论坛讨论的内容不同,但这两套制度都包括观念的交流、参与协同式及交互式话语。东盟地区论坛在处理新兴安全问题时,无论议题剧目还是外交资源都相对有限;而亚太安全合作理事会并未遇到此类状况。该智库网络提供话语空间让各方交换(包括批评)政策主张,进而激发思想创新。在很难获得这类场合的地区,亚太安全合作理事会组织的对话及其智库网络作为"多边磋商及意见交换的手段"提供了极为宝贵的资源(Evans,2000)。它们为观念的交流及政策协同行动提供了各种协同式及交互式场合,否则政府及非政府行为体难以获得类似机会。

东盟地区论坛注意到第二轨道话语空间的价值,且其中更具远见卓识的成员国还进一步"鼓励第二轨道组织在各自母国研究更具有创新性的路径以实现安全"(Simon,2010:79)。很明显,此类诉求是由东盟系统内具有领导地位的国家(印度尼西亚、马来西亚、菲律宾、新加坡及泰国)和区域性主导国家如澳大利亚、加拿大、日本、韩国和美国共同提出的(Simon,2010)。上述诉求显然是第一轨道行为体迫切希望第二轨道加入未来的安全治理。

图5.1示意了亚太安全合作理事会作为话语行为体的处境,中间的圆圈表示话语空间。亚太安全合作理事会处于正式与非正式进程的联结点。理事会在两路进程之间以架构问题/设置议程及网络化运作的方式,运用协同式/交互式话语改变主张。在此空间中,地区性外交的制约得以弱化,但仍保持了同正式政策进程沟通的渠道。

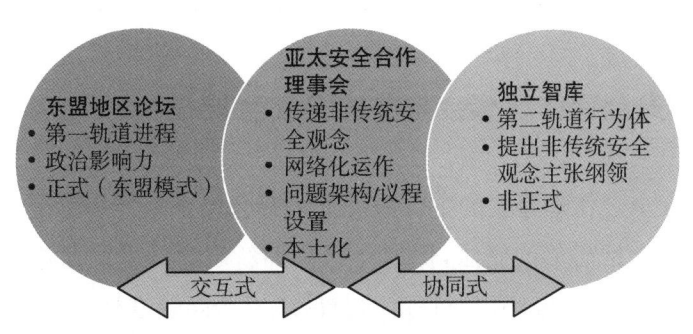

图 5.1　亚太安全合作理事会智库网络提供的话语空间

表 5.1　近期结项及进展中的亚太安全合作理事会研究小组
(亚太安全合作理事会 2015 年统计信息)

在研课题组
1. 协调航空和海事搜索及救援(Harmonising Air and Sea SAR)
2. 通往预防性外交之路:促进亚太地区调停与和平解决冲突的前景(Towards Preventive Diplomacy: Promoting Prospects for Mediation and Peaceful Settlement of Disputes in the Asia Pacific)

续表

在研课题组
3. 亚太地区的能源安全问题（Energy Security in the Asia-Pacific Region）
4. 核不扩散与军控问题（Nonproliferation and the Disarmament，NPD）
目前已结项的研究小组
1. 预防性外交（Preventive Diplomacy）
2. 区域安全架构（Regional Security Architecture）
3. 海上良好秩序原则（Principle for Good Order at Sea）
4. 应对亚太地区大规模杀伤性武器扩散问题（Countering the Proliferation of Weapons of Mass Destruction in Aisa-Pacific） ● 出口控制专家小组（Export Control Experts Group，XCXG） ● 核能专家小组（Nuclear Energy Expert Group，NEEG） ● 生物安全专家小组（Biosecurity Experts Group，BIOXG）
5. 网络安全是保障亚太地区网络环境的一个核心战略（Cybersecurity as a Central Strategy for Securing the Cyber Environment in the Asia-Pacific Region）
6. 东南亚大陆的水资源安全问题（Water Resources Security in Mainland Southeast Asia）

四、亚太安全合作理事会与非传统安全议程

　　亚太安全合作理事会的主要话语空间都被用来推进非传统安全观念。推进行动既包括简单的做法，例如介绍一种新观念并引发讨论；也包括深入的实践，如设立研究小组对特定的非传统安全问题进行讨论（例如，设立针对跨国犯罪问题的工作小组和针对区域安全架构问题的研究小组等）。按照长期参与亚太安全合作理事会及第二轨道进程的戴斯蒙德·博尔（Desmond Ball）和柯宗元（Kwa Chong Guan）的论述，"亚太安全合作理事会在建立之初就将非传统安全问题列入了议程"（Ball and Guan，2010：266）。该智库网络通过重新定义安全以容纳非传统安全问题，通过推进对安全问题需要合作和集体行动的认识，逐渐摆脱了东盟模式并逐步强化区域安全架构。博尔和柯宗元预计非传统问题至少占到了亚太安全合作理事会总精力的 1/3（Ball and Guan，2010）。

亚太安全合作理事会的出版物显示，该智库网络明显致力于将某些跨境问题认定为安全威胁，且已公开推动上述观念主张成为主流，从而纳入东盟地区论坛议程。

自 2005 年起，亚太安全合作理事会设立多个致力于研究非传统安全对象的研究小组，包括贩卖人口、能源安全、有组织跨国犯罪，以及气候变化对安全的影响等问题。

(Ball and Guan，2010：267)

如果将亚太安全合作理事会致力于加强区域性制度、推进集体/合作安全的行动包括进来，可以说该智库网络超过一半的工作都直接集中在推进非传统安全观念主张的架构上。

亚太安全合作理事会以各种形式将其研究成果传达给东盟地区论坛和其他政治决策者。该理事会形成的正式备忘录必须经指导委员会审查通过后提交给东盟地区论坛。下文会详细讨论这些备忘录的重要性。除上述正式文件外，该智库网络还通过其他出版物"非正式地"推动规范变迁。亚太安全合作理事会的年度报告，即《亚太安全合作理事会地区安全展望》(*CSCAP Regional Security Outlook*，CRSO)是找出理事会成员智库所中意规范的极佳方法。理事会部分成员智库将该展望报告作为提出非传统安全问题，将观念主张纳入话语场域，呼吁政治行动，进而推进制度变迁的政治机制。我们可以清楚地看到该报告推动敏感政治话题的边界，因为部分成员智库（通常是那些同政府联系紧密的）回避了该报告日渐犀利的言辞。亚太安全合作理事会最初考虑出版《安全展望》报告时，那些相对保守的智库（也就是政府下属智库）表达了该出版物也应符合区域性规范的诉求 (Ball，2010a)。而当这一要求不能得到满足时，该智库便要求《安全展望》报告在每项建议的开篇都加上一条免责声明，内容是"作者和编辑委员会对报告全权负责，并不一定代表亚太安全合作理事会成员委员会或个人意见"(Huisken and Cable，2014：4)。这意味着理事会的某些成员因不满这份出版物而使用了颇为挑衅的语气。更重要的是，这表明了亚太安全合作理事会找到了能够不受网络内部一致性原则的制约就能宣传有挑战性的政策分析的途径。理事会中进步的成员已将《安全展望》报告作为一项话语机制，由此不必同研究小组保持一致意见或是得到指导委员会准许。

《安全展望》报告已被用于公开推动非传统安全观念，同时逐步削弱了东盟模式。它已成为亚太安全合作理事会成员谴责东盟地区论坛以不干涉原则"为借口"避免将上述问题纳入议程做法的渠道（Job and Williams，2011：7）。该报告一致呼吁东盟地区论坛将工作议程转向诸如海盗活动、各种非法交易行为、恐怖主义行径及气候变化等问题上去（Job and Williams，2011）。亚太安全合作理事会目前的规范性动力是推动安全治理规范的变革，从当下区域性组织随意的安排转向法制更为健全、更加制度化的结构。为实现这一目标，《安全展望》报告首先尝试集中关注现有治理模式效率低下的问题，找到削弱这一治理模式的切入点。例如在2008年，《安全展望》报告写道，"我们忧虑地看到，有关合作的言论最早出现在2004年海啸等事件之后，但并未转而形成有效的多边反应机制"（Job and Williams，2008：5）。两位作者随后强调了强化区域性机制的必要性，批评了亚太多边主义缓慢的进程以及各方对此一贯过低的预期。此外，报告还突出了食品安全、赈灾及人道主义援助等领域的不足，指出了言辞同实际行动之间的差距。为了进一步削弱现有制度的合法性，报告编辑总结道，"现有制度网络配置有限，很难再给出能够有效建议匹配新兴安全议程"（Job and Williams，2008：5）。

亚太安全合作理事会相对独立的地位使其能够全面质疑东盟地区论坛对东盟外交模式的偏好，并倡导全新的治理规范。亚太安全合作理事会通过内部及外部行动要点在东盟地区论坛实现了观念及制度变迁，表明该网络双重的局内人/局外人状态。理事会充分利用了自身的"非正式"身份，在众多领域公开挑战东盟地区论坛，并强调自身未获得足够的重视。正如上文论证的，该网络公开批评东盟地区论坛在推进亚太地区发展方面的失误，同时公开要求东盟地区论坛改变其议程、制度结构及外交规范。相关话题多半同非传统安全模式有关。公开进行批评的做法已成为亚太安全合作理事会将上述观念同时纳入公开论坛和决策论坛的重要形式。通过突出问题、创作容易被决策者及公众理解的因果故事，该智库网络致力于引导规范变革(Keck and Sikkink，1999)。亚太安全合作理事会的"外部"批评则意在促使该组织(即东盟地区论坛)落实行动，从而采纳该理事会在备忘录中通过"内部"议案提交的一系列解决方案。

问题框定与议程设置

亚太安全合作理事会拥有众多架构观念主张并将之列入政治议程的机会。正如前文提到的，理事会的指导委员会选择能获得研究小组关注的问题。这些问题选择决定了哪些观念主张能够得到智库学者的关注，进而传达给决策者。这一第一轨道和第二轨道之间闭环政策进程的一个主要好处就是，亚太安全合作理事会能赶在这些观念主张被提交给东盟地区论坛之前，率先形成观念主张及政策回应的架构。

研究小组就是逐渐形成上述架构的场所，它们是亚太安全合作理事会话语空间的重要组成部分。研究小组是理事会各成员智库整合各自议程、交换主张、形成备忘录的可靠机制。各研究小组采用的因果叙事影响对问题的阐释、理解，以及在他们看来得当的政治回应。研究小组运用分析框架，甄别并掌控了政策议题*问题所在*和*解决方式*的话语，在政治议程中为非传统安全观念开创了一片天地。这意味着他们能将具备政治重要性的问题放到非传统安全问题框架内，并将结论作为其他组成部分纳入非传统安全议程。例如，亚太安全合作理事会第 15 期备忘录，《气候变化对安全的影响》(*The Security Implications of Climate Change*)将气候变化视为一项安全风险。因为气候变化对公众健康、粮食供应、能源获取产生负面影响，也会导致人民流离失所。亚太安全合作理事会将气候变化问题同更多主流安全威胁联系起来，从而使气候变化本身成为一个安全问题。由此，以最佳方式回应了气候变化问题，既强化了制度建设，也增进了区域与国际合作(亚太安全合作理事会气候变化及其影响研究小组，2010)。在此框架下，该备忘录推动了主流安全范式的转向，倾向于认同气候变化是一个安全问题，认可更深入的制度化是最佳且可行的政策解决方案。

研究小组形成的亚太安全合作理事会备忘录是该智库网络作为集体组织提交的官方意见，因而也成为该理事会挑战主流东盟规范的"正式"途径。鉴于其既是(协同式)话语的产物，也是发表(交互式)话语的途径，表明备忘录表现出显著的话语功能。它们也由此成为赋予非传统安全研究以合法地位，公开此类研究，以及将亚太安全合作理事会关于非传统安全问题的立场通过推进新的因果叙事实现典范化的重要工具。

备忘录也是研究亚太安全合作理事会希望引起各方关注的安全关照的指标。通读理事会所有备忘录列表可以清楚地看到，非传统安全问题历来占据优先地位（2012 年的网络安全问题；1997、2001、2002、2004、2007、2008 及 2014 年的海事合作问题；2005 年的恐怖主义问题；2003、2004 年的跨国犯罪问题；2011 年的保护的责任问题；2014 年的水安全问题）。作为提交给东盟地区论坛最有力的备忘录之一，也是亚太安全合作理事会最新的一份备忘录，报告聚焦亚洲制度变迁的需求。这一题目一直被列在理事会的议程上，尤其是这份备忘录直接以《通向高效的亚太地区安全架构之路》（*Toward an Effective Reginal Security Architecture for the Asia Pacific*）为题，明确表达了该智库网络坚信现有结构并不合适。分析当前各大论坛及相关进程，备忘录指出，"尽管身负稳定器的角色责任……各方还是逐渐体会到其无论力度还是效率都不够合适"（亚太安全合作理事会，2014）。该文件随后清晰地概述了地区新秩序将会（且理应）是怎样的。备忘录提及了加强东盟力量、将东亚峰会制度化，以及通过加强同第二轨道的"实质性制度联系"深化巩固第二轨道外交进程（亚太安全合作理事会，2014）。

除强调特定政策问题外，亚太安全合作理事会备忘录由理事会牵头，挑战东盟和东盟地区论坛潜规则。它们时不时地批评各国政府政策，且常常挑战现状（Simon, 2010）。备忘录关于地区安全架构的内容明确地批评了当下的区域性制度，在某种程度上指出东盟若要维持自身在区域治理中的核心地位，首先应成为更高效的领导者。除强调当下进程不够合适且太过弱势之外，备忘录中还讨论了建立"具备权威性、明确责任及义务的多边论坛"的志向（亚太安全合作理事会，2014：3）。其中两点立场颇值得关注：其一，东盟和东盟地区论坛在这两方面属性上有所欠缺；其二，本区域需要形成此类架构，且相关建设必须行之有效，因为"出于当前的谨慎考虑，现在更有决心和更强的紧迫感去实现以上志向"（亚太安全合作理事会，2014：3）。

相关备忘录还同不干涉规范相悖,通过暗示某些国家存在收入与经济发展水平悬殊、领导人变动、政治改革预期、少数族群问题,以及国内起义等问题或将导致区域不稳定,讨论了各国的内政趋势可能造成区域不稳定的问题。将内政问题同区域稳定联系起来的做法削弱了东盟外交模式的根基,将过去的"内政问题"禁忌曝光于国际关注之下,并为外部力量干涉国内政策辩护(亚太安全合作理事会,1994)。亚太安全合作理事会第1号备忘录就曾明确地认为,"某些国家的内政发展或将导致地区不稳定"(亚太安全合作理事会,1994:1)。该理事会还尝试将一些国内问题引入区域大舞台。例如,亚太安全合作理事会第18号备忘录"落实保护的责任"的论述中强调了"国家负有保护其公民免于受到屠杀、战争罪行、种族清洗,以及反人道主义犯罪的责任"(亚太安全合作理事会保护的责任研究小组,2011:1)。如果国家未能尽责,那么"国际社会就应担起责任,协助国家实现其保护的责任"(亚太安全合作理事会保护的责任研究小组,2011:1)。尽管该备忘录煞费苦心指出了有正当理由的外部力量介入仅限于四类特殊情况的犯罪行为,即屠杀、战争罪行、种族清洗和反人道主义犯罪;这一做法终究迈出了意义重大的一步,模糊了国内政治和区域政治的界限。这份备忘录还向东盟地区论坛提供了颇为可行的建议,如何通过创设区域性的风险降低中心(Risk Reduction Centre),让某一区域性组织承担起表面上是"国内"论题的责任,从而实现"保护的责任"制度化。

备忘录在清晰地表达并强调亚太安全合作理事会推动的因果叙事中颇为重要,亦是一个参与话语的重要手段。第二章甄别了几种要获得成功就必须在话语中具备的功能。它们包括认知功能、规范功能、协同功能及交互功能。亚太安全合作理事会最有影响力的几项备忘录充分履行了上述所有功能(Smith, 2010)。例如第2号备忘录明确定义(架构)了"信心与安全建设"(Confident and Security Building)的措施,确定了它们在区域(认知)中的必要性。该备忘录随后通过表明采取上述措施的益处,展现了话语规范性的一面;进而为如何实现上述措施的制度化提供了一个协同式的框架(亚太安全合作理事会信心与安全建设措施研究小组,1995)。

迄今为止,亚太安全合作理事会总共向东盟地区论坛递交了22份官方备忘录,其中很多与非传统安全问题直接相关,并提出了"一些超越了现有国家立场的颇具创意的想法"(Evans, 2000: 165)。前亚太安全合作理事会联合主席卡罗丽娜·赫南黛斯和拉尔夫·科萨(Ralph Cossa, 2011)认为,考虑到亚太安全合作理事会同东盟地区论坛间的密切关系,出自理事会研究小组的备忘录,或是以理事会备忘录形式形成的建议可能相比纯学术报告更容易被接受。该理事会努力将非传统安全问题塑造成同政治相关问题的做法得到了越来越多的支持,来自东盟地区论坛《2009年度展望》罗列了十几项与其安全密切相关的非传统安全威胁(ASEAN Regional Forum, 2009a)。

即使研究小组自身无法形成共识、无法形成备忘录,它们仍能够通过编辑各种著述或主席发言来界定安全问题,而无需经由指导委员会批准。这些文件是亚太安全合作理事会向东盟地区论坛报告表达不一致意见并对非传统安全问题提出某些角度认识的一种方式。

关系网络与知识共同体

亚太安全合作理事会致力于构建多层次且网络化的、用以宣传核心观念的话语空间。其(地域上的)广度和(国别上的)深度极大地帮助单个智库由内而外将非传统安全观念传播给国内和国际决策者。亚太安全合作理事会系统内逐渐形成了三种不同类型的网络体系。话语空间的第一个层次是以单个亚太安全合作理事会的成员委员会(例如亚太安全合作理事会澳大利亚委员会、亚太安全合作理事会美国委员会、亚太安全合作理事会越南委员会等)形式存在的国内层面。各国别层面的成员委员会由一些学者、现任及前任政府官员、防务官员,以及偶尔会出席的兵工界代表组成(作者对某次亚太安全合作理事会澳大利亚委员会理事会会议的观察,阿德莱德,2012)。例如亚太安全合作理事会新加坡委员会的成员理事会包括来自新加坡常驻东盟代表团、外交部、国防部、内政部的代表,另外还有一位国会议员、一位总检察署代表(the Attorney General's chambers),以及来自三个不同智库的代表(南洋理工大学拉惹勒南国际研究院,2014)。各国的成员委员会是亚太安全合作理事会这一地区"枢纽"向外"辐射"形成的分支。各国内部的协调性会议是引介并形成观念、架构政策主张等活动的中心,在国内层面实现委员会成员间的意见交换。各国的亚太安全合作理事会成员委员会会议被证明是"在平时无法频繁会面或根本没机会见面、对安全问题长期保持兴趣的个人之间建立联系的有效渠道"(Evans, 2000: 164)。同时这些成员基于个人同政府或业界的关系发表言论, 实际上成为较小的国内"枢纽"。各种国内网络提供了协同及合作的话语空间, 其产出(即观念主张)同区域性网络和相应的话语空间产生联系。

理事会常规会议及大会是亚太安全合作理事会各成员智库网络的有益补充。会议召集网络内各委员会/智库设定研究议程(指导委员会会议), 协同并讨论政策(工作会议和研究小组会议)或是通过研究成果交换意见(全体大会)。全体大会是理事会最大型的集会, 会上为各国成员委员会提供了交换新情况、对域内新兴安全问题形成切身感受的机会。亚太安全合作理事会全体大会每两年召开一次。我们可以清楚地从全体大会议题上看出理事会对非传统安全观念的强调。2013年的会议深切关注了现有及新兴地区安全体系架构的发展(亚太安全合作理事会, 中国, 2014)。此次会议还强调了改进机制以实现对网络安全、水安全, 以及印度洋区域内可能发生的海上冲突等问题进行治理等日渐迫切的需求。2011年举行的会议则致力于应对"新兴安全挑战", 如海上安全、水安全等问题, 并评估"地区安全体系架构在处理各种威胁和困境中的作用和有效性"(亚太安全合作理事会, 越南, 2011: 4)。亚太安全合作理事会全体大会在东亚峰会结束后即刻召开已成常规, 这旨在鼓励峰会参与者出席理事会全体大会(亚太安全合作理事会, 越南, 2011)。亚太安全合作理事会全体大会经常负责接待第一轨道参与者。2007年, 澳大利亚驻印度尼西亚大使和印度尼西亚外交部部长出席了全体大会(亚太安全合作理事会, 印度尼西亚, 2009)。2013年理事会全体大会则吸引了中国外交部副部长、一位美国参议院外交关系委员会高级顾问、一位澳大利亚外交与贸易部代表和其他近300名代表出席(亚太安全合作理事会, 中国, 2013)。官方参与说明了各国政府对此类论坛上发表的观念感兴趣, 同时为第一轨道和第二轨道提供了额外话语交流的机会。

亚太安全合作理事会的所有行动, 包括各国别委员会、区域性网络和全体大会, 覆盖了亚洲更多的区域性安全智库网络。单独地看, 各智库网络都有自身制度化的结构; 整合起来看, 它们又构成了一个涵盖亚洲甚至更大区域的安全网络。亚太安全合作理事会包括东盟、东盟＋3、东盟＋8和六方会谈在内的所有各方，还吸引了亚太经合组织、东盟地区论坛、太平洋岛国论坛（Pacific Islands Forum，PIF）、上海合作组织（Shanghai Cooperation Organization，SCO）、南亚区域合作联盟（South Asian Association for Regional Cooperation，SAARC）的成员（Hernandez and Kim，2012）。所有上述组织都为亚太安全合作理事会成员智库提供了政治机会，通过向扩大化的区域论坛或是次区域论坛传达纲领性的非传统安全观念来塑造安全治理实践。

西蒙（Simon）提出亚太安全合作理事会不只是一个区域性智库网络，更称得上是一个认知共同体（2002）。认知共同体被定义为"在本领域或议题范围内对政策相关知识提出权威主张的专业化网络"（Hass，1992：3）。哈斯对此类共同体的识别是因为他注意到：

> 各国如何确定其利益和具体问题领域的决策时，决策者理解问题的方式和在不确定的情况下寻求建议的方式会起到决定性作用。
>
> （Hass，1992：2）

亚太安全合作理事会成员因其安全问题专家身份而拥有权威性，而且鉴于他们的声望及其关系网络活动的广度和深度，该理事会能够通过在其既有认知共同体内部影响主流规范，以某些形式发挥一定的安全治理能力。

尽管亚太安全合作理事会的内部多样性使其作为认知共同体的定位有所争议，但可以认为该理事会某些工作小组已经符合认知共同体的四大特征。实例之一就是亚太安全合作理事会建立信任与安全建设措施工作小组（CSCAP Working Group on Confidence and Security Building Measures）。同该理事会一样，所有工作小组都形成了"合作安全是区域稳定的关键组成部分"这一原则性理念的共识。亚太安全合作理事会信心与安全建设措施工作小组成功地塑造了"工作定义"（working definition）这一里程碑式名词，并为预防性外交特别提出了"原则声明"（statement of principles）。上述定义和声明说明该工作小组首先形成了一种共识，即工作小组的因果信念，然后又形成了关于预防性外交内容和语境的共识。此外,该工作小组已经为亚太安全合作理事会(以及东盟地区论坛)如何实现预防性外交打下了基础(Simon,2002)。本质上,该工作小组在内部明确建立了有关如何使预防性外交具体内容生效的标准,并就该问题中的一系列因果关系形成了共识,从而表现出认知共同体的属性。该工作小组各成员随后利用自身议题领域专家的身份推进共同的政治目标,即影响东盟地区论坛。

亚太安全合作理事会能源安全研究小组(2007—2008)也同样如此。设立此研究小组的目标是确定能源与安全之间的因果关系(Guan,2010)。该研究小组的评价建立在以下共识之上,即所有国家都出于本能想要掌控本国的能源来源,因此会在必要的时候动用武力。研究小组还默认了这样一个共识,即各国将继续使用化石燃料,因而此类能源的稀缺性是不安全的动因。研究小组随后基于上述假定提出议案,同时运用基于东盟模式的有效性标准(尊重主权、不干涉原则等)。最终,不出所料,该研究小组试图告知东盟地区论坛的能源安全政策是实现"合作并协同……供给能源避免冲突"(Guan,2010:243)。

认知共同体给出呼吁变革的基本问题框架,并在充分的政治意愿形成后提供指导变革的制度框架。亚太安全合作理事会积极建构并推动此类框架;相应地,东盟地区论坛及各国决策者在向亚太安全合作理事会寻求政策建议时会接受上述框架。

本土化

正因为亚太安全合作理事会的智库能够将各种各样的观念性议程推及认知共同体层面并在其间传播,各方得以在认知层面获悉并形成观念,进而落实到本土语境中。亚太安全合作理事会在各类政治支持者(从非政府到政府行为体,从国内到国际行为体)间运作,该智库网络最重要的作用之一就是接受外界观念主张(来自认知共同体),并根据本国本区域的具体情况落实实践。观念主张的本土化类似于观念架构,使其适应当地政治规范和具体情况,从而令某些观念比其他观念更具吸引力,是一种有效的政治策略。正如阿查亚、布赞(Buzan)和芭都认为的那样,想法的呈现方式是决定它们能否被区域性政治话语所接受的重要组成部分(Acharya and

Buzan,2004；Ba,2009)。亚太安全合作理事会只是竭尽全力并利用手头的资源,结合自身政治议程(即非传统安全议程)实现政策观念主张的本土化,从而将其他选项排除在外。

考虑到东盟地区论坛成员国类型之广,实现观念主张的本土化至关重要。论坛有 21 个经济、政治、文化、安全利益各异的成员国,亚太安全合作理事会在提高观念在不同政治语境间的接受度和适应性上,起到了必要且强有力的分流作用。在亚洲,鉴于很多国家对外来影响持怀疑态度,且历来对西方式"解决方案"持不信任态度,落实本土化进程的行为体角色尤为重要(亚太安全合作理事会信心与安全建设措施工作小组,1995)。然而,很多畅所欲言且颇为活跃的参与者来自东盟之外,或是其他"亚洲"国家。因而该智库网络在接受来自上述成员提出的观念时,通过调整使之匹配区域敏感度,使其能被当作"本土"主张或自带"土生土长"合法性的过程中扮演了一个重要角色。这使从亚太安全合作理事会接触区域安全认知共同体收集的观念主张并匹配特定次区域语境成为可能(Evans,2000)。例如,

> 在亚太安全合作理事会……创始成员包括了畅所欲言且颇为活跃的东盟范围之外的智库。众多有关安全合作的词汇也是从别处借用的。不过可以肯定的是,经过域内各方的讨论、进行了实质性的修改。充分调研保障了该理事会能在东盟之外切实提出倡议。最重要的是,很多关于国际组织在建设和平中作用的观念来自同欧洲和北美模式的多边主义者联系频繁国家的外交部和研究机构。
>
> (Evans,2000：159)。

通过本土化,"亚太安全合作理事会和东盟地区论坛都……已经改变了各种各样的安全观念,过程形式既反映了东盟路径也反映了西式路径"(Evans,2000：159)。

亚太安全合作理事会传播思想的倾向使之有意对所有层次的决策都施加影响,由此扩大了自身政策议程的曝光率。作为协同式观念推广的成果,"当各国政府官员的咨询对象来自同一个安全领域的认知共同体时,他们会在随后举行的集体会议中发现各方存在某些共识,因为他们都得到了

一样的政策建议"(Aguilar，2008)。通过在区域内全面覆盖某些非传统安全观念，该智库网络增加了此类观念主张在制度性层面实现从量变到质变转化的可能性，从而取代本区域既有规范。而规范一旦发生改变，制度就会面临更大的变革压力，因为只有如此才能同新规范所定义的"安全"和"治理"相匹配。

五、制度化

亚太安全合作理事会在确认跨国安全威胁的同时也强化区域安全制度以推进合作安全。亚太安全合作理事会自建立之初便认可东盟地区论坛的制度性责任，而且该理事会于1994年4月递交的第一份备忘录关注的就是加强区域安全合作。亚太安全合作理事会的成功建立在政府间经济论坛(亚太经济合作组织，APEC)和非政府经济论坛(太平洋经济合作委员会及太平洋自由与发展会议①)的基础上。后两者曾是有效的合作渠道。理事会强调东盟地区论坛应在多边安全合作中担当起类似的角色(亚太安全合作理事会，1994)。曾担任亚太安全合作理事会首任联合主席之一的尤素福·瓦南迪曾在1996年写道：

> 东盟地区论坛应发展成为联合国系统内全球集体安全体系的一部分，并与发展和加强全球集体安全体系相结合。这一长期目标对合作安全路径真正起效极为重要……而且承认以下这点颇为重要，即合作安全是全球安全的底线且不可分割……最后，强化安全领域的多边主义实践是唯一切实可行的做法。
>
> (Jusuf Wanandi，1996：125)

亚太安全合作理事会的一位创始人注意到，该智库网络建立之初，区域合作尚是全新的观念(Wanandi，1996)。亚太安全合作理事会的一项重

---

① 此处原文为 PAFTED，联系上下文及相关国际论坛历史，应指 PAFTAD，即"太平洋自由与发展会议"。——译者注

要工作就是让专家和官员"参与社交"适应这一合作形式。第二轨道在安全领域的努力成功地"通过证明安全的实现能够相得益彰,缓解了安全困境"(Simon,2010:83)。亚太安全合作理事会逐渐推进了对安全的集体认知,针对性地驳斥了主流冷战式定义、强调军事均势(亚太安全合作理事会创始人综述,参见Simon,2010:83)。该智库网络还通过举例,在其组织的会议、工作小组及其他集会上全面论证了区域合作的可行性与可能性。

在其社会化作用之外,亚太安全合作理事会的出版物和备忘录还提供了合作蓝图,详细论述了合作或者说"综合"安全的必要性和益处(亚太安全合作理事会信心与安全建设措施工作小组,1995;亚太安全合作理事会综合安全与合作安全工作小组,1995)。例如,是亚太安全合作理事会的工作为东盟地区论坛推进"信心与安全建设措施"(CBMs)打下了基础。理事会的一个工作小组于1996年向东盟地区论坛高官会议提交了一份备忘录,根据东盟地区论坛和亚洲实际语境定义了综合安全与合作安全的话语框架(亚太安全合作理事会综合安全与合作安全工作小组,1995)。而在向东盟地区论坛提交上述话语框架之后,亚太安全合作理事会也进一步确定将非传统安全问题在很大程度上视为合作问题。理事会以这种形式揭示了诸多非传统安全问题,并假定集体/合作安全措施是最佳解决方案,其中包括:经济相互依赖(1996),因环境恶化、食物短缺、能源稀缺等造成的区域性安全挑战(1997),1997—1998年亚洲金融危机对区域安全结构造成的影响(1999年发表),以及人类的安全问题(2001)(Ball,2010a)。其他研究小组则直接聚焦安全合作议题。东北亚/北太平洋多边安全治理研究小组的设立目标是"探究一个事实上存在的东北亚多边安全框架是如何通过合作形成的,进而将此类组织化行动同域内其他现存制度联系起来"(Ball,2010:40)。亚太安全合作理事会的各类会议提供了丰沃的话语空间:

> 通过区域性信心建设,从竞争安全转向普遍的合作安全。这一进程通过第二轨道对话及工作小组项目落实推进,旨在造就观念性变革及相应的社会学习,最终形成一系列国际安全合作新机制。
>
> (Simon,2010:78)

尽管接受了合作安全的观念,东盟地区论坛及其他正式进程一直迟于推进相关工作。这一难点可以从东盟地区论坛从低需求的"信心与安全建设措施"转向更确切的"预防性外交"时颇为拖延的现象中看得一清二楚。东盟地区论坛首次闭会期间会议"信心与安全建设措施"及预防性外交专题会议(ARF-ISG/CBM)未能成功调解非传统安全问题的跨界属性同区域外交规范对主权的强调之间的矛盾。最终,"该会议提出任何有关预防性外交进一步的建议,'必须充分考虑各国的主权,并且未来此类议案任何程度的落实都要以所有各方都满意的速度为宜'"(Morada,2010:26—27)。也就是说,该会议未能同拒不接受预防性外交措施的成员国达成妥协,因而也无法在达成共识之前推进相关工作。因此,论坛推迟了对预防性外交的研究,最终外包给第二轨道相关机构。

亚太安全合作理事会就此成为推动东盟地区论坛从"信心与安全建设措施"转向"预防性外交"的驱动者(Simon,2010:78)。1999年,亚太安全合作理事会在曼谷组织了一个集中讨论预防性外交的研讨会。该研讨会有意在东盟地区论坛闭会期间由"信心与安全建设措施"支持小组在会议前举办,吸引了来自27个东盟地区论坛成员国中18个国家的"非正式"代表参会(亚太安全合作理事会,2007)。该工作小组得以确立预防性外交的"工作定义"和几个关键原则。上述工作定义最终于2001年被东盟地区论坛所接受;其间提出的工作框架也成为东盟地区论坛实现全部预防性外交后续事项的路径(Job,2010)。按照澳大利亚外交贸易部某份报告的论述,

> 在亚太安全合作理事会闭会期间,支持小组在会议前召开了有关预防性外交的会议,成功地制定出一系列原则草案。这是一份非常有用的文件,必将成为来年东盟地区论坛在该领域工作的基础。
>
> (Ball,2010b:64—65)

亚太安全合作理事会继续推进加强区域性治理工作。2007年,应东盟地区论坛要求,理事会召集了一个一次性研究小组,专门讨论"预防性外交与东盟地区论坛的未来"问题(Ball,2010a)。该研究小组提交了一份议案,支持继续按照理事会需求,并吸纳新加坡委员会的提案,大大强化东盟

地区论坛:(1)设立东盟地区论坛秘书处,将之作为东盟地区论坛的升级版;(2)创设东盟地区论坛秘书长职位,并明确其角色与功能;(3)东盟地区论坛同亚太经合组织或东亚峰会合办常规峰会;(4)加强同联合国及其他区域性组织和制度的联系;(5)在决策中采用"共识-X"原则,尤其是在紧急状态或危机情况下;(6)创建降低区域性风险中心(Regional Risk Reduction Centre);(7)在愿景声明中展望东盟地区论坛的角色和位置(亚太安全合作理事会,2007)。因此一旦落实上述议案即能通过设立秘书处强化东盟地区论坛,或许更重要的是,不必强求达成一致意见才能落实。该提案还建议"东盟地区论坛应考虑形成一份《2020年愿景声明》,明确东盟地区论坛的目标,并为发展详细设定基准"(亚太安全合作理事会,2007)。

东盟地区论坛依照上述某些建议开展行动,切实提出了一份结合了实行众多预防性外交行动并体现强化东盟地区论坛制度[创设了东盟地区论坛主席之友小组(Friends of the ARF Chair)、更好地利用专家与知名人士会议(Expert and Eminent Persons' Meeting)]等建议的《2020年愿景声明》(东盟,2009;东盟地区论坛,2009b)。《2020年愿景声明》反映了东盟地区论坛在安全治理上的非传统安全路径转向,使东盟地区论坛致力于"推进预防性外交的优先领域,即直接影响我们人民,以及那些无法单独通过我们的个体行动解决的问题的相关实践。即应对那些非传统、跨越边境、国际性的安全挑战"(东盟,2009)。该愿景的全面实施将成为实现东盟地区论坛制度化、预防性外交取得进展,以及重申东盟地区论坛作为行动导向机构的合法性等目标的重要步骤。上述所有提议都通过2009年的《落实东盟地区论坛愿景声明河内行动计划》进行了动员(东盟地区论坛,2009)。

东盟地区论坛还借鉴了某些亚太安全合作理事会的制度属性。东盟地区论坛注意到非正式话语空间的价值,并有意在其"国防轨道"对话中采用智库式的结构。例如,东盟地区论坛曾尝试创建适应安全治理的话语空间,建立了一个非正式防务官员午餐会制度,旨在讨论各方拥有共同利益的问题(Caballero-Anthony,2010b:13)。2002年建立的东盟地区论坛国防官员对话会是上述非正式防务讨论的补充。该对话会是东盟地区论坛创建仍在政府控制之下"类智库"话语空间的明确尝试。该对话会不要求参与者发表任何包含东盟议程的正式声明,所有讨论都不具约束力且是非正式的,从而"允许更坦诚、自由地交换意见"(东盟地区论坛,2002)。

亚太安全合作理事会同东盟地区论坛之间既存在竞争又合作共生,颇为矛盾。亚太安全合作理事会因东盟地区论坛固守东盟模式且对区域治理需求反应迟缓,再三对其质疑;但该理事会也同时充当东盟地区论坛的代理管理方,为东盟地区论坛提供试验并形成相关政策的非正式外交空间。此外,为通过交换获得富有革新精神的政策建议及话语空间,东盟地区论坛也为亚太安全合作理事会组织的各大论坛提供了合法性和直通治理当局的途径。这两个组织之间的隶属关系因其携手加强区域安全治理实践,最终共同加强了它们的实力。

六、小结

本章和其他章节对各项政治进程的研究发现,亚太安全合作理事会旨在通过推进非传统安全议程的探究激励制度变迁。亚太安全合作理事会运用自身令人惊叹的话语实力创办论坛展开讨论、引介观念并支持变革,改变了东盟地区论坛诸多的制度和规范。该理事会已为"信心与安全建设措施"提供了话语框架,定义并引导了转向预防性外交的变迁;并通过推动在东盟秘书处设立一个东盟地区论坛办公室,成功地实现了论坛的制度化。该理事会还继续通过设立东盟地区论坛基金等项目推进制度化进程。该基金于 2005 年设立,各方自愿出资,用以支持东盟地区论坛的政策发展及决策落实。

最终,亚太安全合作理事会成功地通过正式及非正式渠道,将非传统安全观念纳入东盟地区论坛的议程。该理事会创建的话语空间引导其培育观念,进而依照东盟地区论坛的目标、政策和制度化目标,为其发展提供资讯(详情参见东盟《2020 年愿景声明》)。作为话语行为体,亚太安全合作理事会运用先入为主的观念架构安全问题、塑造议程及范式,并实现观念从某一政治论坛到另一政治论坛的平稳迁移。该理事会有能力在域内第二轨道层面实现政策协同,从而培育了一个能够广泛传播观念的智库网络。亚太安全合作理事会成功地在纵横两个面向上同时向国家及非国家行为体传播重要的安全观念。最重要的是，亚太安全合作理事会的话语空间使其拥有了无与伦比的实力，能够运用议程设置/问题架构和网络化等话语机制，在政治空间内传递敏感且具有挑战性的政治观念。东盟地区论坛的结构弱点、亚太安全合作理事会成员身份多元化造成的内在制约，以及东盟模式的外交规范导致的局限无不阻碍了制度变迁。然而渐进的变革已经发生，其间步伐虽小却也是迈向将纲领性非传统安全观念制度化，从而介入区域治理结构的关键一步。

本章和前一章详细考察了亚洲拥有政府关系的智库网络是如何充当治理运作方的。尽管上述两个智库网络已经受到学界一定的关注，它们花心思创建话语空间、两个智库网络各自推进非传统安全议程的实践，以及成功实现非传统安全观念制度化的结果中有意义的细节，此前都未曾详尽披露。通过梳理各方面内容，各智库网络使用的各种政治工具可被视为一个旨在转变观念、实现制度变迁的、更宏观战略的一个组成部分。另一个有价值的发现是梳理并揭示了拥有政府关系的智库背后复杂且多尺度的关系网及对应的机构。上述关系使这些网络由内而外发挥作用，形成了观念交流与制度审议的互惠关系。东盟战略与国际问题研究所和亚太安全合作理事会的工作都从政府体系内部出发，推进非传统安全议程。这同接下来两项案例研究形成了颇有意趣的对比，也由此提供了比较研究的契机。接下来两章将运用话语制度主义分析考察同政府没有正式关系的智库。这两个智库/智库网络同样犀利地推进非传统安全观念。但正如接下来两章所要展开的论证，它们产生观念性影响和制度性影响的路径同其跟国家紧密联系的同行差异很大。

第六章　国际战略研究所与香格里拉对话

一、引言

通常被称为香格里拉对话的亚洲安全峰会可谓亚洲地区安全对话规则中的例外。这是唯一由第一轨道倡议并由智库(国际战略研究所)管理的安全进程。此外,该峰会在创立之初是域内第一个,也是唯一的亚洲各国国防部长和防务人士见面并举行会谈的场合(Capie and Taylor,2010)。香格里拉对话的非政府起源及其置身东盟之外的地位,使其能提供迥异于域内其他任何现存类型的话语空间。这一话语空间保留了一切正式进程所拥有的政治合法性及权威性,且不受常见亚洲外交规范的制约。它为各国防长提供一个他们急需的讨论安全问题场合,这些问题对更正式的决策性论坛而言太过敏感。尽管(抑或正是因为)它是非正式状态,香格里拉对话已实质性地成为亚洲各国防长进行会谈的契机,并已成为域内杰出的安全对话(Capie and Taylor,2010;Taylor,2011)。

三项个性化特征使香格里拉对话不同于其他由智库组织的进程:该对话的第一轨道身份、话语空间的结构和影响力,及其快速且高度制度化的结果。不同于传统的智库网络如东盟战略与国际问题研究所和亚太安全合作理事会在现有权力结构的边界上运作,国际战略研究所直接打破分类,建立了属于自己的政治足迹。香格里拉对话建立于2002年,不存在任何政府关系。实际上,当时还不存在能让香格里拉对话隶属的国防部长对话。因此,该对话成为该地区实际上的防务论坛。相应地,高高在上的地位实质性地赋予了香格里拉对话政治合法性及权威性,从而使其能够对区域安全话语产生可观的观念影响。

香格里拉对话创建的话语空间如此重要是因为它既拥有很大的政治权力又相对不受东盟外交规范制约。国际战略研究所成功地融合了正式进程所拥有的权力及合法性与源自香格里拉对话"外部"或"非国家"进程状态的非正式属性。两者相结合，极大地提高了香格里拉对话处理争议性主张、促进话语发展，进而最终将话语转变为政治行动的能力。

国际战略研究所熟练地利用香格里拉对话引人关注的话语空间，将之发展为推进非传统安全观念的机制。香格里拉对话成为国际战略研究所将非传统安全观念架构为合法安全问题，进而将之列入议程并利用相关智库网络对外传播的渠道。有意思的是，将非传统安全观念主张纳入香格里拉对话成了该论坛吸引安全领域决策者的一个重要因素。

香格里拉对话的成功使其从一场简单的安全会议演进发展为地区安全架构的一个组成部分。首次对话吸引了来自 22 个国家的参会者，其中 11 位是部长级代表(Capie and Taylor, 2010)。这一数字到 2010 年已上升到 28 位，所有参会各国都派出了高级别代表(Ball, 2012)。截至目前，香格里拉对话也成为亚太地区最为制度化也最强有力的安全论坛，堪称"亚洲安全政治名人录"(Taylor, 2011: 4)。考虑到亚洲的国际组织历来迟缓的制度化进程，香格里拉对话如此迅捷的制度化及其日益增长的政治影响力颇引人关注。可以说，该对话自建立起便成为政府组织的对话活动纷纷兴起的催化剂和参考样板。

本章从简要回顾国际战略研究所历史开始。作为一家总部设立在伦敦的智库，国际战略研究所因其各大海外分支的设立而拥有全球影响力。本章随后介绍了国际战略研究所组织的香格里拉对话，深入考察了对话所能获得的话语工具，讨论了其在区域安全发展中的角色。甚至早在其形成阶段，香格里拉对话就被设计为不同于其他区域性智库进程的模式。本章将特别关注香格里拉对话是如何将此前无法利用的政治空间提供给话语，进而以一种特别的形式构造上述空间的。从而解答该对话的产物及其对此类场合的运作为何，又是如何提高了自身的话语能力等问题。此外，本章还特别关注了该对话建立前后的各种政治情境，这一系列情境又是如何助力香格里拉对话赢得后续权威及合法性的。

在介绍完国际战略研究所之后，本章继续讨论了香格里拉对话的话语空间是如何成为区域安全治理内在组成部分的。香格里拉对话有着公私两面,大致对应其正式和非正式政治空间。在公开场合,该对话是少有的几个能为防务官员提供会面机会,在多边论坛上讨论安全事务,向更广的受众阐明并维护本国防务政策的场合。私下(或在较小范围内公开)地,该对话也是针对敏感问题进行非正式讨论的一个契机。香格里拉对话甚至为防务官员在对话前和对话期间举行的独家且严格保密的会晤提供服务。

作为香格里拉对话的"建筑师",国际战略研究所在产生话语的内容及语境上拥有强大的权威。它掌控了在何处举办对话、谁来出席(第二轨道参与者)、讨论什么问题,以及如何进行讨论等。国际战略研究所将上述结构性掌控,同其自身非国家身份作保的观念自主权结合在一起。因其不受东盟约束,香格里拉对话接纳了通常位列正式进程之外的观念主张和政策建议。最重要的是,这意味着对很多非传统安全问题而言,香格里拉对话已成为唯一可能实现治理的地方。本章还将继续探究国际战略研究所如何利用香格里拉对话的话语空间推广非传统安全议程。对问题架构/议程设置、关系网络建构和制度化建设的分析则可以说明国际战略研究所是怎样通过香格里拉对话,直接或间接地推进非传统安全观念,进入区域安全话语中的。

最后,结论部分探讨了香格里拉对话的话语策略是如何成功地将观念主张传达给决策者,所传达的观念又是如何形成具体的政策及制度的。国际战略研究所不仅成功地实现了香格里拉对话的制度化,而且向其他治理机构注入了非传统安全观念,例如东盟地区论坛、东盟国家国防部长会议、东盟国家国防部长会议+进程等。在这点上,香格里拉对话已然超越了东盟战略与国际问题研究所和亚太安全合作理事会,后两者成员智库的政府关系制约了网络的影响力。从根本上说,其话语空间的存在使香格里拉对话成为域内安全治理一个广受好评且极为重要的方面。香格里拉对话积极参与非传统安全议程,将其视为自身立场的一部分,勇立安全事务前列。这有助于该对话建立具有创新精神且关注新兴安全议题的良好声誉。"对话"还引起了其他区域进程的关注,尝试效仿香格里拉对话的各方面实践,旨在复制它的成功经验。

二、作为政治行为体的香格里拉对话

香格里拉对话由国际战略研究所组织运作,该研究所总部设在伦敦,在新加坡、巴林和美国设有分支机构。国际战略研究所创办于1958年,当时旨在推动文明对话,应对冷战背景下的核扩散问题。渐渐地,国际战略研究所关注的重点从核威慑与军控问题拓展到安全问题各主要领域(IISS,2014)。

国际战略研究所及其所有分支机构都旨在通过向政治行为体提供及时且相关的政策分析,为政府提供政策建议。作为一个组织机构,研究所通过出版论著、建立在线数据库、举办会议、组织对话、主办讲座及工作坊等参与话语进程。据国际战略研究所亚洲分部负责人介绍,上述活动通常也向公众开放,但目标受众实为政策精英和知识精英,旨在同时促进政界、知识界人士及其内部代表群体之间协同式话语的发展(作者在新加坡对Huxley的访谈,2011)。

国际战略研究所于2001年在亚洲建立了分支机构,其所面临的政治环境迥异于欧洲总部,涉及安全问题尤为如此。亚洲各国历来对建立制度化的安全组织心存疑虑,反而更偏向于依赖外交组织运作。该区域缺少一个正式的国防部长会议机制,因此东盟地区论坛被视为"亚太地区进行高层、多边、政府间安全对话的主要场合"(IISS,2011:4)。然而东盟地区论坛无论最初的设计目标还是实际的主导方,都是外交部门。实际上,1996年前,国防部长都未曾受邀参加东盟地区论坛高官会议。尽管域内各方已表示支持举办国防部长会议,然而时任美国国防部长威廉·佩里(William Parry)和时任泰国外交部长差瓦立·永猜裕(Yongchaiyudh)协作组织一个类似的国防部长会议的尝试未获成功(Capie and Taylor,2010)。

国际战略研究所建立香格里拉对话意在回应"亚太地区政府间会议名册上令人震惊的差距"(国际战略研究所,2011:4)。对话旨在为各国国防部长创办一个论坛,进行信心建设并促进安全合作实践(国际战略研究所,2011:4)。国际战略研究所组织香格里拉对话,参照的模板是一年一度的慕尼黑安全政策会议(the Munich Conference in Security Policy,

Wehrkunde),该会议专注应对欧洲和大西洋两岸国家面临的安全挑战。在罗恩·惠思肯(Ron Huisken)看来,欧洲各国的防务官员在北大西洋公约组织(NATO)正式会议、西欧联盟(the Western European Union)和慕尼黑安全政策会议等场合定期会晤,已形成某种非正式的"场外休息时间会议"(Huisken, 2010)。亚洲则走上了与之相反的路径,欧洲各国国防部长在非正式渠道形成之前就组织了正式会议时,亚洲各国"在正式会议缺席的情况下,利用'场外休息时间'举行非正式的国防部长会议"(Huisken, 2010)。不同于官方安全论坛,即北约的协作下举行的慕尼黑安全会议,香格里拉对话从设计到执行都是独立运作。

当时,亚洲区域内所有其他非政府(即第二轨道)对话都有相应的政府组织(第一轨道)协力推进。例如东盟战略与国际问题研究所是东盟的非政府协同方,亚太安全合作理事会则对于东盟地区论坛而言承担了类似的职能(Job, 2010)。然而,国际战略研究所创办香格里拉对话的初衷是以一己之力将该对话办成第一轨道机制(作者在新加坡对 Huxley 的访谈,2011)。此前不曾存在国防部长会谈便说明防务及安全措施当时在该地区的扩散。

可以想见,在亚洲建立起一个防务对话机制是一个异常复杂的任务,对域外智库更是如此。而且,一旦提出这样一个办会设想,就意味着国际战略研究所亚洲分部主任约翰·齐普曼博士(Dr. John Chipman)必须选定一个得当的会议地点。澳大利亚最初表示有意主办首次对话;但在"澳大利亚距离太远"的潜意识影响下,新加坡成了更具吸引力的地点(Capie and Taylor, 2010)。为此,齐普曼主任向新加坡副总理兼国防部长陈庆炎(Dr. Tony Tan)提议主办该对话。

陈庆炎对这一设想中的对话颇有共鸣,同意由新加坡来承办香格里拉对话(Kato, 2011)。他联系了南洋理工大学拉惹勒南国际研究院这一隶属政府的智库,询问其是否有兴趣作为本土协调方参与此事。南洋理工大学拉惹勒南国际研究院前主任[现任新加坡总统的纳丹(S. N. Nathan)]提供了该研究院的场地设施,并配备了几位助理参与组织工作。这一安排一直持续到国际战略研究所亚洲分部于 2004 年建立了自己的办公室为止(Capie and Taylor, 2010)。陈庆炎随即将建立非正式对话机制的议案提交新加坡国会审议,议案获得了通过并进一步得到了国防部及其他各部门的支持(Kato,2010)。

让新加坡政府加入创办进程的决策意义深远,对香格里拉对话的建立产生了若干积极影响。新加坡政府和南洋理工大学拉惹勒南国际研究院能够提供资金和后勤方面的支持。此外,还提供了接触新加坡国防部长陈庆炎和总统纳丹的人际交往圈和专业关系网络,同时确保了新加坡官员参会。更重要的是,南洋理工大学拉惹勒南国际研究院和新加坡政府作为对该对话的目标和方法进行本土化的行为体,使该对话拥有了域内起源;同时赋予其本区域语境,使其表述更能为其他域内行为体所接受。新加坡政府的参与则赋予该对话以政治合法性,并协助其确立了第一轨道论坛的地位。

在陈庆炎看来,新加坡能成功主持这一对话原因如下:新加坡同周边各国和区域性行为体都保持了良好的关系,如美国、中国和印度;新加坡被认为是一个中立国家,无论其国土面积还是国力都不足以对邻国形成军事威胁;各国都认为新加坡在维持区域稳定目标上愿意投入时间和精力,而且没有太重的私心;新加坡本身被视为高效而且安全的国家。以上各类因素都使新加坡成为举行高级别军事官员会议的合适地点(Kato,2011)。上述所有因素都对新加坡接受香格里拉对话构成了正向激励。

正如我们在前述几个案例中看到的,话语的政治、社会及制度语境同想要传达观念主张的内容同样重要。在香格里拉对话这一个案中,一个不存在官方隶属关系的智库同一个友好且不具威胁性的区域合作者的结合,有利于其他参与者参与对话。这些因素加上域内均势的转变、模糊不清的安全前景,以及举办区域性国防部长会议的需求,进一步强化了组织这样一个对话的诉求。尽管该地区长期以来不愿意建立制度化的安全组织,但此对话的非正式性质和上述背景因素使其得以扎根。

而该对话一旦得到了南洋理工大学拉惹勒南国际研究院和新加坡政府的支持,便利用这两者的私人与政治关系网络来赢得支持,吸引有影响力或知名的人士参加对话。这对从建立之初起就定位为严肃的安全论坛的目标来说颇有必要,尤其是该对话有意被视为第一轨道进程的话,更是如此。通过私人关系,齐普曼确定能够邀请到美国国会代表团参加首次对话。一名国际战略研究所成员对此评论道:"确认上述参会意愿之后,再邀请域内其他国家高层人士参会就容易多了。"(对国际战略研究所委员会成员的访谈,Capie and Taylor,2011:362)这一自驱式进程持续推进,使参会国家数量和部长级代表的数量每年都在增加(对国际战略研究所委员会成员的访谈,Capie and Taylor,2011)。

重要政治行为体出席会议的决定、新加坡政府的本土化影响力,以及为国防部长创造了进行多边会谈的机会共同使得香格里拉对话成为政治及军事行为体参与讨论的绝佳场所。上述事实为香格里拉对话赢得了作为第一轨道论坛的合法性,还为国际战略研究所"具有权威性又在政治上颇为公正"的形象加分不少。现在香格里拉对话朝着自在自洽的政治进程发展;而国际战略研究所也超越了政治分析智库的角色,"以更直接的形式成为参与某些论争的行为体"(作者在新加坡对 Huxley 的访谈,2011)。戴斯蒙德·博尔对该对话的评价更为简洁——"香格里拉对话产生了可观的政治影响"(Ball,2012:19)。

三、香格里拉对话与话语空间

香格里拉对话最值得关注的一个方面是它为本区域提供了正式话语进程之外的政治空间。这对论坛本身产生了两个极其重要的影响:第一,这意味着该对话不受外交规范(东盟模式)的制约,但仍享有第一轨道进程的政治合法性;第二,作为这一话语空间的造就者,国际战略研究所在论坛管理上获得了前所未有的自由,这也使国际战略研究所得以掌控对话会场上很多同话语相关的重要方面。国际战略研究所既通过设置议程(说什么),也通过语境(谁说了什么、对谁说的、态度如何)决定话语的内容。上述结构性影响同其他话语工具如问题架构、网络构建及制度化结合在一起,使香格里拉对话成为利用政治空间推广观念的典范机制。

香格里拉对话通过两种途径担当话语空间场合。其一,该对话为包括交互式与协同式话语的成功都打造了"舞台"。国际战略研究所通过鼓励积极引进并推广包括非传统安全议程纲领性观念主张在内的新观念、新主张架构了香格里拉对话。

香格里拉对话是每年定期举行的区域性国防部长会议,议程广泛;还组织了不约束议题的半公开辩论,邀请域内非官方专家参与讨论。香格里拉对话提供了一个重要的平台,亚洲安全领域利益相关国家可以在此预演并澄清本国防务政策,同时为在非正式场合更深入地讨论核心安全关切提供了绝佳的机会。

(Ball,2010:20)

这一防务外交路径迥异于所有其他第一轨道区域性对话,那些对话都预先设定了议程、与生俱来的结构制约了新观念的引介。美国前国防部长查克·黑格(Chuck Hagel)在出席2013年香格里拉对话途中曾指出"没有其他任何项目、任何场合能够做到香格里拉对话这样。它非常重要"(Hegel,2013)。

香格里拉对话首日会议包括一系列单独安排的国防部长同他国军事官员之间的双边讨论。上述会谈给防务人士创造了同对象国官员私下进行会谈、讨论敏感安全关切的机会。香格里拉对话官方开幕式在晚上举行并由参会国首脑在招待酒会上发表主旨演讲(Capie and Taylor,2010)。演讲通常关注该论坛最热门的主题,2011年的主旨演讲由马来西亚总理拉扎克(Razak)发表,他着重讨论了非传统安全挑战,并重申"单个国家或旧有安全结构无法应对上述挑战"(Razak in IISS,2011:20)。

接下来的两天对话会期由五或六场"全体"会议(plenary session)围绕着香格里拉对话不断重现的思路展开议程(对上述思路的讨论将在本章关系网络构建部分再具体展开)。全体会议是展开交互式话语的广阔平台,为国防部长们提供了公开的场合,向公众传播本国的观念主张。各节会议则被外交部长们用来强调安全问题、澄清本国的安全政策,并提出新的政策主张。例如,美国国防部长罗伯特·盖茨(Robert Gates)2011年利用自己在大会发言的机会,提出了在美国看来亚太区域的问题所在,进而针对上述问题大致提出了美国的政策(Gates,2011)。盖茨还利用这一机会重申了美国对亚洲的长期承诺——那些被国际媒体广泛报道的承诺论调(Cloud,2011;Nougayrede,2011;Wu,2011)。

其二,香格里拉对话亦是以微妙的形式发出信号的场所。例如,各国代表团的行为及成员组成结构历来有其政治意涵。在参加该对话的罗力·麦迪卡夫(Rory Medcalf)看来,"香格里拉对话中最重要的信息……都能在礼节式的安排细节上、字里行间的线索中、走廊上的窃窃私语里、未尽之言和未解之问中找到答案"(2013)。麦迪卡夫注意到了话语语境的重要性及其对观念主张传递形式的影响。例如,中国军方在2013年香格里拉对话上发起"魅力攻势"(charming offensive),被普遍视为中国政府(尤其是对美国)摆出姿态,表明其愿意坦诚讨论敏感问题。美国对此的积极回应及其再三释放出的善意,反过来亦向全世界其他国家释放了一个微妙的信号,即两国正在积极地解决两国关系中的棘手问题(Entous and Wong, 2013)。此间传达的主张(即坦诚讨论各类敏感安全问题)因其寻求共鸣的表述方式而加强。观念主张所在的**语境**为**内容**额外添加了微妙的含义。即使公开提问中的政治互动也充满政治意涵。一位高阶军官如中国的中将向越南总理和美国国防部长的提问,可以解释为表示尊重的信号。与之相似,如果对日本防务大臣提出问题的"只是"一名"小小的"中校,那么这一做法可以被解读为"贬低"(Medcalf, 2013)。尽管这些只是非正式信号,但这些证据也说明了话语是**互动的**,这就意味着观众接收观念主张的形式同样具有重要的政治意涵。简单来说,中方官员在此表达了他们愿意讨论美国或越南提出的涉及安全的问题,但不准备与日方进行讨论。而且就像麦迪卡夫和其他人(Entous and Wong, 2013; Medcalf, 2013)所观察到的那样,一旦涉及"传达观念主张的互动进程",那么**怎么做**和**谁来做**就同**做什么**是同样值得注意且极其重要的方面(Schmidt, 2011)。目前,香格里拉对话是国防部长之间唯一有可能表达此类话语的场所。

更直接的话语形式同时发生在与部分大会会期重合的非公开"特殊会谈"场合。不同于全体大会,这些会谈严格保密,是仅对防务官员、研究特定安全问题或向全体大会提交问题的专家开放的协同式话语空间。防务官员亦有机会在第二和第三天的部长级午餐会上进行非正式互动。香格里拉对话的所有会议都不遵从东盟模式的约束,尤其是闭门会议允许在公众关注之外进行坦诚的讨论,且不对外公开。

作为鼓励思想交流的一种手段,国际战略研究所煞费苦心,终于将第二轨道行为体纳入这一话语进程。该对话定期邀请各种类型的第二轨道参与者出席会议,后者也能在该对话会议期间获得同防务人士进行充分交流的机会。他们既可以公开提问,也可以在茶歇或闭门会议期间与官员接触。国际战略研究所邀请的人士不仅包括学者及专业人士,还包括"记者、商人、律师,以及来自那些有反对派国家的议员"(对国际战略研究所成员的访谈,Capie and Taylor,2010:316)。如此广泛地涵盖各方代表的做法对第一轨道对话而言极不寻常,甚至进一步扩大了香格里拉对话同其他第二轨道进程间的差异。在某位国际战略研究所工作人员看来,香格里拉对话迥异于内生的第二轨道组织如亚太安全合作理事会和亚太圆桌会议。对话中各方齐心协力旨在确保来自非政府组织的与会者能够彰显不同的有益视角,因此"维持与会者组成的多样性并不是说止步不前,就像区域性对话事务有时会出现的那样"(对国际战略研究所工作人员的访谈,Capie and Taylor,2010:316)。

  国际战略研究所为创建富有成效的交互式与协同式话语场所所做的最后一项努力,是避免香格里拉对话变得过于正式和程式化,官方对话的属性会阻碍话语契机。香格里拉对话站在了主导其他区域性论坛的非对抗、基于共识外交模式的对立面上,被认为是一个坦诚且直截了当的讨论场合。这也是为什么中国代表团愿意在2010年举行的第九次香格里拉对话上公开讨论"天安舰事件"(Minnick,2010)。香格里拉对话话语空间的公开性使之成为没有比它更合适地作为提出非传统安全问题的场合,即使那些问题具有相当的政治敏感性。这并非巧合,而是因为其他论坛都存在太多的约束。此类敏感问题可以列入全体会议的议程中(这是公开记录在案的),同时更具体的会谈则被安排作分组讨论。最敏感的问题通常被预留到非公开会谈场合,在对话间隙举行。

  在既定的全体大会和特别会议之外,香格里拉对话的组织者还设立了非公开的场合,以便避开公众监督和外交期待,从而能够讨论一些敏感政治话题。该对话的一位组织者注意到,对许多国家的国防部长而言,香格里拉对话是唯一可信并且轻易能够获得与外国同侪私下交流的机会(作者在新加坡对Huxley的访谈,2011)。在出席过香格里拉对话的罗力·麦迪卡夫看来,"可以确定的是,香格里拉对话极大的价值就是它的非正式闭门会议。国家领导人、军方代表、甚至情报部门负责人两两相约或三方共同参加会谈。在此真正进行有关治国之道的谈判交易,类似传统的秘密外交"(2013)。此类闭门双边会谈是该对话的主要吸引力,据说各国代表团在对话会期间会安排 15—20 场非正式会谈(Capie and Taylor,2010)。例如在 2010 年,澳大利亚国防部长、参议员约翰·福克纳(John Faulkner)同"新加坡、马来西亚、印度尼西亚、新西兰、韩国、越南等国国防部长,以及英国外交大臣,新加坡外交部长,斯里兰卡外务部长,印度国家安全顾问,菲律宾官员等一系列政府官员"进行了非正式会谈(Taylor,2011:5)。

通常来说此类会谈是各国国防部长能形成最高层次协同式政策的场合,而他们也的确促成了一些切实的政策结果(Capie and Taylor,2010)。这里引用率最高的一个事例就是时任马来西亚国防部长的纳吉布·拉扎克(Najib Razak)率先倡导的"天空之眼"(Eyes in the Sky)。这一倡议倡导马来西亚、新加坡和印度尼西亚进行联合巡航,打击在马六甲海峡活动的海盗群体(Hen,2013)。在新加坡国防部长黄永宏(Ng Eng Hen)看来,

> 香格里拉对话是一个致力于推进两军关系和区域关系的有益平台。各国防长一致同意迈出实质性步伐,实现联合海事巡航……通过以上措施,海盗行为显著下降。
>
> (对黄永宏的访谈,Weisgerber,2012)

尽管人们坚信甚或期待的双边会谈是鼓舞人心且坦诚的讨论,但因为会谈大多以非公开的形式举行,因此很难证实这一观念(作者 2011 年于新加坡对 Huxley 的访谈)。而且我们也能难得管窥一次此类会谈。2013 年,美国国防部长查克·黑格同中国副总参谋长戚建国中将首次会晤。会谈由新加坡国防部长安排组织,并在对话期间举行。美国国防部长黑格和戚建国中将选择举行一场非正式会谈,但同时选择了闭门会议的形式。

香格里拉对话期间的非公开讨论极受欢迎,因而国际战略研究所于 2013 年创办了国际战略研究所富丽敦论坛(IISS Fullerton Forum),即香格里拉对话夏尔巴人会议(The Shangri-La Sherpa Meeting)。(作为峰会的筹备官员会议)富丽敦论坛在香格里拉对话举办前数月举行,是话语空

间进一步演进的结果。作为香格里拉对话期间闭门双边会谈的拓展,该论坛旨在为准备参会的各方提供筹备参加香格里拉对话的场所;在正式对话前率先扫清最困难的障碍。论坛由决策者和专家组成,通常不超过60人(相比之下,香格里拉对话平均的参会人数是360人);参会人员仅限于政府官员和高级军官,以及极少数各参会国家的非政府人士(IISS,2014b)。富丽敦论坛所提供的话语空间极有价值,因为这是唯一能让国防部长在多边条件下进行非正式会谈的场合(反之,香格里拉对话期间的非正式会谈只有很短的时间,且通常仅限进行双边会谈)。该论坛提供的中立话语空间使防务官员能够为回应香格里拉对话上可能提出的问题做好准备。这一非正式论坛同时为香格里拉对话坚持"严肃辩论和坦诚交流的传统,有助于亚太地区更有效的沟通和更有效的多边外交"提供了帮助(IISS,2014b)。换句话说,富丽敦论坛额外增加了一层话语空间以补充并加强香格里拉对话现有的话语空间。

显然,香格里拉对话加上现在的富丽敦论坛,对区域安全行为体来说是极有价值的、参与交互式及协同式话语的平台。这一节从话语空间的参与度、组织结构以及属性等方面证明了香格里拉对话中语境的重要性。下一节的关注重点将转向香格里拉对话的内容,对国际战略研究所使用的政策性工具做详尽的分析,强调该对话是如何运用上述工具推进非传统安全议程的。

四、香格里拉对话与非传统安全议程

非传统安全的纲领性观念主张贯穿于香格里拉对话的结构与话语中。这并不是指香格里拉对话特意自视为非传统安全议程的推动者,但国际战略研究所开宗明义地提出拓展香格里拉对话议程,以应对"所谓的'非传统'关怀和'共同安全'挑战"(IISS,2011:12)。香格里拉对话通过赋予各类问题与传统安全问题同样的优先级和重要政治地位,以整体形式推进非传统安全问题的解决。首先,香格里拉对话通过将非传统安全问题纳入议程挑战了传统安全理论以军事为中心的概念。进而通过提出跨境及非军事问题,并将它们认定为"新兴"或"新的"安全问题,从而成为主流问题受

到重视,在区域层面成为主流,并使之合法化。

有清晰的迹象表明,非传统安全问题在香格里拉对话中的优先级越来越高。该对话定期组织有关某些非传统安全问题的讨论,并继续举例强调广义非传统安全观念,即安全的跨国根源、集体安全,以及强化区域性制度的必要性等。2010年香格里拉对话开幕晚宴上,时任韩国总统的李明博(Lee Myung-Bak)清楚地表达了上述主张;他在发言中提出:

> 应对气候变化、实现能源及粮食安全、保障我们各国财政体系的安全、铲除恐怖主义、阻止网络攻击、制止非法毒品交易及贩卖人口行为等都是我们需要应对的新威胁和新挑战。此类挑战并非独立存在,它们往往相互联系、极为复杂。从这个意义上来说,上述综合性的威胁需要创新的解决方案来应对。在现代社会,杂糅的冲突或直接或间接地、以这样或那样的形式影响了所有的国家和地区。特别是当前全球化如此广泛,信息的传播极为迅速,安全问题的复杂性提醒我们担负起共同责任的重要性。没有一个国家能够独善其身,而区域和国际合作才是根本。
>
> (Lee,2010)

次日第二次全体大会进一步强调了非传统安全观念的重要性,议题为"安全的新维度"。这次会议上,印度国家安全顾问希夫尚卡尔·梅农(Shivshankar Menon)宣布跨国和平与安全是"全球公共利益",认为"鉴于当前的地缘、技术及经济发展,各种安全挑战已出现了新的跨国维度,而针对此类问题的解决方式同传统安全问题有所不同"(Menon,2010)。来自中国的马晓天上将随后提出了一系列倡议,旨在形成一个整合、普遍、包容、合作且不断演进的安全概念以应对非传统安全问题。他强调了日益一体化的东盟、东盟地区论坛和东盟国家国防部长会议对区域稳定的贡献,并表达了中国参加此类论坛的愿望(Ma,2010)。上述安全倡议尽管仍以东盟模式外交为前提,仍然可见越来越致力于多边安全合作。

通过在这样一个声望卓著的公开论坛上论述非传统安全问题,所有上述三位发言人都说明了非传统安全问题的重要性,而且他们还赋予非传统安全问题与传统安全问题同等的合法性,并公开宣布其合法性。最后且最重要的是,上述发言实为各国国防部长的政治承诺,即追求建立在非传统安全基础之上的合作安全观念,在不经意间支持了更为强势的区域安全架构。尽管上述发言是香格里拉对话有关非传统安全问题及相应观念主张的证据,它们并不能解释国际战略研究所是怎样利用该对话超越自身话语空间的局限推广非传统安全观念的。

接下来的部分将研究国际战略研究所在议程设置/问题架构、建立关系网络,以及制度化过程中的话语战略是如何成功地将非传统安全观念嵌入区域安全治理的既有模式和新兴模式的。国际战略研究所和香格里拉对话正是通过对这些工具的运用,成功地实现了区域制度向非传统安全观念的转变。其中每一种话语工具都会分别得到评价;但也要理解它们之间存在复杂的依赖关系,而且其他因素也会对话语进程产生影响。

问题框定与议程设置

正如前文指出过的,香格里拉对话的议程由国际战略研究所所长和高级研究员规划制定(Ball et al., 2006)。在国际战略研究所亚洲执行总监提摩西·赫胥黎(Timothy Huxley)看来,这样的设置议程是为了保持连续性,其目标是提供一个论坛以便持续地讨论重要的区域性话题。反映到议程设置,便是其内容对域内安全担忧的敏感性,因而既包括了提出长期安全问题的议题,也包括了新兴和尖锐的安全问题。在赫胥黎总监看来,尽管该议程开放接受参会者的建议,但各国防长看来对香格里拉对话的内容相当满意,很少有人提出建议(作者在新加坡对 Huxley 的访谈,2011)。

在超过 10 年的运作中,香格里拉对话已经形成了一个相对稳定的议程,只是偶尔在主题或重点上略作调整。考虑到国际战略研究所长期以来的研究旨趣,核扩散与大规模杀伤性武器问题不出意料是年度对话的主要内容。其他国际战略研究所认为的主流思潮还包括:美国和其他大国在亚太安全问题上越来越重要的角色、海上安全、国家安全学说与规划、区域安全制度的得当形式、安全议程的拓展,以及必然包括的安全新形式(IISS,2011)。通常,这些论题都会强调域内行为体的合作实践和加强区域安全结构,以便更好地处理新兴非传统安全问题。随着对非传统安全问题关注程度的进一步提高,对其他问题的关注度相应降低。有关防务力量的发展、预算及现代化的话题已无立锥之地。该话题最早是应香格里拉对话赞助商的要求列入该对话的,而赞助商的身份恰恰是大型军火或军事技术公司(Capie and Taylor, 2010)。香格里拉对话公开承认会议接受了美国波音公司(Boeing)、英国 BAE 系统公司(BAE Systems)、法国 DCNS 集团(DCNS)、欧洲空中客车集团(EADS)①、美国洛克希德·马丁公司(Lockheed Martin)、日本三菱商事株式会社(Mitsubishi Corporation)、美国诺思罗普·格鲁曼公司(Northrop Grumman)、新加坡科技工程有限公司(Singapore Technologies Engineering)、空间通信有限公司(Space Communications)②和法国泰雷兹集团(Thales)的财政资助(IISS, 2011)。然而随着香格里拉对话日渐自主,对上述赞助商经费支持的依赖性也越来越低,上述议题的优先级看来已经有所下降。

基于对本区域认同国界线、尊重国家主权等政策偏好的认知,香格里拉对话在提出非传统安全问题及设置议程时,运用的是以国家为中心的论述框架。非传统安全问题作为对国家稳定的威胁引入,然后将其联系起来通过强调其跨界和区域性质来实现区域稳定。该框架在 2012 年全体大会上尤为突出,其中三个议题都关注了安全问题相互联系的属性(遏制与地区稳定、中国与地区稳定、全球及亚太安全的新兴威胁)。大会则致力于探讨具体的非传统安全领域的威胁,如气候变化、网络犯罪,以及海上安全问题,进一步强调了安全的集体属性。在突出"新"安全威胁之外,该对话还以非传统视角重构了"传统"安全问题。以海盗问题为例,鉴于其跨国及合作的属性,被重新阐释为非传统安全问题。同样地,某些类型的犯罪(网络犯罪、拐卖人口、走私等)曾被视为社会问题,如今也(从非传统的视角)被赋予了安全地位。除了将非传统安全问题视为对单个国家与整个区域造成威胁外,香格里拉对话提出以新的合作安全与治理形式解决上述问题。

在一次访谈中,新加坡总统陈庆炎(不错,正是香格里拉对话设立之初

---

① 欧洲宇航防务集团(EADS)于 2013 年对于下属部门进行调整,并采用空客(Airbus)作为其整个集团名称。——译者注
② 文中的公司名称似乎不完整,按照主营业务范围对应业内各主要公司,此处疑指美国劳拉空间通信公司(Loral Space & Communication)。——译者注

时任新加坡国防部长的那位)提出,香格里拉对话之所以被视为国防部长的工作,恰恰是因为该对话的任务旨在提出新兴且重要的问题(Kato 对陈庆炎的访谈,2011)。国际战略研究所正是利用了非传统安全问题日益突出这一趋势,使香格里拉对话成为明确表达非传统安全观念、形成相关主张,并向政治决策者及公众表述这些观念主张的重要场合。国际战略研究所承认,从传统安全转向"所谓的'非传统'关怀和'共同安全',涵盖了能源、粮食及水安全、人道主义援助及赈灾、传染病大流行,以及长久以来广受关注的核扩散、恐怖主义和海上安全问题(IISS,2011:12)"。

　　从创办之初起,香格里拉对话每次至少组织一场(通常情况则是好几场)包含非传统安全观念主张的全体大会。此类大会形式众多,主要分为三类:集中讨论某些非传统安全威胁的(例如 2010、2012 年对网络安全,2008、2010 年对气候变化,2004—2010 年间、2012 年对恐怖主义问题/反恐怖主义行动,2014 年对人道主义干涉及赈灾的讨论);对广义非传统安全威胁的讨论(例如 2006、2008—2013 年间对新兴安全威胁的讨论);以及从宏观层面论证加强区域安全合作(例如 2004、2006—2011、2013—2014 年历次会议的讨论)等主题(参考 IISS 出版物整理,2015)。将这些问题设置为全体大会论题为交互式话语和协同式话语提供了机会,也为各国部长提供了就特定问题表明本国官方立场、向媒体吹风表达本国关切的机会。某些非传统安全问题偶尔会召开本领域的全体大会。对网络安全问题的安排便体现了非传统安全问题越发重要。在 2010 年,网络安全问题还是同网络空间福利一起在小型的"分组"会议或称为特别会议场合讨论的议题。到 2012 年,该议题的优先级已上升到有专门的全体会议讨论网络犯罪问题。该全体会议之后还围绕着全球及亚太安全的新兴威胁问题举行了特别会议,从而深入讨论相关问题。

　　香格里拉对话的议程及其体系架构,亦是更广义的非传统安全意识形态范式转型的征兆。这预示着对某些非传统安全观念主张——集体安全、对于以军事为中心安全概念的重新定义,以及逐渐脱离东盟外交模式的实践——的越来越广泛的接受度。国际战略研究所得以利用香格里拉对话向主流安全思想引介非传统安全观念,让它们一直处于政治聚光灯下。国际战略研究所还拥有按国家中心论的方式对非传统安全问题产生的问题进行架构的能力,从而在说服既有安全范式的同时在更广义、基于区域语境的视角下形成应对此类问题的解决方案。相应地,防务人士也因其对重要安全问题的关注而被香格里拉对话所吸引。他们被该对话所吸引还因为他们可以在这里对敏感安全话题畅所欲言。从本质上来说,香格里拉对话议程中列入非传统安全问题是该对话取得如此辉煌成功的一个重要因素。

关系网络

香格里拉对话身处第一轨道和第二轨道联结点的地位使国际战略研究所同时成为正式与非正式政策进程的一部分。国际战略研究所由此在多重政策层面同时推进非传统安全议程的实力令人欣羡,比起那些被严格局限在第二轨道层面的智库网络要强得多。我们甚至可以认为,香格里拉对话担起了一种非常精英化的局内人认知共同体的角色。香格里拉对话将一小群专家召集起来为区域防务政策提出建议。对话的可靠议程是一套既定因果变量的依据,这些变量为相关政策研究提供信息,并明确界定其政策事业。香格里拉对话和富丽敦论坛皆由国际战略研究所涉及防务情报及安全合作的知识所推动,尤为关注区域稳定的军事维度。该研究所对其所称"防务外交"的关注证明了香格里拉对话工作人员在专业判断上形成的共识。

而作为上述双重属性的结果,国际战略研究所由此获得了推进非传统安全议程的渠道:作为第二轨道行为体参加区域安全决策网络,或是作为第一轨道行为体以香格里拉对话为话语平台。尽管国际战略研究所本身并非任何第二轨道智库网络如东盟战略与国际问题研究所或是亚太安全合作理事会的一部分,但它仍活跃于第二轨道政策共同体中(作者在新加坡对 Huxley 的访谈,2011)。作为非正式区域性政策网络的一部分,国际战略研究所参与"旨在改变国际或国内政策结果的协同或集体行动"(Kahler,2009a:5)。国际战略研究所宣布它将"维护、培育并继续扩大由具有影响力的知名人士、公司实体、各国政府及其他行为体组成的国际关系网络,从而保障有效地传播资讯,分析并理解本研究所的著述中涉及的对象和行动"(IISS,2012)。为实现这一目标,国际战略研究所在华盛顿、巴林和新加坡建立了海外办事处,并在韩国设立了一个线上办事处。这些办事处成为国际战略研究所同利益相关方建立联系、组织会议和论坛以及传播观念的场所。得益于其成熟的机制,国际战略研究所已经建立了一个大型的关系网络,付费会员已超过2 500人/机构。关系网络成员包括政府官员、军方人士、私营部门、银行、风险咨询公司、非政府组织以及公民个人(作者在新加坡对Huxley的访谈,2011)。该关系网络着实是一个让国际战略究所直接向感兴趣(且拥有潜在影响力)的各方传播非传统安全政策信息的庞大且运作良好的渠道。

国际战略研究所同其他各大智库同样存在重要的联系,用于推进合作并推广非传统安全观念框架。目前,国际战略研究所正会同悉尼大学国际安全研究中心一起,合作组织一个题为"亚洲粮食安全项目"的研讨会。该研讨会由两个智库共同主办,紧接着香格里拉对话的会期举行,邀请所有香格里拉对话与会者出席。国际安全研究中心主任艾兰·杜邦透露说,为鼓励香格里拉对话的参会者接着参加该工作坊,两个智库答应替参会者为因延长逗留时间而增加的住宿费用买单(作者在悉尼对Dupont的访谈,2011)。该研讨会旨在探讨粮食短缺和民族国家稳定之间的联系。两个研究所的话语协同使该研讨会秉承了香格里拉对话的主题,由此鼓动高级官员参会,并将粮食安全问题当作国家和地区安全问题来考量。

支持国际战略研究所正式网络的还有无数非正式联动关系。此类联系的形式既包括同其他智库建立合作关系,也包括该研究所的学者和会员发展形成的私人关系网络。此类关系网络的价值,尤其是学者同政治决策者之间的关系不容小视。众所周知,正是国际战略研究所总干事、首席执行官约翰·齐普曼的私人关系网保证了众多著名人士参加了首次香格里拉对话(Capie and Taylor,2010)。早在2000年,齐普曼主任就联系上了查克·黑格参议员(他后来就任美国国防部长)谈及有关香格里拉对话的设想。当时黑格参议员是美国外交关系委员会成员,在将"以亚洲为基地组织防务对话设想"落地的过程中扮演了重要的角色。他向其他美国参议员如约瑟夫·拜登(Joe Biden)等提出了举行对话的建议,并为提交至参议院议长、白宫以及外交关系委员会的相关报告背书。黑格说服美国国会认可了香格里拉对话的重要性,并于2002年向首次香格里拉对话派出了第一个代表团（Hegal，2013）。此类关系网络一次又一次被认为对理解决策者需要怎样的政策建议，并为他们收集相关信息时"至关重要"（作者在悉尼对 Dupont 的访谈，2011）。关于传递信息，现任国际战略研究所亚洲分部负责人承认，"私人关系全然就是一切"（作者在悉尼对 Huxley 的访谈，2011）。

香格里拉对话作为维系私人关系网络并建立新的私人关系网络渠道的价值激励了各国部长年复一年地参加该对话会。通常这是国防部长们进行非正式会谈或多边会谈的唯一机会，因而香格里拉对话已成为参与者的社交网络枢纽。高级防务官员和军方高层人士将此对话作为巩固正式联系和培养非正式关系网络的场合。相应地，所有上述关系网络也都充当了传播观念主张、传达对话中所提政策的渠道。香格里拉对话通过管理谁来出席、互动语境，以及主流观念主张的内容，深刻影响了正式及非正式交流。由此，香格里拉对话分别在三个层面上表现为话语场所（与行为体相对）：横向地在第一轨道官员之间、第二轨道官员之间，以及纵向地联结第一轨道和第二轨道。通过促进信息与观念的多向流动，香格里拉对话成为推广非传统安全观念的主要场所，从而也逐渐成长为事实性的非传统安全治理场所。

五、制度化

国际战略研究所通过香格里拉对话成功地运用两个独特的方法实现了非传统安全观念主张的制度化：其一是香格里拉对话作为新的治理形式本身成功的制度化；其二是在其他区域性论坛推进非传统安全观念或是将非传统安全主张制度化过程中发挥了香格里拉对话的角色。

香格里拉对话是迄今为止论及的四个研究案例中制度化程度最高的，也是唯一在第一轨道运作对话活动的智库。香格里拉对话之所以成为亚太安全架构体系的一部分，是因其证明了该对话有益参会者，从而吸引了固定的出席者，获得资金支持，并被视为具有合法性的场合，值得为之花费时间、投入资源。

香格里拉对话制度化的源动力来自该对话澄清利益、面对不确定的安全局势确定可行的解决方案；换句话说，创编因果叙事。该对话正是以非传统安全观念为基础这样做的。香格里拉对话鼓励与会者坦诚地进行讨论，从而澄清域内行为体利益，实际上否定了东盟模式。此外，香格里拉对话亦成为讨论此前禁止或者避免讨论的内政和跨国问题的场合；该对话还大大地超越了其他区域性安全论坛此前对此置之不理的做法，承诺并处理与之相关且紧迫的安全问题。而一旦确定问题的重要性，香格里拉对话便能随之担负起合作与集体行动集合地的重任。

香格里拉对话的制度化受益于第一轨道缺少其他自发的、行之有效的同类组织。除成为安全话语的常任角色之外，香格里拉对话的正式程度还足以担起国家间就非传统安全问题达成协定的场合。例如，在2008年，参加香格里拉对话的各国部长就一系列应对人道主义灾难的指导性原则达成了一致。尽管这一协定在很大程度上是对强热带风暴"纳吉斯"和四川地震（对缅甸和中国）造成的破坏的回应，但同时解决了政府应对灾难时应负的职责，以及提供援助时使用单边力量的担忧。值得注意的是，该协定是在香格里拉对话上达成的，而不是在指定的地区安全治理论坛（东盟地区论坛）达成的。

非传统安全观念制度化的另一个途径是将观念主张传播给其他区域性论坛。这种外部制度化（即在香格里拉对话之外嵌入非传统安全观念）既发生在国内层面也发生在区域层面。而途径则既包括直接引介观念并讨论主张，然后再运用到其他区域性制度；也包括间接地将观念介绍给本土行为体，随后通过它们将非传统安全观念传达到其他政治进程中进行讨论。后一种引介观念形式接受度更高一些，因为看起来更像是自发的内生性主张。香格里拉对话在推进协同式安全治理观念、作为决策基地对现存安全架构体系探讨争鸣等方面，担负起交互式平台的角色。非传统安全观念有关强化区域结构、推进区域合作的主张一直是香格里拉对话持续热议的话题，旨在将之运用到其他领域。印度国家安全顾问希夫尚卡尔·梅农在2010年香格里拉对话第二次全体大会的发言不仅指出非传统安全问题是一系列明确的安全威胁（如气候变化、网络战争、恐怖主义、能源安全，以及对全球平民而言的各种灾难），而且呼吁更重要的任务是对现有国际体系的制度结构进行重构，以反映安全的现实情况。这一有关重构的倡议将接纳非国家行为体的力量,并做到"拥有足够的包容性和灵活性,从而避免现有国际组织的不足"(Menon,2010)。有意思的是,梅农随后以马六甲海峡安全问题为例,论及成功的区域性合作项目,而这一合作恰恰是在香格里拉对话上达成的。与之一脉相承的还有时任美国国防部长的罗伯特·盖茨在2008年香格里拉对话上的发言,他明确地表达了美国有意加入一个新的区域性安全组织的意愿:

> 近年来,关于建立一个"新的安全架构体系"的讨论日益突出。我们无疑对将各类论坛制度化、应对区域特异性问题拥有共同的旨趣,也意在参与相关制度的演进。与此同时,仍将继续依靠已经经受时间考验的亚洲联盟架构,该框架涵盖了众多相互叠加的安全关系,而且在冷战结束之后仍在继续演进。
>
> (Gates,2008)

这一发言突出了美国国防部长盖茨认为需要有一个全新的安全治理模式来应对日益复杂的安全形势;他还直接支持在亚洲建立一个"新的安全架构",这种架构不一定基于东盟模式。

有关加强地区机构的呼声并未被置之不理。美国国防部长盖茨再次利用2010年香格里拉对话的机会,表达了美国将欣然接受邀请,出席在河内举行的东盟国家国防部长+会议(ADMM Plus),同时赞扬了越来越多的亚洲国家开始举办多边论坛讨论安全问题的做法(Gates,2010)。第二年,美国国防部长盖茨重申了对强有力的多边论坛的支持,他指出:

> 在亚洲安全环境所面临的各种挑战中,最关键的问题在于域内各国之间历来缺乏强有力的合作机制。在过去的几年中,我个人一直以此为第一要务,支持纠正此类问题。这也是去年美国作为第一个非东盟国家接受邀请,参加东盟国家国防部长+会议论坛的原因。我有幸参加了去年10月东盟国家国防部长扩大会议在河内举行的首次会议,并乐观地认为该会议将以包括海上安全、人道主义援助、赈灾,以及维和行动等方面的共同利益为基础,推进一系列问题取得相应的

进展。

(Gates，2011)

美国国防部长盖茨以香格里拉对话为交互平台,而该对话可能也是允许发表此类声明的唯一场合。盖茨的公开支持强化了香格里拉对话的合法性,增强东盟国家国防部长会议的权威性,激励加深区域合作。很多其他国家的国防部长也在香格里拉对话期间表达了类似的观点。

香格里拉对话逐渐成了区域安全合作议题领域著名的交互式话语和协同式话语平台。加强区域性安全治理的规范正逐渐被广泛接受,甚至一贯质疑多边合作框架的国家也开始审慎地表示支持。2013年香格里拉对话的主旨演讲由越南总理阮晋勇(Nguyen Tan Dung)发表。阮晋勇指出了当前非传统安全问题日趋严重、日益迫切的现状。他随后提出,尽管现在已有足够安全架构体系,"但仍然缺乏,或者至少对落实相关协定缺少战略信任"(Nguyen, 2013)。

作为一个讨论并推进地区安全组织的论坛,香格里拉对话也起到了榜样带头作用。作为域内第一个制度化的国防部长盛会,香格里拉对话促进了合作的"规范",反过来,也或将助益其他官方区域性安全进程的考量与确立。香格里拉对话的存在说明区域性安全对话既有其可行性也有其实用性。有论者认为,香格里拉对话在一定程度上是东盟国家国防部长会议的"试运行"。在惠思肯看来,"以下假说颇为合理,即香格里拉对话进程有助于削弱东盟内部对建立国防部长论坛一事的踌躇心理"(Huisken, 2010)。香格里拉对话的兴起与成功可以说是强调多边对话的效用和必要性的区域规范默默转变的结果(Capie and Taylor, 2010)。

可以说香格里拉对话是创办东盟国家国防部长会议的先驱,而且"有意思的是,在香格里拉对话创立之初,日本提交了一份推动举行'亚太国防部长会议'的倡议书"(Taylor, 2011：55)。香格里拉对话创办数年之后,东盟意识到举行国防部长会议的必要性,于2006年设立了东盟国家国防部长会议制度。关于香格里拉对话对东盟国家国防部长会议创建的影响有两种不同的观点。首先,香格里拉对话在国防部长之间造就了一种"合作的习惯",从而让东盟各国最终认识到举行国防部长会议的可行性及价值所在(Capie and Taylor, 2010; Huisken, 2010)。其次,香格里拉对话的设立实为对东盟组织论坛的拖拉和低效的回应。该对话事后的成功则挑战了东盟作为唯一合法区域性行为体至高无上的地位。这也促使东盟通过组织东盟国家国防部长会议来声明自身的合法性仍然存在。

显然,这两个组织有很大的相似性。目前,香格里拉对话邀请到更多国家的国防部长参会,但东盟国家国防部长会议涉及更大政治范畴。2010年,东盟国家国防部长会议设立了东盟国家国防部长＋会议(ADMM Plus),参会者包括东盟十国防长以及来自美国、澳大利亚、中国、印度、日本、新西兰、俄罗斯和韩国的国防部长。尽管东盟国家国防部长＋会议每两年才举行一次,但其规模已接近东盟地区论坛,且"复制了香格里拉对话那些最重要的特征"(Taylor, 2011: 55)。每年的东盟国家国防部长会议都开始着手处理香格里拉对话上主要讨论过的安全问题;极为重视推广区域性防御政策与安全合作,并接受了有关军队在人道主义及赈灾事务中的角色、公民社会及国防机构的角色,以及最有意思的,有关非传统安全的概念性文件。

事实上,在非传统安全领域,东盟国家国防部长会议最好地展示了其作为区域安全合作领导者的潜力。作为东盟区域性军事合作的集中化场所,东盟国家国防部长会议在制订一个为期三年的计划方面几乎没有浪费时间,该计划的重点是实现东盟部长级会议的既定目标,并在非传统安全上"确定优先考虑在非传统安全议题上开展务实的安全合作"(ADMM, 2007)。该工作方案通过突出关注非传统安全问题实现合作,果断地将人道主义援助与赈灾相关的问题同扩大区域性合作的首要任务联系在一起。

一旦注意到"需要加强区域及国际合作以应对非传统安全挑战"(ADMM, 2009c),东盟国家国防部长会议便接受了两个概念性文件,旨在实现应对真实非传统安全挑战的区域性合作。文件之一是《在人道主义援助及赈灾活动中使用东盟各国军队物资及战斗能力概念性文件》,文件针对本区域应对上述性质的紧急情况提出了一个急需的框架(2009a)。文件之二通过聚焦东盟国家国防部长会议同公民社会组织(Civil Society Organisations, CSOs)之间的合作,专门应对非传统安全问题(ADMM, 2009b),从而对"三年工作方案"做了部分规定。报告"东盟防务机构同公民社会组织在非传统安全领域的合作"这一标题颇为得当地"概要指出了在落实防务机构同公民社会组织有关非传统安全问题上的合作时可行的步骤(例如,邀请公民社会组织参加防务工作坊并建立沟通的渠道,在形成决策时考虑公民社会组织的意见等)"(Zimmerman, 2014: 157)。

以东盟国家国防部长 + 会议的形式扩大了东盟国家国防部长会议的足迹,在实际防务合作上迈出了更大的步伐。同东盟国家国防部长会议一样,东盟国家国防部长 + 会议的建立可以归因于基于东盟的进程与香格里拉对话之间的某种竞争。同香格里拉对话极为相似的是,东盟国家国防部长 + 会议在很大程度上避开了建立在话语基础上为东盟其他各类论坛定性的进程,同时利用非传统安全问题的优势,追求能落实为实际行动的合作。东盟国家国防部长 + 会议的官方属性允许该论坛绕开香格里拉对话,专注于落实各类措施实现合作。

截至目前,东盟国家国防部长 + 会议已经通过"开发信息共享程序和协同式会议的演练与实践",实现人道主义援助和赈灾(HADR)方面的合作(Zimmerman, 2014: 158)。2013 年,该会议还成为一系列联合军演活动的合作实体。这四场联合军演包括实战演习和沙盘推演,包括了全部非传统安全议题,还就处理人道主义援助和赈灾行动、反恐怖行动、海上安全,以及维和行动等分别进行了演练(ASEAN Secretariat News, 2013)。安全合作实践在东盟国家国防部长 + 会议支持下发展如此迅猛,再次重申了这是一支"通过应对非传统安全挑战,加强区域能力建设"的力量(ADMM Plus, 2013)。

除应对非传统安全领域的安全挑战之外,东盟国家国防部长会议及东盟国家国防部 + 会议还借鉴了部分香格里拉对话的结构属性,如在正式对话期间举行非正式会谈等。例如,东盟各国防长在 2011 年东盟国家国防部长 + 会议期间非正式地会见了时任美国国防部长里昂·帕内特(Leon Panetta)(ASEAN Secretariat News, 2012)。此类双边或多边会谈通常被认为"可能是决策者从香格里拉对话中获得的最大效用"(Taylor, 2011: 56)。毫不意外,这也是东盟国家国防部长会议最想效仿的属性。

实际上,香格里拉对话同东盟国家国防部长会议的相似性,以及东盟国家国防部长会议不断增大的效用还引发了关于香格里拉对话能否经受住考验的猜测,然而两个组织之间仍存在着一些显著的差异(Taylor,

2011)。首先,东盟国家国防部长会议同大多数以东盟为基础召集建立的组织一样,制度和规范方面的制约仍是一种负担,尽管程度相对较轻。正如泰勒(Taylor)注意到的,大多数第一轨道会议会将展示这样或那样的"成果"作为会议的结果,但"香格里拉对话并不追求产出任何形式的公报"(2011:57)。人们视东盟国家国防部长会议为正式会议,因此会对某些特定的问题形成预设立场,从而导致无法进行有益的讨论(作者在新加坡对Huxley的访谈,2011)。

此外,东盟国家国防部长+会议作为唯一同香格里拉对话体量相当的集会,仅每两年举行一次。考虑到亚洲安全态势的快速变化,东盟国家国防部长+会议显然无法及时回应那些紧迫的安全问题。此外,东盟国家国防部长会议及东盟国家国防部长+会议将非传统安全问题作为合作的重点,会制约他们处理传统安全问题的方式(Taylor,2011)。尽管香格里拉对话在处理非传统安全问题上更胜一筹,它仍是少数仍坚持处理那些各方长期关照的军事问题如"繁荣的军备现代化、联盟、大国政治,以及军事透明度问题"(Taylor,2011:59—60)。

戴斯蒙德·博尔曾写道,若比较香格里拉对话和东盟国家国防部长会议在区域性安全架构体系中的位置,

> 东盟国家国防部长+会议还需要一段时间才能应对构成香格里拉对话主要议题的国家间安全问题……东盟国家国防部长+会议并未给出公开讨论政策立场的机会,更不用说出现论争了。
>
> (Desmond Ball,2012:20)

除了东盟国家国防部长会议和东盟国家国防部长+会议之外,香格里拉对话还为其他区域话语进程的建立做出了贡献。例如,在2004年,北京方面提出了举行东盟地区论坛安全政策会议(ARF Security Policy Conference,ARF SPC)的倡议,邀请高级防务与安全官员参会。该会议的议程同香格里拉对话的相似性不容忽视,而且"在观察家看来,安全政策会议是对香格里拉对话建制直接的回应"(Capie and Taylor,2010)。例如,在2009年举行的第六次会议上,东盟地区论坛安全政策会议明确了加强

区域合作的必要性，承认了非传统安全问题的跨国属性；将恐怖主义、跨国犯罪、自然灾害、海上安全、气候变化及网络安全认定为本区域所面临的重要安全威胁。我们可以认为，安全政策会议议程如此重视非传统安全问题是对香格里拉对话就此类问题所做推广的直接回应。

香格里拉对话所提供的非凡且极具创新的话语空间使其傲立于主流第一轨道及第二轨道安全论坛之间。尽管又发展出了其他如东盟地区论坛的安全政策会议、东盟国家国防部长会议及东盟国家国防部长＋会议等一系列区域性对话活动，但尚未有迹象表明更"正式"的安全对话有能力取代香格里拉对话的地位。

六、小结

香格里拉对话为防务人士之间的交流提供了一个无与伦比的场合，他们可以通过双边或多边小组的形式实践协同式话语，并向更广大的受众传达政府官方政策。国际战略研究所倡议创办这样一个论坛并吸引了具有影响力的官员参会，显示其主导区域安全话语的能力越来越大。国际战略研究所创建了一个独特的多层政治话语空间，对促进不同层次间的话语互动也颇为熟练。它已经成为一个重要的政治行为体，为安全治理创造了此前缺乏的政治空间，并在面临新兴竞争时保持这种空间的相关性。由此，香格里拉对话已成为亚洲安全治理领域固定且越来越重要的一个方面。

国际战略研究所对香格里拉对话的掌控亦保证了它能通过运用非传统安全分析框架建构因果叙事并将它们列入高端议程，从而推广非传统安全观念。这一做法使其成功地给亚洲乃至全世界灌输了安全话语。除作为中间人在决策者和专家间运作上述观念外，香格里拉对话还将非传统安全规范具体落实到自身结构与实践中。例如，香格里拉对话不仅支持新的或是更强势的安全治理形式，其本身也**成为**一种新的安全治理形式。香格里拉对话向整个区域证明，国防部长会议不仅可能，而且是一种实现有效治理的重要工具。该对话同时还吸纳了其他非传统安全议程相关领域的内容，列入自身议程。例如，香格里拉对话偏离非冲突原则，放弃了非对抗和以协商一致意见为基础的进程，与传统外交规范划清了界限。该对话随之又启用了不会被政府官方进程所接受的规范,并将之转化为自身优势。很多参会者注意到,正是香格里拉对话会场上坦诚且直接的互动,还有该对话对敏感问题的包容性,成就了该论坛的吸引人之处。

可以想见,香格里拉对话从传统规范向以非传统安全的规范为基础的转向影响了其他区域性治理结构。此前建立的机构现在也面临着越来越大地回应非传统安全问题的压力,还要回应对更行之有效安全治理的诉求。例如,东盟地区论坛的"防务路线"此前已受到激励,愿意采取更强的安全合作措施以满足对安全治理效率日益增长的诉求。此外,我们可以有理有据地指出,建立东盟国家国防部长会议和东盟地区论坛安全政策会议的做法回应的便是对声誉渐隆的香格里拉对话。两个论坛效仿并运用了很多由香格里拉对话开拓的特质。然而,除了为防务官员建立正式对话平台这一共性,香格里拉对话所能提供的话语空间在亚洲仍是独此一家;香格里拉对话的非政府根源使其创造了政府进程无法简单复制的政治空间。

香格里拉对话在塑造和控制围绕非传统安全议程的进程方面发挥了不可估量的作用。该对话利用自身作为第一轨道制度的合法性,同时在第一轨道和第二轨道层面推进非传统安全议程。其所创造的话语空间为非传统安全观念主张的发展和传播提供了沃土,并通过议程设置、问题框定、网络和制度化,成为传播上述观念的重要平台。最终,香格里拉对话将亚洲治理推进到了一个新阶段。将智库创新同自由规范相结合,再加上不受限制地接触到域内权力最大的决策者的实践迄今为止尚属首创。这使得香格里拉对话在将非传统安全观念转变为政治行动方面,成为最成功的智库进程。通过对话语空间的运用,香格里拉对话有效地挑战了现有治理规范,并以新规范取而代之。鉴于相关规范已经发生了变化,域内各机构也改变了自身结构以适应新的规范性期待。香格里拉对话通过这种方式转变观念,实现了制度变迁,进而开启了一场渐进但明确的区域安全治理重构之路。

第七章　麦克阿瑟基金会及其亚洲安全倡议

一、引言

　　最后一项案例研究的对象是由麦克阿瑟基金会于2009年5月创办的亚洲安全倡议(ASI)。该倡议网络对前述三项智库网络的贡献覆盖了从观念主张到资源的方方面面，同时以自己的方式推广了非传统安全议程。亚洲安全倡议由麦克阿瑟基金会创办，基金会拨款6 800万美元经费，用于对亚洲安全问题的研究(MacArthur Foundation，2009)。亚洲安全倡议的经费主要用于支持关注能源安全、水资源与冲突、移民、核不扩散、安全合作、区域安全体系架构等领域的研究项目(表面上看来都是非传统安全问题)(MacArthur Foundation，2008)。亚洲安全倡议致力于为区域内非传统安全问题制定规则，并组织相关研究；其对亚太地区智库在精力及财力上的投入培育了一个活跃的非传统安全研究人员网络，致力于推动非传统安全议程。尽管相对着力不多，但亚洲安全倡议在域内组织的活动极大地推动了有关非传统安全问题研究和专门的知识流入亚洲治理论坛。因此，任何对亚洲智库及其推广非传统安全议程行动的分析如果不考察该智库网络的观念性影响力，都是不完整的。

　　本章的讨论将分为三个部分。第一部分将亚洲安全倡议作为政治力量的存在具体化。鉴于亚洲安全倡议的政治权力不同于前述三个智库网络，要论证其政治影响力需要更复杂的步骤。不同于东盟战略与国际问题研究所、亚太安全合作理事会或国际战略研究所，亚洲安全倡议并不直接与官方形成互动，也无意对其产生影响。这一部分指出，亚洲安全倡议通过建构认知共同体，运用知识和观念，通过改变域内主流安全话语，产生政治影响。亚洲安全倡议致力于"知识的创造和传播,不同于其他直接以政治和政策为核心的智库网络"(Stone,2003:3)。亚洲安全倡议致力于通过发展基于非传统安全观念形成的政策网络,将内部各智库、安全领域的学者和专家联系到一起。这样一个共同体围绕着新兴安全问题的,从解释政治不确定因素出发,重新定义面临这些问题时的国家利益,并做出有关得当政策回应的决定等实践中,逐渐形成了新的安全范式。

第二部分我们将运用话语制度主义理论框架,考察亚洲安全倡议创建的认知共同体。话语制度主义的文献曾被有限地用于讨论认知共同体的能力是如何通过话语影响制度的(Schmidt,2011)。这部分(更广义而言,本章全文)通过揭示亚洲安全倡议作为一个认知行为体的力量,填补了此间的分析空白,并广义而言进一步丰富了建构主义文献。需要特别指出的是,这部分考察了亚洲安全倡议创建的话语空间,揭示了该空间如何成为促进非传统安全议程的内在因素。在本书仔细考察的智库网络中,亚洲安全倡议的观念场合是最具创新精神且最为深谋远虑的:它们不受政府制约,影响力遍及全球。亚洲安全倡议的行为体运用该倡议网络的话语空间同时参与交互式和协同式话语,由此成功地实现了非传统安全议程的动员。经由亚洲安全倡议扩大的专家话语通过为政策提供信息建立基础,形成假设并嵌入结构与制度;这便是亚洲安全倡议如何将其观念性投入转变为结构和制度化变革的过程(Stone,2011)。

最后一部分思考了亚洲安全倡议认知共同体持久的影响力,并分析了其面向未来引导安全政策的实力。这一部分从规范变革与制度变迁的角度详细考察了该倡议网络的长期影响,并验证了在非传统安全基础上创建的政策网络和专家意见将对未来的亚洲安全治理产生长远的影响。

背景

麦克阿瑟基金会是美国最大的独立性非营利机构之一。尽管其以资助公共媒体著称,该机构实际上也向符合其核心目标,即造就一个"更公平、更加生机勃勃,更为和平的社会"的国际项目提供贷款或资助(MacArthur Foundation,2007)。麦克阿瑟基金会等慈善基金会(例如福特基金会、洛克菲勒基金会和卡耐基基金会)已成为支持国际知识网络(认知共同体是其中的子集)建构与生存的强势力量(Parmar，2002)。尤其值得注意的是，它们"为智库和大学进行研究工作提供重要的资源；以进行研究并调查传播在本地区制定政策的可行性"(Stone，2003：31)。换句话说，国际慈善事业能够像这样有针对性地提供资金支持，由此造就了新形式的专业知识——包括安全治理的专业知识。

亚洲安全倡议便是麦克阿瑟基金会长期以来参与亚洲事务的成果。在麦克阿瑟基金会前任主席乔纳森·范顿(Jonathan Fanton)看来，建立亚洲安全倡议是因为：

> 亚洲日益增长的政治和经济力量正在改变整个世界……在未来的数十年中，亚太地区将成为世界经济引擎，助力域内数百万人实现新的繁荣之路。然而，在此充满巨大机遇的时刻，安全挑战——从权力冲突到资源稀缺——有可能使该地区取得的许多成果付诸东流。随着中国、印度和亚洲其他国家成为地区和全球大国，亚太地区必须思考我们的社会如何通过共同努力促进和平，防止冲突。
>
> (Fanton in MacArthur Foundation，2009)

建立亚洲安全倡议的决策及其聚焦于非传统安全问题的做法或是受到了麦克阿瑟基金会和域内智库学者互动的影响。在亚洲安全倡议建立之前，艾兰·杜邦教授曾作为悉尼大学国际安全研究中心主任、非传统安全问题专家同麦克阿瑟基金会主席进行了会谈，会议还邀请了其他多位来自智库的学者。建立亚洲安全倡议的主张便是在此次会谈中提出的(作者对 Dupont 的访谈，2011 年于悉尼)。杜邦教授公开指出了当前缺少致力于解决非传统安全问题的政策分析，也缺乏得当的组织机构管理相关事务，并在口头上表达了对非传统安全议程的支持。尽管我们并不清楚他是否专门在那次会议上提及上述几点；但考虑到麦克阿瑟基金会同区域性智库的联系，我们可以确信该基金会明白自己已经掌握了提出亚洲安全倡议的政治机遇(作者对 Dupont 的访谈，2011 年于悉尼)。

亚洲安全倡议起步于三个亚洲智库接受了总共约 600 万美元的资助对亚太地区新出现的安全挑战进行研究。这三个智库分别是东亚研究所

(韩国)(The East Asia Institute，EAI)、南洋理工大学拉惹勒南国际研究院(新加坡)和北京大学国际与战略研究中心(中国)(the Centre for International and Strategic Studies)。它们也成为亚洲安全倡议的三个核心研究机构。亚洲安全倡议具体分为三个研究分支,分别针对东北亚安全挑战、亚洲安全合作和内部挑战等领域。三个核心智库分别领衔主持一个分支,以此为主题带领一系列项目下属伙伴智库进行相关研究。核心智库名称、研究主题及经费总额罗列如下(MacArthur Foundation，2008：34)：

1. 东亚研究所,韩国首尔(经费预算200万美元),资助周期：3年。

东亚研究所"将协调东北亚地区的研究工作,制定相关国际合作计划,致力于缓解朝鲜问题和台湾问题造成的东北亚国家间的紧张局势"。

2. 南洋理工大学拉惹勒南国际研究院,新加坡(经费250万美元),资助周期：3年。

拉惹勒南国际研究院旨在领导对内部挑战的研究。它将"致力于满足国际合作的需求,从而协助解决各类新型的跨国挑战问题"。

3. 北京大学国际与战略研究中心,中国北京(经费140万美元),资助周期：3年。

该中心的工作是"监督区域安全合作组织,向决策者提出有关如何更好地利用多边组织、双边关系及联盟关系,从而预防分歧、应对差异,并加强合作与安全"的建议(MacArthur Foundation，2009)。

从上述三个智库起步,亚洲安全倡议的政策联系单位逐渐拓展,现已拥有27个成员智库,范围遍及全世界,成为本书所研究的个案中最雄心勃勃的一个智库网络(具体的成员智库名录,参见附录一)。每一个研究分支都在亚洲安全倡议所提供的智库网络巨伞之下构成独立的次级结构。尽管每个研究分支都有自己特定的研究对象,它们还会同其他分支所属机构一起参与众多的跨机构协作。除了这些跨机构联系之外,亚洲安全倡议的智库还会按需同网络外的机构、智库网络、专业人士以及决策群体进行合作与交流。

二、作为行为体的亚洲安全倡议

时任麦克阿瑟基金会主席的乔纳森·范顿曾在亚洲安全倡议创立之初明确论述过该机构的目标。他在演讲中提出：

> 今天，麦克阿瑟基金会资助的 27 个智库机构将同我们一起引领安全政策研究的进展，开拓本区域乃至全世界学者与实践者之间的良好关系，从而为决策者和公众带去这类新的观念和理论框架。
>
> （Fanton in MacArthur Foundation，2009）

这一演说点明了亚洲安全倡议的三大动机：针对非传统安全问题提出政策建议（创造专业知识）、支持关系网络（传播专业知识），以及联结政策研究同政治行为体（应用专业知识）。为实现上述目标，亚洲安全倡议目标明确地为一批智库提供了资金支持，期待形成能力建设措施同个别研究项目相结合的成果。就这方面而言，至少亚洲安全倡议做到的不只是单纯促进思想在政治空间的流动，而是在能力建设的过程中直接为创造观念本身、形成新的专业知识形式做出了贡献。

不同于前述几章讨论的智库网络，亚洲安全倡议同区域内治理主体之间既不存在（东盟战略与国际问题研究所和亚太安全合作理事会那样的）历史性联系或是制度性联结，也不存在一个独立的制度架构（就像香格里拉对话那样）。因在很大程度上远离正式政治进程，亚洲安全倡议与本书所研究的其他智库网络之间存在很大的区别。而缺少政府关系也意味着亚洲安全倡议必须以某种更微妙的形式去推广非传统安全议程。因此，亚洲安全倡议开拓了从决策的"观念"一侧产生政治影响力的路径。该倡议网络将工作重点同时放在创造知识（观念）和参与跨国与区域性政策传播合作两方面（Stone，2003）。一旦该倡议网络以认知共同体的形式确立了自身的专业地位，就能在之后的工作中"分享、传播，以及在某些案例中，运用相关知识制定政策，并将其应用于实践"（Stone，2003：91）。

亚洲安全倡议作为一个特意建构的认知共同体，引人瞩目且独一无二。不同于大多数此类共同体随着时间而产生有机的演变，亚洲安全倡议是麦克阿瑟基金会直接资助并联结已有共同因果信念和原则性理念的智库而建立的。在其他慈善机构看来，"因其资金来源稳定，基金会在政策论争推广规范和设定议程时占据重要地位"（Stone，2010：275）。因此亚洲安全倡议有能力通过建立"由公认的专业人士组成、在某个领域拥有竞争力、能够对政策相关知识产生权威影响的专业关系网络"，从而去适应一个事先已完成规划设计的认知共同体（Hass，1992：3）。该共同体的各项要素早已各就各位；但却是亚洲安全倡议将它们联系起来，并提高了它们的能力，以便更有效地担负起区域性专业知识来源的职责。该倡议网络还将整个区域内志趣相投的智库联系起来，在政策论争中突出了它们的声音；对亚洲安全倡议智库网络、观念及行为进行重新校准，以推广非传统安全观念。已开始使区域安全研究界与非传统安全议程的因果叙述保持一致。

认知共同体利用其所宣称的知识引导"国家通过认识自身利益，甄别并确定某一问题领域决策行动中看来得当的底线和灵活度"（Hass，1992：2）。此类施密特所谓的"话语联合阵线"，"通常会形成自己的资讯数据"然后"按照自己的标准进行分类和组织……从而影响政策的产生、形成与运用，通常由运作方或中介行为体来激活启动，并由专家告知"（Schmidt，2011：14—15）。就非传统安全问题而言，认知共同体造就了新的知识范式，例如甄别新的安全问题、这类问题的属性（例如"跨境的"），以及如何治理此类问题等。

亚洲安全倡议支持的研究都认可其对安全的解释，尤其是恰好符合非传统安全议程的那些。由此，亚洲安全倡议智库网络得以主导亚洲的安全话语，将其引入新的非传统安全叙事。亚洲安全倡议的认知共同体构建了一种特殊的因果叙事形式，从而由对传统的安全理解到非传统的安全理解，重置了认知共同体之间的互动。相关叙事反映了非传统安全议程；它们承认非传统安全问题的跨境属性、认为对非传统安全问题的安全担忧具有合法性。上述叙事还描述了非传统安全问题的"解决方案"，即背离东盟外交规范、接受安全治理的集体路径或合作式路径；正朝着更强大的安全治理形式迈出必要的且不可避免的一步。

亚洲安全倡议支持的叙事如此突出是因为因果叙事和规范性信念在

政治不稳定的情况下影响力尤其大。作为一个认知共同体,亚洲安全倡议不只是提供一次性的政策建议;而且亚洲安全和治理领域无处不在的不确定性也为亚洲安全倡议影响国内和国际政治政策提供了契机。哈斯强调"建立在知识基础上的专家网络",而诸如亚洲安全倡议联系的那些学者,就因其对"知识和资讯"的掌控,共同掌握了"权力的重要维度"(Hass, 1992:2)。由于自身掌握专业知识的优势,亚洲安全倡议网络中的智库能够协助各国定义本国利益,通过对因果故事的推演来预测政治行动或不作为可能造成的结果,从而针对个体安全问题提出具体的政策建议以解决不同的安全问题(Hass, 1992:15)。实际上,它们担负起话语行为体角色的杰出能力意味着亚洲安全倡议所辖智库能够成为"新观念、新资讯向外扩散"的中心,"从而能引领新的行为模式、成为国际政策协调的重要决定性因素"(Hass, 1992:3)。坎普贝尔进一步重申指出,"在国际层面上,'认知共同体'负责提出新的观念,并在各国决策者和国际社会其他行为体间传播扩散相关主张"(Campbell, 2002:30)。由此,"智库、研究所及大学学院里的经济学家已经影响了产业决策和宏观经济决策"(Campbell, 2002:30)。

不同于大多数认知共同体,亚洲安全倡议拥有某种形式的组织架构。尽管在形式上比本书此前论及的智库网络要松散得多,这一属性的中心化使亚洲安全倡议能够像各智库网络的网络那样发挥作用,或者叫作"智网"。这意味着该倡议"协调一个国际智库网络的各项行动"(Portes and Yeo, 1999:2)从而在某一特定领域中生产知识。亚洲安全倡议早期的智库网络通过对特定几个智库的基础设施投资得到了巩固;通过组织会谈、会议,以及担当网络门户等形式,加强了思想推广(MacArthur Foundation, 2012)。该架构推进了开放创新,相比传统的智库结构更为灵活,也能更快更好地回应新的政策需求(Mendizabel and Yeo, 2010)。

投资基础设施是亚洲安全倡议的一个独特组成因素,迥异于此前研究的其他网络,值得研究者对其予以特别关注。这一运用资源的形式之所以尤为值得关注,是因为考虑到此类投资被认为是挪用了指定项目的资金,是对"经常性支出"的浪费,所以慈善机构通常避免将资金用于能力建设措施。但基础设施投资恰恰有助于保障长期政策输出,这是规范化所必需的。实际上,各大基金会正是认识到了强大并能健康运作的非营利性组织能够更好地开拓创新,因此对基础设施的投资越来越高(Backer,2000)。波特(Porter)和克拉默(Kramer)总结认为各大基金会很愿意参与长期项目并专注于提高受资助方工作效率的做法,因为这创造了远超它们初期投资的价值(Porter and Kramer,1999)。长期基础设施投资使各项倡议在资助期满之后,仍持续享有政策影响力。亚洲安全倡议的资金投入尽管短暂,却创建了一个自立的专业人才库,致力于阐明并传播非传统安全观念。该倡议网络还通过提供新的研究职位和项目经费,促进交流、更新信息技术设备,极大地提高了引入相关领域观念的质量、深度和多样性(Fanton in MacArthur Foundation,2009)。该路径使亚洲安全倡议发展成了一个不同于临时性智库网络的认知共同体,从而使之成为一个更具效率的政治行为体。

上述投资对体系内智库产生了深远的影响。其中一个核心智库的主任梅里·卡巴莱诺-安东尼博士曾评价道:

> 中心于 2009 年凭自身实力赢得了麦克阿瑟基金会亚洲安全倡议提供的最高额度资助……由此从一个默默无闻的机构发展为一个由 17 名全职教员、研究人员和行政人员组成的团体,从事气候变化、环境安全与自然灾害,能源与人的安全,健康与人的安全,以及国内与跨国冲突等四个主要非传统安全议题研究。
>
> (Mely Caballero-Anthony,2014)

该倡议网络资助帮助新加坡南洋理工大学拉惹勒南国际研究院"独立或联合组织了将近 16 场国际会议、工作坊和讨论会;并创办了《非传统安全观察》等新出版物……以及麦克阿瑟亚洲安全倡议工作论文系列"(Caballero-Anthony,2013)。所有成就都来自一个由亚洲安全倡议资助的智库,所有成果都为将来拓展亚洲安全倡议研究的政治影响力打下了基础。考虑到基金会还对其他 20 多家智库提供了额度相近的资金资助,可以预见未来能产生丰硕的研究成果。所有这些成果都致力于建构新的、基于非传统安全的知识体系,从而强调了亚洲安全倡议作为一个智库网络的

"专家"地位,并将非传统安全观念进一步纳入了区域性安全话语体系。

159　　此外,能力建设还增加了专门研究非传统安全问题的机构数量。亚洲安全倡议接纳了众多研究员、博士后研究人员及研究分析师从事非传统安全领域的工作。通过训练使青年学者通晓非传统安全议程的纲领性观念,该倡议为多年来专家政策的产生播下了种子。能动者历来是推进议程的重要组成部分,而将增加传播期望实现理念的行家数量(即增加能动者)作为一种推广某个特定范式的方式,行之有效且具有可持续性(Hass,1992;Schmidt,2011)。亚洲安全倡议还成功地吸引了对非传统安全问题有兴趣的人前来关注这一区域。个人能力的积累同样提高了研究机构的研究实力,进一步巩固了亚洲安全倡议自诩的政策专家共同体的地位;而且研究成果层次的提高也增加了对非传统安全问题的政治关注(Cook and Ewing,作者访谈,2011年于新加坡)。

尽管如此,在话语制度主义的支持者看来,观念本身并不引发制度变迁。接受观念的条件同介绍并引入观念时的政治环境息息相关,也与其如何被纳入区域性制度密切相关。亚洲战略安全环境与治理环境的不确定性帮助亚洲安全倡议赢得了政治影响力。该倡议希望亚洲国家向亚洲安全倡议及其联系机构寻求指导,以解决当前战略不确定性。正因为这种不确定性或者说在这样的"关键时刻(critical juncture)",各国才会向智库寻求建议、咨询做出怎样的政治回应才得当。智库则通过利用自身"在政策进程中拥有特殊地位"的特权,"站上前台,并通过为决策者和政客提供论据影响公共话语,从而影响了公共政策"(Ladi,2011:206)。

亚洲安全倡议看起来运作良好,亚洲的政治决策者热忱拥抱该倡议网络在观念领域做出的贡献。2009年,东盟秘书长素林·比素旺(Suri Pitsuwan)在亚洲安全倡议创立大会上发表了主旨演讲。他在演讲中赞扬了麦克阿瑟基金会这一"非常独特的路径",表达了自己对亚洲安全倡议根本目标,即创建一个联结学者和政策专家的关系网络的支持。

> 我要在此称赞麦克阿瑟基金会在确定这一极为独特路径时的远见卓识和卓越领导力。我想我们所有人都赞同这一路径背后的假设,也就是东亚地区无处不在、不计其数的问题和挑战,着实太多、太复

杂、太紧要;这对一个群体而言,能轻松地(原文如此)应对。就像世界上其他地方那样有更多的时间、更多的机会和更多的资源实现那样。

(Pitsuwan,2009)

他支持亚洲安全倡议研究,并随后发表声明称"在一个过去有屏障和边界保护我们、现今却扁平的世界上,如何处理安全挑战帮助我们提出并定义"来为东盟提供协助(Pitsuwan,2009)。素林秘书长将亚洲安全倡议视为本区域决策的积极参与者,初看起来颇为引人注目;然而他之后更全面的说明才是问题的关键,即域内各国政府和官方组织正努力适应各种新兴安全问题的政策需求。他指出:"我们(即东盟秘书处)在为需要进行研讨的问题做准备时几乎无法做出任何智识上的贡献……我们既不是执行机构也不是研究机构,我们实际上是受益者"(Pitsuwan,2009)。他的话表明至少亚洲部分国家的领导人已经意识到该地区在政策研究方面的不足,对亚洲安全倡议在观念和政策领域的贡献很感兴趣。他甚至在结论中提及亚洲安全倡议的研究或将在东盟获得支持,表示"我很期待你们的研究成果,并将考虑能否将它们予以落实"(Pituswan,2009)。由此看来,至少在本案例中,东盟有意接受亚洲安全倡议提出的专业意见,并将之视为共同推动制度变迁的有益盟友。

亚洲安全倡议对安全政策的潜在影响力极大,尤其在非传统安全问题造成很大的不确定性,而域内各国政府又相对缺少政策导引的情况下。此外,许多亚洲安全倡议联系机构"同样深度参与了区域性政策对话、跨国联盟或是多边倡议行动"(Stone,2010:257),这使它们很容易接触决策圈。下面笔者将用话语制度主义对亚洲安全倡议进行分析,从而说明智库网络是怎样以此为契机,推广某些对安全问题的认识的。需要特别指出的是,这部分将着重讨论亚洲安全倡议打造的话语空间。该智库网络利用此类空间形成了专业意见,亦是政策构想和辩论的重要场合。本质上,亚洲安全倡议通过拓展成员智库同时参与交互式话语及协同式话语的能力,起到了"话语放大器"的作用。该倡议战略性地强调了某些政治议程高于其他议程,并培育了多标量智库网络;这些智库网络成为在区域内传播上述新规范的有效途径。

三、亚洲安全倡议与话语空间

亚洲安全倡议运作观念的领域与另外三个智库网络有很大的不同。该智库网络运用话语在认知层面推介非传统安全议程，寻求通过推动主流规范变革，改变区域治理制度。东盟战略与国际问题研究所、亚太安全合作理事会，以及香格里拉对话在一定程度上都身处第一轨道和第二轨道进程之间的政治空间里。这三个智库网络都直接同某种程度上依赖政治资助的政治行为体互动；因此也必然牵涉进同政府进程相关的观念主张中去。这制约了它们所能够推广观念的类型（大多是政策或政策纲领），也制约了研究议程涉及的广度（受到各自受众宽容度的限制）。但亚洲安全倡议并不附属于任何政府机构，也毋需直接满足政府官员的要求。与之相反，该倡议网络作为政治进程的"局外人"起作用，在观念认知（政策纲领或世界观）层面进行运作。

该智库网络超越了政治，占据了不受政治性约束或结构性约束的观念空间；由此发展为一个能够规避东盟模式制约、颇有价值的机制。同正式进程完全不同的是，亚洲安全倡议从影响该地区其他话语空间的规范性外交期望中解放出来。此外，非政府组织的属性也使亚洲安全倡议拓宽并深化了产生兴趣、进行研究，进而通过这些越发强大的智库网络推广非传统安全观念的类型。尽管存在上述区别，但亚洲安全倡议仍能（通过其联系智库网络）提供专业意见，来发挥政治影响力，将观念置于构想议程之中。使用话语制度主义的分析框架，这一章将说明亚洲安全倡议，即使它身处正式进程之外，是如何作为一个强有力的观念性行为体，参与并促进话语影响政策的。

作为其"高于政治"设计的结果，在我们研究的其他的智库网络中，即使再进步，在政治空间的开放性上也比不上亚洲安全倡议。该倡议网络协助智库整合相关政策性研究的纲领性主题、规范性框架和因果关系论述。由此形成的因果叙事构成了亚洲安全倡议认知共同体的一个重要组成部分，以此形成区域性认知将非传统安全问题同对更具强制性的安全治理的需求联系起来。亚洲安全倡议运用话语空间联结成员智库，这些空间宽容甚至可以说是鼓励具有挑战性和创造性的安全观念。因此它为智库和安全研究学者创设了联结有关不安全(感)的跨境属性、认识到集体/合作安全的必要性、东盟模式外交行动的不足，以及加强或改革现有区域安全架构等问题的空间。同时在其他智库网络业已推进的非传统安全观念的基础上，亚洲安全倡议进一步拓展了非传统安全研究文献的领域。该倡议网络一方面深耕"人的安全"和"国内冲突"等"踩线"议题；另一方面对"环境移民"和"地区能源安全"等问题也拥有全景视野。该网络全面处理各类非传统安全议程的能力为非传统安全知识网络增添了一个**规范性**的层面。

此外，亚洲安全倡议的话语空间还受益于成员智库更广泛且更多元的来源。这一扩大化的网络涉及更多的专业知识，比那些所有成员官方色彩都很浓厚的智库网络能够提供种类更为丰富的观点，并拥有更多样化的能力。事实上，在区域内选择成员智库之初，该倡议不让任何由政府掌控的智库参加网络一事就引起过各界的瞩目。这可能是因为亚洲安全倡议选择成员单位的标准是该智库的观念主张和研究议程，而非其政治或地理隶属关系(这与东盟战略与国际问题研究所和亚太安全合作理事会有所不同)。

区域内的决策者被亚洲安全倡议提供的话语空间吸引。东盟秘书长明确承认了东盟内部的制度性局限，并发现域内需要有亚洲安全倡议这样的话语空间。

> 我们(东盟)对干涉尤为敏感。我们在发表有关邻国国内问题的声明时也尤为谨慎。我们很清楚这些问题正向我们冲来，要吞噬我们、牵连我们，到最后整个国际社会都将眼睁睁地看着我们并质问："你们为何什么都不做？"
>
> (Pitsuwan，2009)

该演讲彰显了亚洲安全倡议的话语空间已被(至少被某些东盟成员国)视为设法规避东盟模式制约的一种途径。同时考虑到这是东盟秘书长做出的评价，因而可以明确东盟承认并公开支持保护这些限制之外的场合。这一声明连同前述东盟提出的支持共同表明了政府行为体已经注意到当前外交规范及其自身制度的局限性,并开始探索替代方案。

四、亚洲安全倡议与非传统安全议程

亚洲安全倡议运用话语空间探索非传统安全问题对于亚洲安全的含义,并创造了向网络内认知共同体成员传播的专业范式。亚洲安全倡议的范式在很大程度上是在非传统安全议程的因果叙事基础上建构的。也就是说,它们认可了相比诸如"大国冲突"之类的传统安全关照更广义的安全概念,将"资源短缺"等视为同样威胁和平与繁荣的问题(MacArthur Foundation,2009)。单个智库,尤其是第三研究群(Research Cluster 3)①联系机构对在自身研究中强调非传统安全问题的认识颇为开放。该研究群的推广会也被恰当地命名为"麦克阿瑟基金会亚洲安全倡议非传统安全议程推广会"。主要议题有三:强调了非传统安全问题的重要性,突出了非传统安全与国家稳定与繁荣之间的联系,并将处理非传统安全问题的效率问题同改变区域治理方式的进度联系起来(作者对此次会议的观察,2011)。所有这些工作都由非传统安全议程这一潜在的主题串联在一起,由此升华形成论点:强化亚洲的区域安全架构是开拓进取"以和平与繁荣为利益目标而共同努力的新途径"中必不可少的条件,而这恰恰是亚洲安全倡议的终极目标之一(MacArthur Foundation,2012)。

亚洲安全倡议网络内的智库运用上述范式推进新的治理形式,主张非传统安全问题的处理在本质上有赖于国家间纽带的强化——包括改变现有治理形式或是创造新的治理模式等。这些智库关于非传统安全问题与治理之间的纽带是通过无数相互理解的(双边、多边,以及区域性)合作建立的,但所有路径最终都交汇于从根本上改变安全治理模式。澳大利亚国立大学核不扩散与军控研究中心(Centre for Nuclear Nonproliferation and Disarmament at ANU)主任拉梅什·塔库尔(Ramesh Thakur)教授在此次

---

① 即专注于前文论及的亚洲安全倡议第三类研究领域的智库。即由北京大学国际与战略研究中心主持的智库网络,旨在进行"监督区域安全合作组织,向决策者提出有关如何更好地利用多边组织、双边关系及联盟关系,从而预防、应对差异,并加强合作与安全"相关的研究。——译者注

推广会的主题演讲中再次明确提出了亚洲安全倡议有关非传统安全问题需要通过区域合作解决的主张。他总结道,各国不能再奢望单独化解新兴威胁,因为这些威胁的属性决定了必须从区域层面出发才能有效解决相关问题(S. Rajaratnam School of International Studies,2011)。

推广会报告也再次突出了非传统安全问题同区域合作之间的关系:

> 这些研究领域(区域安全合作与非传统安全问题)越来越复杂。根据南洋理工大学拉惹勒南国际研究院非传统安全研究中心的研究,很多结论都指出了多边制度在处理灾难管理、气候变化、能源安全,及国内与跨境冲突等跨国问题时的重要性。
> 　　　　　(S. Rajaratnam School of International Studies,2011:4)。

亚洲安全倡议所支持的研究项目都要求改变现有制度,或是在有效地解决非传统安全问题和区域合作之间建立连接的基础上创造新的制度。例如,以亚洲安全倡议的建立为契机,麦克阿瑟基金会同南洋理工大学拉惹勒南国际研究院联合单独举办了一场专题讨论会,对亚洲安全架构问题予以了特别关注。会上,多位发言人赞同有必要进行"加强东盟成员国之间的合作,推进一体化……从而深化该组织的制度化程度"(RSIS-MacArthur Conference,2009)。南洋理工大学拉惹勒南国际研究院非传统安全研究中心主任卡巴莱诺–安东尼副教授探讨了在东盟内部创建相关制度,专门针对非传统安全问题的治理模式(RSIS-MacArthur Conference,2009:5)。

亚洲安全倡议赞助支持的相关会议在域内其他地区的召开也印证了上述说法。在一场由印度尼西亚战略与国际问题研究中心(有意思的是,该智库亦是东盟战略与国际问题研究所和亚太安全合作理事会成员单位)主办的海上安全专题讨论会上,来自罗伊国际政策研究所(Lowy Institute)的罗力·麦迪卡夫评论认为:"本区域的海事信心与安全建设措施的基础和信心与安全建设措施普遍薄弱,甚至在某些地方根本不存且很少起作用"(Medcalf,2012)。麦迪卡夫极力重申了上一年他在麦克阿瑟基金会支持下出版的报告中有关"亚洲印太地区大国与海上安全问题"的观点。该报告强调了当下缺乏安全治理的基础,对采取更具体的信心建设措施提出了建议,并呼吁建立一个区域性的事故报告中心(Medcalf et al., 2011)。

亚洲安全倡议对安全合作的推介还延伸到了非国家行为体。日本国际交流中心(Japan Center for International Exchange,JCIE)获得了一笔资助,用于研究非政府力量在区域合作中的重要作用。日本国际交流中心的报告强调了非国家行为体(如智库和公民社会行为体)在区域安全合作中的价值。该报告还进一步认为,缺乏协调合作是非政府组织参与区域性安全事务的主要障碍(JCIE, 2010)。在最终的研讨会报告中,印度尼西亚战略与国际问题研究中心高级研究员尤素福·瓦南迪表示:

> 对于很多问题而言——例如气候变化、健康、非法买卖人口,以及走私——我们都需要比当下更多的专家意见参与其中,因此我们必须利用公民社会的专业知识……这意味着,眼前的挑战是扩大公民社会组织的网络并构建公民社会组织间的网络程度,但是它们尚未发展到应有的程度。有政府官员参与并由民间组织召集,为政府提供咨询的第二轨道对话是必要的。
>
> (Jusuf Wanandi, 2010: 3)

亚洲安全倡议智库网络中绝大多数机构以非传统安全问题为工作重心,它们根据非传统安全因果叙事制定的政策及专家意见颇为可观。这些叙事压倒性地扭转了传统的治理规范,或明言或隐喻地提出了建立新区域治理形式的诉求。

亚洲安全倡议最被忽视的领域也恰恰是其最有价值的特征之一,是该倡议网络为实现成员智库区域政策路径所推进的协同式话语。正是因为该倡议网络面对决策者形成了如此一致的联合阵线,才成功将它们所提议的范式塑造为当前唯一可行的政策选项和行动路线。而一旦观念取得正典地位,便会通过交互式话语传达给域内决策者,"这一过程本身(话语)是我们可以观察到的运用协同式话语为交互式话语打下基础的现象"(Schmidt, 2011: 15)。智库通过协同式话语来统一其思想议程,进而通过参与交互式话语向治理行为体传递、表达相关议程,进而使之获得合法性

(Lad,2011;Schmidt,2008)。

在亚洲安全倡议的话语空间中培养的非传统安全观念会由单独某个智库或以"非政府"身份参与其中的政府官员将之从非正式政策论坛转移到正式论坛。交互式话语被用来弥合观念和政治权力之间的鸿沟,其形式是允许上述行为体充当"社会(在本案例中是亚洲安全倡议)和政府之间,或是政府与国际组织之间的调解者,从而推进制度与政策变迁"(Ladi,2011:205)。社会和政府之间的调解可以采取多种形式,而观念性行为体偏好通过将架构问题将其体系化、设置议程、运作关系网络等路径实现目标。

问题框定与议程设置

明确了亚洲安全倡议网络各智库的政治准入渠道,接下来解释这些行动者是如何使观念转化为影响力的。亚洲安全倡议对话语进程的影响来源于其自身甄别、架构、发展形成反映非传统安全观念安全范式的能力。首先,该倡议网络主动将或持续或新兴的安全问题视为非传统安全问题,并将它们列入区域安全议程。这样一来,该倡议网络通过突出强调某些关于安全的解释比其他解释更好,影响了区域安全议程。

因为亚洲安全倡议发挥作用的话语空间不同于其他智库网络,其问题架构和议程设置的过程通常都是"两步走"。第一个层面由麦克阿瑟基金会掌控,由亚洲安全倡议在区域层面进行运作。亚洲安全倡议通过向特定研究项目提供经费资助进行权力架构,通过资助偏好明显"以排斥其他研究设计为代价,设置特定要求"(Parmar,2002:14)的研究项目塑造话语议程。典型的情况是,相关研究经费"并不阻止进行其他研究路径的学术研究,但当相关资源配置都倾向于特定的研究议程时,便已经替研究机构做出了决定"(Stone,2000b:31)。从根本上来说,亚洲安全倡议有能力通过专注于资助非传统安全项目"引导"安全研究(Haas,1992;Stone,2000b:31)。亚洲安全倡议通过增加研究成果的产出、增加推广某些特定观念主张的行为主体数量来支持非传统安全议程,提升其形象。由此让此类观念赢得更高的媒体关注度,同时找到介入政策讨论的途径(Hayes,2004)。

不难从亚洲安全倡议资助的项目中发现该倡议对以非传统安全解释

安全问题的偏好。拨给南洋理工大学拉惹勒南国际研究院的经费总额为250万美元，全部用于资助其非传统安全研究中心的工作。该中心旨在推进对非传统安全问题的认识，向决策者强调非传统安全的重要性，并致力于建设国内及区域性组织应对非传统安全问题的能力（S. Rajaratnam School for International Studies，2014b）。其余经费则资助了亚洲能源政策研究（李光耀公共政策学院：75万美元）、亚洲的水资源冲突研究（战略远见小组：40万美元）、粮食安全与冲突研究（悉尼大学国际安全研究中心：40万美元），以及气候变化对南亚在安全领域的影响研究[孟加拉国和平与安全研究所（BIPPS）：35万美元]。这些话题在历史上从未被认为是"安全"议题，但在亚洲安全倡议的支持下被重构为安全问题（MacArthur Foundation，2008）。通过拓展特定研究议程、提供相应的设施，以及对外传播并产生正面影响，该智库网络培育的观念最终被传达给决策者。然而，拓展特定研究议程不应与掌控政策产出、构架或提议政策回应混淆起来。

  体系化架构的第二步发生在各智库层面。麦克阿瑟基金会的资助缓解了某些成员智库一度面临的研究议程受限的压力，而是允许它们去追寻更为多元的研究路径。在公民社会发育程度相对较低、慈善文化相对薄弱的亚洲，少有政府提供研究资助之外的财政支持，或者说非政府组织的经费很难获得有保障的契约（McGann and Johnson，2005）。财政上的困难使各智库间的竞争更加激烈。一位英国记者曾评论道，金融危机让一些智库陷入了尴尬的境地，要画出一条界线，既要保证智库能直言不讳，值得为此花时间花精力，又不要被雇主牢牢掌握在手里（Willamson，2011）。经费资助使亚洲安全倡议网络内智库获得了拓展研究项目类目、涵盖一系列不太可能得到官方资助的课题。研究机构得以拥有更广的资金来源和委托方，并运用自身的判断力来准确论述框架、提出政策建议（Cook and Ewing，作者访谈，2011年于新加坡）。一个典型的例子便是（美国）国家亚洲研究局使用亚洲安全倡议资助的研究经费将海上安全问题重新定义为一个非传统安全问题，并以该框架为催化剂，推进了制度变迁。

  在亚洲安全倡议的赞助下，（美国）国家亚洲研究局获得了120万美元的经费资助，研究海上能源资源和东南亚区域合作问题（NBR，2015）。在课题研究第一阶段的某次以"南亚地区的非传统安全挑战——2025"为题的讨论会上,海上能源资源议题被重新定义为一个非传统安全问题。一旦确立了上述资源事关"安全",便又在随后举办的"非传统安全挑战与南亚合作的契机——2025"讨论会上,将这些资源的管理描述为推进区域合作的催化剂。而相关研究最近的进展是"南亚非传统区域安全架构"的倡议提供了区域合作方面的政策框架支持(NBR,2015)。(美国)国家亚洲研究局对上述框架的战略性使用,重申了海上安全是一个非传统安全问题,将之同区域稳定联系起来,并将之运用于区域安全进程的进一步制度化。

重要的一点在于,第二个层面的体系化架构还为各智库提供了契机,让它们担负起将非传统安全观念本土化的角色,从而将从亚洲安全倡议话语空间中拿来的"外来"观念转化为各智库可以独立运用的"内在"政策进程。对域内社会与政策因素敏感意味着各国智库所形成的政策、提交的研究报告都在当地可接受的范围内。同样,它们也能从其他渠道获得政策观念并通过改编使之适应本国情况,从而建构形成相关问题"本土化"的专家意见(MacArthur Foundation,2015)。如此架构或通过"本土化"形成的政策建议更容易被本国(或本区域)制度所接受,因为决策者确信相关观念来源于"内生"(Acharya,2009b)。本土化是一个克服或避免本区域对外来观念不信任的有效途径。一旦各种观念完成了架构、实现了本土化(若有必要),就会通过亚洲安全倡议话语空间众多关系网络,在全亚洲范围内进行宣传推广。

关系网络

亚洲安全倡议作为一个横向展开的伞状关系网络,延伸覆盖了整个亚太地区,并以提供话语空间的形式将诸多智库联系了起来。该倡议网络为众多非传统安全政策主张提供了温床;随着这些想法逐渐成熟,便可以自然地从第二轨道向第一轨道进程传递,这些网络将独立的亚洲安全倡议与地区和国内治理机构联系起来,其形式既可以是协同式的,也可以是交互式的。

处于最顶层的是亚洲安全倡议本身,联结了全世界共 27 家智库。网络化运作已成为亚洲安全倡议路径的一个重要方面,亦是在成员智库间形成了协同式话语的基本渠道。最终,该倡议网络形成了"网络的网络":亚洲安全倡议通过组织研讨会和专题讨论会让安全研究领域的从业者和精英走到了一起,由此生成了旨在促进选择相同观念性范式(非传统安全议程)的联系。

一旦扩大了亚洲安全倡议的顶层联系范围,不同次级网络中个别智库间的联系,或各智库同各国政府或区域性政府组织之间的联系也随之拓展。可以说,这类次级网络在非传统安全观念同政治权力的联结中,即使不比亚洲安全倡议构建的智库网络重要,也至少同等重要。通过上述共同成员关系,亚洲安全倡议同好几个拥有政府隶属关系的智库网络建立了直接联系。拥有多重成员身份的智库(例如印度尼西亚战略与国际问题研究中心或南洋理工大学拉惹勒南国际研究院)能充当"局内"智库,将亚洲安全倡议话语空间生产的"局外"政策传达到更高级别的政策性论坛中。这样,亚洲安全倡议充分利用了"……允许有的智识行为体跨越学术/政策主题领域重叠的网络体系,有时则充当……局内和局外不同群体之间的'经纪人'"等角色(Stone,2003:12)。例如,有几个亚洲安全倡议成员智库也是亚太安全合作理事会成员单位(南洋理工大学拉惹勒南国际研究院、澳大利亚国立大学、印度尼西亚战略与国际问题研究中心太平洋论坛、延世大学),它们的双重成员智库身份为亚洲安全倡议提供了多个深入了解亚太安全合作理事会各项论坛和对话的渠道。亚洲安全倡议在东亚智库网络(the Network of East Asian Think-tanks,NEAT)里也有代表,其中韩国的东亚研究所(EAI)还是该倡议的核心智库,是一个研究群的牵头单位。东亚智库网络则是2002年建立的一个智库网络,其职能相当于东亚地区各项正式进程的第二轨道,包括东亚论坛和与东盟相关的进程(例如东盟+3)(NEAT,2013)。在东亚智库网络中有自己的代表,相当于在横向上拓展了亚洲安全倡议观念主张的影响力,对东亚智库网络的其他13家智库产生了影响。东亚研究所的工作还在纵向上将亚洲安全倡议的影响力拓展至东亚地区的正式决策进程。所有上述智库网络都成了亚洲安全倡议所资助研究的推进者、本土化实践者和传播者。

除了同隶属于政府的智库网络建立联系,亚洲安全倡议还进一步接触了非政府网络。例如,亚洲安全倡议同亚洲非传统安全研究联合会

(Consortium of Non-Traditional Security Studies in Asia，NTS-Asia)保持了紧密的联系。该联合会致力于对非传统安全问题的研究，旨在加强该领域学者和分析师之间的交流、形成长期研究能力，从而推进域内对非传统安全问题的认识与研究(NTS-Asia，2015)。该联合会实际上由南洋理工大学拉惹勒南国际研究院于21世纪初建立，是亚洲安全倡议在很多问题上的支持者(这可能也是拉惹勒南国际研究院选择主持第三研究群工作的一个重要原因)。除拉惹勒南国际研究院之外，还有好几个亚洲安全倡议成员智库也是亚洲非传统安全研究联合会的成员单位(悉尼大学国际安全研究中心和孟加拉国和平与安全研究所)。通过与亚洲非传统安全研究联合会的联系，亚洲安全倡议的研究合作范围又拓展到18家智库。更重要的是，上述"次级成员"中的很多智库都隶属颇有影响力的智库网络并在域内拥有重要的政府关系。菲律宾战略与发展研究所和印度尼西亚战略与国际问题研究中心也是东盟战略与国际问题研究所与亚太安全合作理事会成员智库。正如我们在前述个案研究中看到的，这两个智库网络都建立了重要的官方联系，这有助于将亚洲安全倡议的研究纳入正式决策议程。此外，这两个智库本身亦可以充当将亚洲安全倡议的研究引介给东盟战略与国际问题研究所和亚太安全合作理事会各类论坛的渠道，进行考虑和辩论。通过连接到表面上看来属于协同式智库网络的亚洲非传统安全研究联合网络，亚洲安全倡议得以在智库网络内部对其他非本网络的智库形成交互式影响。

协同式及交互式智库网络是成功向决策者推广非传统安全观念主张的基本条件。两类联系都有助于扩大亚洲安全倡议观念主张的影响力，也有益于实现通过将非传统安全议程纳入主流实现对安全进行再定义的规范化目标。这一新增的层次也加剧了复杂性，在正式关系网之外还有无数智库学者之间建立的非正式关系加持。渐渐地，亚洲安全倡议建立并拓展关系网络形成了一个结合制度性联系、专业性联系和私人关系的密实的大网，涉及本土与区域治理的所有层面。如此之多的渠道意味着亚洲安全倡议提出的专业意见和观念主张拥有多种多样的渠道去定位并获得政治机会。而这些观念主张一旦进入主流安全话语，便能进一步支持制度变迁，并为进一步的制度变迁做出解释。

五、制度化

话语制度主义的支持者强调"行为体可以通过其观念主张赢得权力，即使它们仍处于权力较低的境地时也是如此——就像话语联合阵线的案例所显示的那样，想方设法让其他各方接受他们所提出的社会建构论调"（Schmidt，2011：18）。这也正是亚洲安全倡议在涉及制度化实践中的做法。该倡议网络并未寻求自身的制度化，而是致力于将非传统安全议程嵌入域内既有进程。该倡议网络以两种不同的方式努力实现这一目标：其一是支持由非传统安全观念主导的现有或新兴的机构；其二是致力于将非传统安全观念嵌入现有制度。

对于前者而言，亚洲安全倡议积极支持非传统安全观念的安全进程，包括我们此前讨论过的一个案例。2008—2011年间，国际战略研究所总共获得了亚洲安全倡议150万美元的资助用于举办香格里拉对话。正如在第五章中所论述的，香格里拉对话已成为区域安全架构的必要组成部分，嵌入并推广了数不清的非传统安全观念。除了支持该对话，麦克阿瑟基金会还为第二轨道参与者提供资金资助参加香格里拉对话，助力培养下一代非传统安全问题专家（作者在新加坡对 Huxley 的访谈，2011）。

亚洲安全倡议还出资支持有关新安全进程的研究，旨在建立并实现该进程的制度化；对涉及非传统安全问题的尤其如此。例如，亚洲安全倡议向三所智库提供了超过100万美元的资助，并指定将其用于对区域安全架构的研究，尤其是将六方会谈永久制度化。参与研究的三所智库分别是全球冲突与合作研究所（Institute on Global Conflict and Cooperation）、政策选项研究所（Policy Alternative Research Institute）、延世大学（Yonsei University）(MacArthur Foundation，2008）。另一个恰当的例子是之前提到过的（美国）国家亚洲研究局研究项目，说明了亚洲安全倡议对建立新治理形式的支持。（美国）国家亚洲研究局对海上安全的研究重申了话语空间对非传统安全研究和制度变迁这两个方面的重要意义。这项研究以组织工作坊、研讨会和出版论著的形式形成了多个话语场合，为最终实现制度化成果做出了贡献，形成了以区域合作为目标的条件式框架。其最终项目报告特别强调了在实现这一结果过程中话语契机的重要性：

> 这一项目及其所运用的方法为参与者提供了一个独特的空间，从中探索替代传统安全合作的相关工作，同时探究如何通过非传统安全领域的协作，形成一个更稳定南亚安全架构的合理途径。
> （Karin，2013）

虽不是第一次提出的合作框架，但它的确兴起于上述空间，从而向有效的治理系统又迈进了一步。该项目还重申并尝试了其他可能的合作形式，例如是否有可能寻求次区域层面的合作，是否有可能拓展"南亚"的定义从而涵盖东南亚地区，等等（Karin，2013）。

其次，亚洲安全倡议其他与制度化相关的内容较少关注安全架构的特定内容，而是更关注如何将非传统安全观念嵌入主流安全话语的目标。一旦非传统安全观念得以嵌入这类话语，就会逐渐影响行为体对制度的认识和建构。在麦克阿瑟基金会2011年举办的发布会（Dissemination Meeting）上有一种认知，便是该倡议网络已经获得了成功，因为"非传统安全"这一表述在东盟圈子越来越常见，并出现在东盟部长级会议上（某参会者在麦克阿瑟基金会亚洲安全倡议发布会上的发言，2011年于新加坡），然而，该倡议网络的影响力最终将远胜于此。其真实影响力不仅在于将某些核心词汇列入区域性议程，而且在于改变了主导该区域安全路径根深蒂固的范式，创造了一种"观念性路径依赖"的形式（Hay，2006：7）。亚洲安全倡议资助的研究通过培育域内非传统安全领域专业人士，并将他们团结在一个认知共同体之内，使非传统安全观念浸润了整个区域。非传统安全观念以正式和非正式的渠道传遍了整个区域，出现在大多数区域性论坛上。对非传统安全需要整个区域共同回应的认可度也越来越高。此外这也促使非传统安全研究的激增，在智识资本和制度资本方面的持续投入保证并支持了非传统安全领域的因果叙事。亚洲安全倡议对这些观念主张的投入改变了区域安全话语的动态关系，使相关话语更倾向于非传统安全议程。在该倡议网络形成之前，域内各智库已经小范围地参加了此类活动。然而亚洲安全倡议为培育和协调这些观念提供了动态的空间，有助于提高非传统安全领域专业知识的知名度、推进非传统安全范式抵近规范变革触发点。

该倡议网络在政策与制度上对非传统安全议程的影响将长期存在。该倡议旨在造就新的理念并培育认同致力于上述理念的智库网络和研究机构;还将大大有助于培养与非传统安全议程各方面有关的知识共同体和该区域安全的新模式。该倡议网络培养并支持热爱上述观念的学者;因此即使该倡议支持的课题已结项很久,学者们仍会继续推进非传统安全议程。亚洲安全倡议话语空间培育的观念主张以其特有的形式在学术和政策进程中的运作,将对各类定义安全的范式产生影响。对非传统安全问题是"合法的"安全越来越高的接受度、对加强区域合作的呼声越来越高等,都是这一趋势的体现。而随着这些观念主张逐渐扎根,相应的旧有制度会受到压力进行调整、改造,而最终接受这些新的治理范式。

六、小结

用亚洲安全倡议关系网络来总结本书的个案研究特别合适,因为这是智库网络对非传统安全观念产生影响所能涉及最深远的一层,即认知层面。本书所研究的各个智库网络都以其独特的方式、在治理进程的特定层面推广非传统安全议程。香格里拉对话作为第一轨道关系网络接洽安全决策者并处理相关问题;东盟战略与国际问题研究所和亚太安全合作理事会促进了非传统安全在第一轨道和第二轨道间空间的发展;亚洲安全倡议则进一步拆除了第一轨道和第二轨道进程间的藩篱。作为一个认知共同体,亚洲安全倡议拥有能够面向未来、主导安全治理的强大专业知识储备。上述四个网络在一起共同建构了一个多层次的智库网络,在各个层级的治理中进行沟通和协调对话推广非传统安全观念。

亚洲安全倡议将自身认知本质置于理念创造的前沿。因其运作过程完全置身传统治理范围之外,亚洲安全倡议得以成功避开了其他第二轨道行为体通常所受的外交规则和结构性因素的限制。亚洲安全倡议利用这一自由度来推动一个议程和框架,相比其他智库网络更具创新性、更有远见卓识和挑战。通过协同式话语,亚洲安全倡议形成了用于定义并阐释新出现安全问题的一系列因果论述。随后运用交互式话语形成清晰且广义的观念性架构,并通过接入其他智库网络来传播上述理念。亚洲安全倡议的工作造就了一个业务过硬、致力于分析并推广非传统安全观念的专家群体。这些学者运用自己所掌握的专业知识为本国和区域性议程提供资讯,联络其他有志于此的学者,并在所有的治理层面上(国内/区域、正式/非正式)推广非传统安全议程。

该倡议网络并未将所有资源投给单一机构,而是将观念主张尽可能地推至更广阔的政策领域。上述观念主张随之在隶属于亚洲安全倡议的智库(及其关系网络)协助下传播给数不清的机构,由此形成的效应将逐渐累积。让区域性行为体直面非传统安全观念主张的做法,使其逐渐适应了这些问题的存在,进而增加了随着安全局势的不断演变,各方接纳上述观念主张的可能性。亚洲安全倡议灵活且影响深远的话语空间联结了非传统安全领域的学者并为他们赋能,从而形成了一个相互联系的全球性智库网络。该网络通过对亚洲非传统安全问题的分析建立起一个复合的、相互关联的网络,将各相关智库联结起来并发挥政治影响力。

亚洲安全倡议通过建构认知共同体,实现了相比自身任何组成部分单独成就都高的成就。广泛的实践使亚洲安全倡议能够编制并推广非传统安全议程;通过政策建议和专家参与,跨越所有的治理层次,进入各类宏大的政治空间。

> 智库网络在强化并传播观念、组织研究及传递信息方面能够达到个人或单个机构无法企及的高度。而且,在网络内部进行合法性磋商,以及共享权威性和声誉的正和模式,也使智库网络被视为一种实现科学决策的场所。
>
> (Stone,2003:14)

亚洲安全倡议便利用其在观念领域的影响力,担负起"全球管理者"(global governor)的角色,并"跨越边界使用权力,旨在影响政策"(Avant et al.,2010:356)。亚洲安全倡议提供话语空间的做法恰恰为非传统安全观念的引介、探究和交流提供了得当的场所——这些观念无论是其研究领域还是议程,往往都超出了最宽容的政府所属智库网络。该智库网络为政治行为体的交流提供了重要的话语平台,在现有智库网络和学者的基础上建立了全新且重要的联系,并为他们推广非传统安全议程的合作之路提供帮助;这些都为非传统安全范式的兴起和建构做出了有益的贡献。最重要的是,亚洲安全倡议对研究基础设施和智识能力建设的投资保证了该网络在倡议网络资助期满之后,能够继续推广非传统安全观念。

第八章　作为治理运作方的智库

　　智库不只是观念主张的经纪人,它们也是特定政治议程的创造者、开发者和倡导者。本书探讨了几个智库网络在亚洲建构非传统安全议程追寻之路上的集体动员。研究将各种观念带回政治语境,并将观念性行为体置于制度变迁的中心位置。在前人研究的基础上,本书运用话语制度主义的理论框架解释智库是如何运用观念突出了改变制度的必要性,并提供了相应政策选项建议的。本研究追溯了智库是如何通过运用话语并创建话语空间,从而推动观念主张进入决策圈的;此外还探索了智库关系网络在一致推动有关区域治理形式的观念性议程中所产生的规范性影响。通过追溯相关过程,本研究将制度变迁同认可特定的观念性议程联系起来,并将智库关系网络放在国际安全行为体的大框架内进行讨论。

　　对观念与制度的双重关注使同时考虑建构主义和制度主义的视角成为必要。尽管路径迥异,但这两种理论在基本预设方面拥有众多共识。有的建构主义者已经认识观念及其行动者受制于具体运作制度,因而"观念可以本身具有说服力,但背后需要制度和利益的支撑"(Stone,2010:271)。与此相似,制度主义者也开始承认观念拥有塑造制度的能力,尤其是在国家利益模糊不清的时候。本书采用以话语制度主义(这一概念为制度主义者所熟知)或者说建构制度主义(这一标签来自建构主义者)的路径将上述两类理论基础的分析框架结合在一起。前述章节清晰地探索了上述两类理论之间的联系,对亚洲的建构主义议程大有裨益。本书考察了智库是如何推广新的"物质世界的动态规范与基于认知的解释"(Adler,1997:324),这么做又如何改变了社会建构的集体含义、解释,以及确定"政治施动者身份、利益与行为"(Adler,1997:324)的假设。同时受益于制度主义与建构主义理论的滋养，本书转向布莱斯提出的以能动者为中心的建构主义视角及其"因果故事"论述。它照亮了原本处于黑箱状态的非传统安全议程，指出其在本质上"不仅改变了偏好；而且在面临不确定性的情境下通过给出备选框架，重构施动者的利益，从而理解情境中施动者所处的位置"（Blyth，2007：762）。智库通过精英间的相互游说，展示了其作为政治行为体的权力，也揭示了国家利益的可替代性。

本书以施动者中心建构主义视角考察智库，从而分析它们对亚洲外交规范的影响。这一方法发展并拓宽了爱丽丝·芭有关亚洲的制度是以观念为基础实现发展的产物的观点（Ba，2009）。以此为前提条件，我们可以论证智库所推广的新规范化议程逐渐地削弱东盟模式等传统规范。而随着新规范的逐渐兴起，国家不得不重新评估它们的利益并调整其制度结构，从而遵守新观念的标准。由此造成的结果是造就了东盟的观念进程同样积极地解构着这一区域性组织，推动相关制度去遵循新的治理规范。

本书的四个案例研究描绘了一幅亚洲智库网络层次众多且紧密联系的图景，尽管各智库网络的特点与结构都不相同，它们的成员资格与意识形态却多有重合。此前的章节考察了这几个智库网络参与话语以及成功地将非传统安全观念传播到政府各层面的历程。每个智库网络都运用因果叙事，按照非传统安全议程的规定将当前的问题同潜在的解决方案联系起来。通过建构话语空间并积极运用议程设置、问题架构与关系网络架构等方式，各智库网络成功地将非传统安全观念纳入了主流安全讨论。由此，这些观念重新定义了域内安全议题的实质内容，挑战了长期以来的外交规范，最终激励并引导了亚洲安全治理的重构。

本书明确了三项核心论点：智库作为政治行为体的身份、话语和话语空间的重要性，以及观念与制度变迁之间的联系。第一个主题注意到智库的政治实体属性，并揭示了它们在政治议程的动员中充当观念施动者的角色。第二个主题认识到了话语的用途，并认识到话语空间的重要性在于它是智库产生影响力的有机组成部分。书中探索了智库运用话语和话语空间推广非传统安全观念主张、改变传统治理规范，并将新规范强加于现有和形成中的区域安全结构的实践。最后一个主题将智库的观念性影响同制度变迁联系起来。智库已经成功地开启了重新阐释安全的本质之路，而这一实践重新定义了什么才是得当的治理形式。接下来将一一针对上述三项论点进行简要的回顾和总结。

一、作为政治行为体的智库

本书的首要前提便是智库是像政治施动者一样运作权力的话语行为体。这同某些学者将智库视为政府官僚体系延伸的观点截然相反(Rüland，2002)。为了证明这一不同寻常的论点，我们检阅了克拉夫特的研究，他列出了五个主要特征，对智库作为独立政治角色的实用性和相关性质疑。克拉夫特的观点也是反对将亚洲的智库视为独立行为体、否认其与政治相关的诸多论调中的典型代表。他声称亚洲的第二轨道进程已经陷入了"自治困境"原因是：(1)它们过多地卷入了官方进程；(2)它们的安全话语涉及面太窄；(3)它们孤立于公民社会，是精英俱乐部的一部分；(4)它们只不过是空谈俱乐部；(5)域内第二轨道基础设施支离破碎(Kraft，2000：346—349)。他在 2000 年发表过一个评论，的确是从中总结域内智库截至当时的变迁历程、且已逐渐成为当下颇有影响的政治力量起点。

克拉夫特的核心批评是智库在提供有意义且合法的政策选项上受到太多官方制约，无法使之替代政府批准的政策。然而笔者认为，智库同政府之间的关系性质已经变成越来越平等且互惠的关系。这可以从官员在向智库进行咨询、将它们纳入第一轨道进程，以及参与第二轨道论坛等趋势中看出。为回报来之不易的参与政治进程的机会，智库则为各国政府与官员提供使他们在不断变动的安全环境中能够与时俱进的观念主张与话语空间。尽管智库相比以往任何时候都更深入地内嵌于政治进程，但它们已开始明确追求属于自己的议程，即使相关议程让它们所隶属的上级政府机构感到不悦(东盟战略与国际问题研究所和亚太安全合作理事会的情况便是如此)。此外，存在政府隶属关系的进程也获得了具有自主性的智库进程的支持(香格里拉对话和亚洲安全倡议便是两个得当的例子)。独立智库的加入复兴了第二轨道进程，将原本隶属于政府的机构，以及第一轨道本身，引入了对安全政策更有活力也更为辩证的讨论中去。

针对克拉夫特第二点"智库的话语过于狭隘"的批评，笔者偏向于认为此类话语自2000年起已经大大拓宽。相应的智库网络已经彰显了它们有能力用辩证的眼光看待问题,在批评政府的问题上也更加有力。各智库并未如克拉夫特所预见的那样更公开地支持第一轨道议程的结果;各智库网络的议程已背离了墨守成规的国家中心论,转而追求更加主动的路径,这从它们对新治理形式的支持中可以看出。在克拉夫特进行的观察研究中,非传统安全问题仍是第二轨道话语中的边缘议题;但自那以后,非传统安全问题在区域安全话语中已成为主流,而且很快在组织范式中占据了统治性地位。

第三,尽管智库由知识分子和政治精英组成的事实并未改变,但许多智库网络已开始想方设法让公民社会参与到更广泛的安全论争中来。东盟战略与国际问题研究所负责建立东盟人民大会(ASEAN Peoples' Assembly),并倡议组织了一项人权讨论会(即东盟战略与国际问题研究所人权讨论会)。这两项工作都是主动将公民社会纳入区域治理的尝试。香格里拉对话则邀请了各个领域的智库和非国家行为体参与对话,并为它们创造同防务官员会面的机会。亚洲安全倡议拓展了参与区域安全对话方的广度,有利于强调主流之外的边缘声音。尽管以国家为中心的各种路径仍占据统治地位,但智库网络提出的议程已越来越倾向关注人的安全。各智库网络都致力于从不同角度通过接纳市民社会与类型越来越丰富的行为体进行互动,从而将更多视角引入安全制定过程。

第四项针对第二轨道的指责认为各类论坛与会议只是"空谈俱乐部",缺乏任何相关政策产出。克拉夫特认为,鉴于第二轨道颇受重视,"可以明确的是,我们需要看到更多有关第二轨道行动的讨论转变为有意义的政策协调和合作建议"(Kraft,2003:349)。对于这一批评我们可以从两方面来看,并回应其中的质疑。首先第二轨道之所以有价值是**因为**它提供了一个讨论(即话语)的场所。这类论坛的价值在于它们所提供的话语空间联结了正式与非正式政治的舞台(这也是本书的核心论点之一)。而在提供颇有价值的政治空间之外,第二轨道政策分析对第一轨道进程的影响同样清晰可见。亚太安全合作理事会在主导推进信心与安全建设措施、最终确立预防性外交上获得了成功,而且为预防性外交的实现提供了行事框架。与之相似,东盟战略与国际问题研究所的建议也以写入东盟宪章的形式实现了制度化。而且,这两个智库网络为支持防长对话提出的建议也几乎与此类论坛的建立同步。此外,在香格里拉对话的主持下,第一轨道官员们就国家对人道主义危机的适当应对及在马六甲海峡建立一个海盗监测护航项目等问题达成了协定。所有上述实践都是致力于联系话语和政治行为,实现制度重构的过程,而且部分尝试获得了成功。

最后,克拉夫特所说的支离破碎的基础设施,如今已被更为制度化且更加独立的结构所取代。正如案例研究中所讨论的,除了亚洲安全倡议之外,其他三个智库网络都成功地同既有政治进程实现了对接。隶属于政府的智库网络同各自所代表的政府之间的联系更为深入且制度化程度更高,而香格里拉对话的体量和影响力都在持续扩大。克拉夫特亦曾敏锐地指出了亚洲金融危机之后对第二轨道进程有限且时断时续的经费资助所造成的问题。为解决这一问题,很多智库都拓展了本机构经费的来源渠道,从而尽快从财政危机中恢复。例如亚太安全合作理事会通过征收会费已相对实现了财政自由。鉴于其在政治上的重要性,即使有提高支出的需求,香格里拉对话也不太会受到经费不足的限制;该对话的成员国能为其提供足够的经费,军工企业也会提供资助。亚洲安全倡议的经费来自域外,因而全然脱身于本土的财政压力(尽管仍有赖于资助方经济状况)。

质疑亚洲智库网络的效用及相关性的观点正随着智库越来越自食其力,且在政治上越来越强势而被边缘化。智库同政府之间的关系则从非常不平等转变为平等的互惠关系。智库相对于政府日渐强大的地位使智库网络能够拓展议程,寻求将公民社会以及其他非国家行为体纳入话语体系,并推动各国政策实现实质性的变革。由此,智库已经从最初身处边缘、被拉拢的角色转型成为更为自主的"政策企业家"或曰运作方。

二、话语及话语空间的重要性

回到第二个主题,之前各章详细讨论了各智库网络运用话语、创建话语空间,最终实现了影响政策的目标。其中最重要的一点在于,智库运用话语协助自己实现了充当观念经纪人的目标(Smith, 1991)。

(智库)一旦获得权力,它们就将知识转化为话语,随后担负起协同式及交互式话语载体的角色。充当协同式话语的载体指的是智库在决策谈判过程中参与政策或观念性框架的创制、详细规划及说明等工作。它们能通过参加倡议联盟推广特定的观念主张、特定的政策问题架构,并为论争提供论据。

(Ladi,2011:212)

将智库网络概念化为话语载体的做法解释了此类网络在将非传统安全议程成功地从政策分析的舞台边缘推到政策论争中心的原因。这样做还明确了智库在运作观念主张时如何掌控这些观念,并运用这种权力创建、培育并支持特定的安全议程。

将话语制度主义运用于对智库的分析,得以揭示话语空间作为一种独特的政治机制现象,促进正式与非正式政治进程之间交互式话语及协同式话语发展。本书将话语空间的建构视为智库网络获得成功的核心特征;话语空间还通过阐释智库所提供政治空间的内在价值,助力了第二轨道学者的工作(Ball et al., 2006; Ladi, 2011; Stone, 2011)。它亦为解释非国家行为体在区域和跨国层面践行治理权力的方面提供了一种颇有价值的工具(Hameiri and Jones, 2011a; Krahmann, 2003)。

智库参与话语并在政治空间中传送观念主张的能力,使它们能产生并运用远超自身政治地位的观念影响力。智库运用上述影响改变了主导安全政策的规范和利益关注点,从而重新阐释了安全话语的内容。它们积极培育话语空间,将其作为提高自身话语实力的途径。此外,本书还坚信,智库已经并正在追求以非传统安全观念为核心的政治议程。细分智库的政治影响,可以注意到它们综合运用了传统与创新的机制形成了非传统安全议程。在此类空间中,智库运用各种形式、全方位地通过问题架构、议程设置、关系网络运作、制度化等途径将自己同非传统安全观念主张一起嵌入治理进程。过程追踪的方法使我们得以循迹智库积极参与政策进程的点点滴滴,突出它们在亚洲安全问题(再)定义过程中所起到的积极作用。认识到参与话语过程中所用的政治机制,则是对话语制度主义理论发展的重要贡献。从这一点上看,对话语制度主义因果机制的概念化远远不足,这也是施密特及其他话语制度主义学者(例如参见 Schmidt and Randaelli,

2004)曾提及理论的弱点所在。由此造成的结果,就是尚未充分发挥话语制度主义在解释问题上的重要价值。本书则针对某些不足进行了修订补充;同时明确了非国家行为体参与非正式形式的外交与治理活动时为形成有效的话语必须具备的政治性要素。

案例研究支持了上述论断,而且阐明了智库主动地为域内安全制造者提供、开发和开拓非传统安全观念主张的做法。所有四个智库网络都推广了不同的非传统安全议程,而且第二轨道的确是"能够引介安全问题的非传统视角的论坛。各国改变官方立场、重视广义安全问题的应归功于第二轨道的努力"(Kraft,2000:347)。例如,东盟战略与国际问题研究所早在1994年就将非传统安全问题列入其组织的亚太圆桌会议议程。亚太安全合作理事会在其提交给东盟地区论坛的正式备忘录中明确表述了非传统安全问题的重要性;同时还通过在非正式渠道每年出版的《亚太安全合作理事会区域安全展望》讨论相关问题。香格里拉对话公开承认其将安全议程扩大到涵盖非传统安全问题的立场,并表态认为这是该对话网络积极的一方面(IISS,2011)。此外,麦克阿瑟基金会亚洲安全倡议的根基也在极大程度上依赖非传统安全将新的不安全因素来源、加强合作并强化安全架构的需求同区域稳定联系起来的因果叙事。

相对于其他行为体,沿正式进程边缘或在区域治理的缺口建构话语空间使智库获得了实施话语行动和推广特定观念的特权。在亚洲,这样的空间提供了颇有价值且实为罕见的自由(或者说更加自由)交流的机会。所有研究涉及的智库网络都利用话语空间掌控了将观念引介给政策进程的方法,包括这些观念主张是在怎样的语境下、如何实现的架构。智库网络以政治施动者的身份运用话语及话语空间,专注于将非传统安全观念融入区域治理。它们这一努力大获成功引出了第三个主题,即智库推广的非传统安全观念引发了制度变迁。

三、观念与制度变迁

本书阐明了智库对非传统安全观念的推广改变了亚洲安全的定义。从内外两方面着手影响区域性制度,智库改变了此前定义安全与治理的规范，取而代之的是非传统安全议程的规范，特别是有关区域合作和集体安全概念。论及这一变革，卡巴莱诺-安东尼注意到：

> 当某些问题威胁到国家和社会安全时，东盟成员国，以及中国、韩国和日本都似乎准备采取干涉程度更高的安排。这是一个显著的进步……至少直至出现新的跨国安全威胁之前，区域性协定仍是一直以来坚持的、非介入的安排形式。
>
> （Caballero-Anthony，2010a：217）

作为推动制度变迁目标的一部分，智库成功地说服执行治理的官员接受此前看来"激进"的观念，并运用因果叙事说服域内决策者得出"合乎逻辑"的结论，即加强区域安全合作是回应非传统安全威胁的最佳形式。从一系列规范到另一系列规范的转变，必然存在一套对国家与区域性制度之间权力互动，进而导致制度变迁过程的再评估。这一发展进程为智库参与指导国家与区域性制度提供蓝图和框架、主导制度变迁的过程，提供了契机。

所有四个案例研究中的智库网络都影响了人们对亚洲的非传统安全问题的看法，改变了既有的安全结构。例如东盟战略与国际问题研究所的说服力在亚太安全合作理事会和东盟地区论坛的创建过程中清晰可见。相关性更大的例子是东盟战略与国际问题研究所为东盟宪章所做的贡献实际上行使了观念性权力，该宪章是通过扩大该组织的制度化范围强化东盟权力的重要一步。亚太安全合作理事会也在推动其第一轨道成员，即东盟地区论坛的制度化。该理事会建议设立一个东盟地区论坛秘书处，并呼吁东盟地区论坛在区域合作问题上采取更加积极主动的立场。该理事会或对东盟地区论坛防务官员对话的发展做出过贡献，理事会鼓励外交部长同防务官员的协作，并强调了以防务问题为基础组织对话的必要性。东盟地区论坛防务官员对话会的议程集中关注加强"防御轨道"的非传统安全观念，且该论坛明确将自然灾害、气候变化、恐怖主义及海盗行为等所有非传统安全问题都视为安全威胁（Ball and Guan，2010）。

智库是将非传统安全问题架构作为共同关注议题的重要行为体，它们也将此类问题作为鼓励人道主义援助与赈灾等"软"军事合作的一个途径。近年来,这类合作已转变为更具有实质性的共同治理形式(Zimmerman,2010)。2002年,中国和东盟签署了《中国与东盟有关非传统安全问题领域合作联合宣言》。这一进程获得了东盟地区论坛第二轨道(亚太安全合作理事会)的积极支持,该理事会"把观念提供给了政府间第一轨道层面,并在东盟地区论坛部长级会议上达成协议"(Arase,2010:815)。中国与东盟的这一联合宣言是极为重要的一步,重申了双方决心"在非传统安全问题领域加强并深化合作"的意愿(ASEAN,2002)。

香格里拉对话则在制度化的道路上更进一步,将对话自身与非传统安全问题一起纳入了区域治理结构。香格里拉对话已经深嵌安全治理事务,在某种程度上已成为东盟国家国防部长+会议合法的竞争者(Tan,2012b)。即便设立东盟国家国防部长会议诸进程并非是为了对抗香格里拉对话日益增长的影响,该会议在事实上采用了很多同香格里拉对话相一致的论坛形式——包括积极参与非传统安全议程。香格里拉对话可能也是改进东盟地区论坛层面合作最直接的原因,因为中国倡议举行的东盟地区论坛安全政策会议被认为是对香格里拉对话日益增长影响力的直接回应(Capie and Taylor,2010)。而且,同香格里拉对话相似,安全政策会议将非传统安全问题置于其议程的突出位置。此外,香格里拉对话也是解决非传统安全问题的重要平台,并向整个区域和公众公开阐明这些问题。各国官员则利用该对话提供的机会呼吁更为深入的区域安全合作,而且该论坛甚至被当作争论并宣布非传统安全问题治理战略的场合。例如,域内行为体曾在香格里拉对话上商定了一套指导域内各方对人道主义灾难做出反应的原则。

智库不断增长的影响力挑战了传统国际关系对政权间交流、合法性、决策中的观念等问题的认识。在芭看来,区域合作是观念化进程的产物,观念性行为体具有更加重要的政治影响力(Ba,2009)。这一发现对国际关系研究来说意味深长,因为观念性行为体有能力通过定义自身利益并改变其所运作的规范,对国家施加影响。甚至本身并无制度化结构的亚洲安全倡议,也为非传统安全观念未来的政策发展提供了途径。由此,观念性行为体和智库网络拥有了通过为域内专著安全问题的认知共同体提供资讯、进而塑造本区域治理的潜力。受非传统安全以及其他领域全球化进程的影响，区域主义日渐强势，治理权威正从国家性区域性向组织性区域转移。

此行出发何处去？

本书串联起来的一系列研究主题为未来的研究提供了众多选项。前述几章阐明了话语制度主义在联结观念和制度变迁中所起的作用，该理论还提出了一个颇有价值的视角，从中可以观察新兴安全治理群体——尤其在观察非国家行为体时更为如此。话语制度主义在解释话语空间和国际关系领域观念行为体的重要性过程中所体现出来的潜力值得我们进一步深入研究。在区域和国际层面，尤其在亚洲，决策者依赖话语，因此传达观念的形式、语境，以及传达者都能产生显著的影响。而随着越来越多的非国家行为体参与到安全进程中去，这种情况会越发显著。话语制度主义能洞察有关国家与非国家行为体之间的权力互动，并对观念影响政策与制度变迁提出得当的解释。

另一条深入探究的途径则来自在国家控制范围之外政治空间的建构。此类空间描绘了一类重要的政治机会，即国家与非国家行为体平等地参与话语的机遇，特别是在像亚洲这样狭隘且受限的政治环境中尤为宝贵。而在一个非国家行为体数量（即观念行为体）迅速增长的世界里，观念、政治权利和制度的价值越来越大。本书所讨论的智库中，有无数与新兴治理机构一起发展的新网络。东亚智库网络和东亚论坛（均建立于2003年）选择让网络隶属于"东盟+3"进程（NEAT，2013）。东盟防务和安全研究所（ASEAN Defence and Security Institutes，NADI）这一第二轨道智库网络建立于2007年，对标的是新建立的东盟国家国防部长会议和东盟国家国防部长+会议（NADI，2014）。第一轨道会议日渐拥挤的场景为智库网络提供了大量以前不存在的政治机遇——参与话语并提供话语空间。

此外，智库致力于在区域和全球层面同其他智库建立一对一的联系，提高自身国际化程度。亚太安全合作理事会和亚洲安全倡议业已建立了全球性的联系；越来越多的智库发现，在域内获得存在感是有益且必要的。众多研究所设立了海外分支机构，从而进一步提高自身政策影响力、获得关系网络的相关机会。国际战略研究所在伦敦、美国、新加坡和巴林都设有分支机构——这使其在全球都有存在感。鉴于它们或将造成可观的跨境影响,智库形形色色的表现也值得进一步研究。这也是话语制度主义为针对智库观念性影响力的研究提供工具的又一实例,在关于话语空间创设的战略性和充分利用等问题上尤为如此。

四、智库与未来的安全治理

当前,亚洲对安全治理的需求已经超越了现有治理结构的能力范围。域内趋势显示,各方越来越希望能够及时又有效地进行安全治理以管理非传统安全问题。这一趋势有利于更坚定且自信、更具创新意识的制度,突出了智库论坛相比传统政府论坛更为有效的特征。随着这一趋势的持续,就谁在域内行使治理权威产生两种结果。第一种可能的结果是目前的制度结构通过进程的制度化、放弃东盟模式并接受协同安全模式,从而实现符合安全需求的演进。在这种情况下,智库将继续以现在的身份帮助引导接受制度化,继续支持区域性制度。一般而言,隶属于政府的智库偏好这一选项,因为现有状况保证了它们的参政渠道与合法性。然而,这一结果有可能仅仅停留在传统静态结构对新治理需求的适应上。变革制度的尝试已经做出,但迄今为止尚未显示出任何解决跨境问题,或是跳出东盟外交规范局限的能力。正式制度的惰性使东盟战略与国际问题研究所与亚太安全合作理事会开始考虑东盟与东盟地区论坛之外的政治备选项。亚太安全合作理事会似乎将关注重心从东盟地区论坛转向了东盟,后者被视为更积极且灵活的制度。某位亚太安全合作理事会参与者曾明确指出"东盟地区论坛薄弱的结构制约了亚太安全合作理事会的工作。新制度则能引起政府领导人的关注,因此东盟地区论坛越来越不受重视"(ASEAN Regional Forum,1995)。亚太安全合作理事会成员也在一份《亚太安全合作理事会区域安全展望》报告中注意到,尽管该智库网络仍计划保持其第一轨道进程知识顾问的角色,但必须改进自身的政策建议模式。亚太安全合作理事会各行为体已认识到它们正在被东盟地区论坛边缘化,为了避免这种结果,该智库网络认为"有必要确认自己参与现有区域性组织的性质,同时考虑什么才是自己为域内协同式安全话语做贡献的最佳方式"

(Ponappa and Guan, 2012：55)。从2013年《亚太安全合作理事会区域安全展望》报告中可以看出该理事会已开始寻求更具成效的受众,绕开东盟地区论坛,专注于为东盟提供政策建议的工作(Ball et al., 2012)。

然而东盟自身的前进脚步同样困难重重,东盟战略与国际问题研究所内部某些成员智库已对其进程之缓慢感到疲倦。这种幻灭感在东盟战略与国际问题研究所成员智库的杰出成员在形成有关"后东盟"时代外交政策潜在结构的预测中达到顶峰(Tan, 2012b)。对东盟战略与国际问题研究所而言,这意味着该智库网络或是同新的区域性组织一起重组网络;或是干脆解散该网络,因为各智库都希望通过其他途径获得更有意义的影响力。而这将导致第二种潜在结果,即现有结构无法充分适应上述变化,实现治理目标的任务越来越多地落到非国家行为体身上。

治理权威的扩散已经在区域层面发生,单一的区域治理模式并未形成,取而代之的是众多"多层次、多中心的公共政策类型;在缺乏正式的全球治理机构的情况下,大量机构和智库网络在国际组织内部或国际组织之间进行的谈判已成为务实的回应"(Stone, 2010：272)。在亚洲,智库网络如东盟战略与国际问题研究所、亚太安全合作理事会、香格里拉对话与亚洲安全倡议无论同政府间组织进行合作,还是单独行事,都已经开始充当治理行为体的角色。如果东盟和东盟地区论坛等仍不改革现有制度,它们极有可能发现随着智库组织的对话被认为是更高效的安全治理渠道,自己逐渐会被边缘化。在这种情况下,东盟战略与国际问题研究所和亚太安全合作理事会将发现自己的影响力堪比官方论坛,并在治理框架中承担了越来越多的职能。各独立论坛的纷纷兴起以满足治理需求,并填补治理权威的空缺,而且有可能获得曾经一度仅为国家所能拥有的治理权力。随着香格里拉对话较之其他正式论坛更为流行,有微妙的证据表明这种情况正在发生。

五、小结

非传统安全问题的兴起造成了逐渐削弱现有区域性制度的观念性冲突。这些制度发现自己被两方面的力量所撕裂,一边是传统治理规范的制约，另一边则是不断增长的对新安全治理形式的需求。在区域性行为体努力调解国家自主性同区域性制度有效性之间的两难局面之际，智库则通过定义安全观念、推广处理变动中安全需求的议程、规划政策蓝图从而主导相关进程等成为重要政治施动者，登上了政治舞台。将话语的概念运用于对智库与各国官员之间的互动，成功地揭示了观念对政治与制度变迁的影响。本书通过阐明制度主义路径与建构主义路径的共识，在制度变迁分析中找回观念，并将观念行为体作为分析的重中之重。

本书论证了智库是活跃的政治进程参与者，它们提出观念主张、参与话语实践并建构话语空间以改变传统规范，从而影响了政治进程并塑造了亚洲的安全制度。智库在此被视为域内治理进程的必要组成部分，追求自身提出并明确界定的政治议程。这一定位使智库能够担当起变革施动者的角色，由此打破了此前仅将它们视为被动政策提供者的偏见。智库成功引发并主导制度变迁的实践提出了一个重要且事关政治的问题，即亚洲治理权威来源何处；智库的成功还挑战了关于亚洲治理研究施动者与权力、国家与非国家行为体之间严格的分析二分法。各项案例研究都显示出智库网络并非身处政治"之外"，而是深深嵌入了区域治理进程。本书运用各种证据，详尽分析了治理权威从国家转向区域性行为体、从官方论坛转向非官方论坛这一清晰却缓慢的进程。智库提出了认识理解安全问题的观念，并对安全治理结构的塑造施加了影响。此外，每个个案研究都暗示了当国家或区域性组织无法满足治理需求时，智库在提供安全治理方面的作用越来越大。

总之，智库网络通过扮演经纪人这一角色，极大地影响了区域结构。它们主导未来亚洲安全治理的能力对国际关系学术研究颇为重要，但远未得到充分赏识。本书通过重新关注观念在亚洲制度变革中的力量，深化了建构主义研究议程。揭示了遍布亚洲的智库网络如何从政策层面到认知层面进行理念推广的，并支持地区规范向新型安全治理形式的转变。本研究突出强调了区域治理语境下正式与非正式进程二分法的谬误之处，指出了观念性行为体的权力；由此揭示了话语空间的重要性，并阐明了智库网络同治理机构之间相互关联的关系。最后，本书指出智库对非传统安全议程的推广同时改变了此前对"安全"和"治理"的认识。这表明智库以非传统安全观念为催化剂，在定义亚洲安全治理的未来方面发挥了重要的作用。

附录一　亚洲安全倡议成员智库名单

核心智库

东亚研究所——韩国首尔

获得200万美元经费资助,支持应对东北亚地区面临的安全挑战的政策研究和能力建设(超过3年)。

南洋理工大学拉惹勒南国际研究院——新加坡共和国新加坡

获得250万美元经费资助,支持应对亚洲各国内部面临的安全挑战的政策研究与能力建设(超过3年)。

北京大学国际与战略研究中心(Peking University, Center for International and Strategic Studies)——中国北京

获得140万美元经费资助,支持应对亚洲地区安全问题的政策研究与能力建设(超过3年)。

其他智库

澳大利亚国立大学(Australian National University)——澳大利亚堪培拉

获得60万美元经费资助,支持对美国和美国的缔约盟国,如何同其他相关国家在多边制度中整合双边层面的外交与经济战略的研究(超过3年)。

战略与国际问题研究中心(Center for Strategic and International Studies)——美国哥伦比亚特区华盛顿

获得45万美元经费资助,支持对以美国为中心的联盟体系在一个权力互动不断变化的时代,如何帮助解决亚洲的国际安全挑战的政策研究(超过3年)。

人道主义对话中心(Centre for Humanitarian Dialogue)——瑞士日内瓦

获得60万美元经费资助,支持对亚太地区国内暴力冲突各国不同回应的比较研究(超过2年)。

政策研究中心(Centre for Policy Research)——印度新德里

获得75万美元经费资助,支持有关南亚安全合作的研究(超过3年)。

中国国际战略研究基金会(China Foundation for International and Strategic Studies)——中国北京

获得16万美元经费资助,支持中国技术及政策专家研究有核国家的核战略与国家战略研究(超过2年)。

印度国际经济关系研究委员会(Indian Council for Research on International Economic Relations)——印度新德里

获得45万美元经费资助,支持青年南亚学者及意见领袖对亚洲安全问题的政策研究(超过3年)。

国际经济研究所(Institute for International Economics)——美国哥伦比亚特区华盛顿

获得20万美元经费资助,支持对朝鲜的政策研究(超过2年)。

国际战略研究所——英国伦敦

获135万美元经费资助,支持2009—2011年举办的亚洲安全峰会(香格里拉对话)以及对亚太地区中小国家如何在外交和军事领域应对域内权力变动的研究(超过3年)。

该研究所在2008年举办香格里拉对话时亦获得了麦克阿瑟基金会25万美元的经费资助。

日本国际交流中心(Japan Center for International Exchange, JCIE)——日本东京

获得50万美元经费资助,支持有关非政府力量将如何影响东亚成功地建立安全合作的研究(超过3年)。

韩国高丽大学—民国际关系研究院（Korea University Ilmin International Relations Institute）——**韩国首尔**

获得 60 万美元经费资助，支持一项探究一旦朝鲜崩溃可能导致的风险与应对方案的研究项目（超过 3 年）。

罗伊国际政策研究所（Lowy Institute for International Policy）——**澳大利亚悉尼**

获得 70 万美元经费资助，支持对亚太地区多边主义的制约因素与局限所在的研究（超过 3 年）。

（美国）国家亚洲研究局（National Bureau of Asian Research, NBR）——**美国华盛顿州西雅图**

获得 120 万美元经费资助，支持对南亚区域合作和海上能源资源的研究（超过 3 年）。

"国立政治大学"国际关系研究所（National Chengchi University, Institute for International Relations）——**中国台湾台北市**

获得 55 万美元经费资助，支持有关台海关系的政策研究（超过 3 年）。

美国外交政策国家委员会（National Committee on American Foreign Policy）——**美国纽约州纽约**

获得 25 万美元经费资助，支持各类东亚安全对话活动（超过 2 年）。

新加坡国立大学李光耀公共政策学院（National University of Singapore, Lee Kuan Yew School of Public Policy）——**新加坡共和国新加坡**

获得 75 万美元经费资助，支持有关能力建设和亚洲能源政策的政策研究（超过 3 年）。

国立首尔大学（Seoul National University）——**韩国首尔**

获得 30 万美元经费资助，支持对中韩安全挑战的政策研究（超过 3 年）。

上海交通大学环太研究中心（Shanghai Jiaotong University, Center for RimPac Strategic and International Studies）——**中国上海**

获得 18 万美元经费资助，支持对台海关系的政策研究（超过 3 年）。

斯坦福大学国际安全与合作研究中心(Stanford University, Center for International Security and Cooperation)——**美国加利福尼亚州斯坦福**

获得12.5万美元经费资助,支持有关东北亚安全的工作。

战略远见小组(Strategic Foresight Group)——**印度孟买**

获得40万美元经费资助,支持对亚洲水资源冲突的政策研究(超过2年)。

清华大学国际问题研究所(Tsinghua University, Institute of International Studies)——**中国北京**

获得30万美元经费资助,支持对台海关系的政策研究(超过3年)。

加利福尼亚大学圣迭戈分校全球冲突与合作研究所(University of California, San Diego, Institute on Global Conflict and Cooperation)——**美国加利福尼亚州拉荷亚**

获得50万美元经费资助,支持对包括六方对话制度永久化在内的区域安全架构政策研究(超过2年)。

东京大学政策选择研究所(Tokyo University, Policy Alternative Research Institute)——**日本东京**

获得52.5万美元经费资助,支持对包括六方对话制度永久化在内的区域安全架构政策研究(超过2年)。

延世大学(Yonsei University)——**韩国首尔**

获得20万美元经费资助,支持对包括六方对话制度永久化在内的区域安全架构政策研究(超过2年)。

附录二 访谈名单

1. Monika Bartwal-Datta，Monika：副博士，悉尼大学国际安全研究中心粮食安全项目负责人。访谈时间、地点：2011年4月20日，悉尼。

2. Conley Tyler，Melissa：澳大利亚国际事务研究所国别执行主任。访谈时间、地点：2012年3月9日电话访谈，堪培拉。

3. Cook，Alistair，D. B.：博士，新加坡南洋理工大学非传统安全研究中心研究员，国内与跨境冲突研究项目负责人。访谈时间、地点：2011年11月30日，新加坡。

4. Curson，Peter：澳大利亚悉尼大学国际安全研究中心，人口与安全教授。访谈时间、地点：2011年4月20日，悉尼。

5. Dupont，Alan：悉尼大学国际安全研究中心主任、迈克尔·欣茨（Michael Hintze）国际安全讲席教授；罗伊国际政策研究所兼职研究员。访谈时间、地点：2011年4月9日，悉尼。

6. Ewing，Jackson：博士，新加坡南洋理工大学拉惹勒南国际研究院环境、粮食与气候安全研究项目负责人。访谈时间、地点：2011年11月30日，新加坡。

7. Huxley，Timothy：博士，国际战略研究所亚洲分部执行主任。访谈时间、地点：2011年11月24日，新加坡。

8. Mak，J. N.：独立分析师。访谈时间、地点：2011年12月7日，吉隆坡。

9. Mun，Tang Siew：博士，马来西亚战略与国际问题研究所（分管外交与安全研究）主任。访谈时间、地点：2011年12月4日，吉隆坡。

10. Nesadurai，Helen：（马来西亚）莫纳什大学Sunway校区副教授。

访谈时间、地点：2011 年 12 月 7 日，吉隆坡。

11. Track II Participant ♯1：访谈时间、地点：2011 年 12 月 6 日，吉隆坡。

12. Track II Participant ♯2：访谈时间、地点：2011 年 12 月 6 日，吉隆坡。

13. Track II Participant ♯3：访谈时间、地点：2011 年 12 月 1 日，新加坡。

14. Track II Participant ♯4：访谈时间、地点：2011 年 12 月 1 日，新加坡。

15. Track II Participant ♯6：访谈时间、地点：2011 年 11 月 9 日，新加坡。

16. Wilkins，Thomas：博士，澳大利亚悉尼大学国际安全研究中心高级讲师。访谈时间、地点：2011 年 4 月 20 日，悉尼。

参考文献

Abelson, Donald E. *Capitol Idea: Think Tanks and US Foreign Policy*. Kingston and Montreal: McGill-Queen's Press-MQUP, 2006.
Acharya, Amitav. *Constructing a Security Community in Southeast Asia: ASEAN and the Problem of Regional Order*. Politics in Asia Series. 2nd ed. London; New York: Routledge, 2009a.
——. *Whose Ideas Matter?: Agency and Power in Asian Regionalism*. Cornell Studies in Political Economy. Ithaca: Cornell University Press, 2009b.
Acharya, Amitav, and Barry Buzan. "Why Is There No Theory in Asian International Relations?" in *Annual Meeting of the International Studies Association*. Le Centre Sheraton Hotel, Montreal, Quebec, Canada 2004.
Adler, Emanuel. "Seizing the Middle Ground: Constructivism in World Politics." *European Journal of International Relations* 3, no. 3 (1997): 319–63.
ADMM. *(ADMM) Three (3)-Year Work Programme*. Singapore, ASEAN Defence Ministers' Meeting, 2007.
ADMM. "ASEAN Defence Establishments and Civil Society Organisations (CSOs) Cooperation on Non-Traditional Security (Concept Paper)." Jakarta: ASEAN Defence Ministers' Meeting, 2009a.
ADMM. "Joint Declaration of ASEAN Defence Ministers on Strengthening ASEAN Defence Establishments to Meet the Challenges of Non-Traditional Security Threats." Chonburi, Thailand: ASEAN Defence Ministers' Meeting, 2009b.
ADMM. "The Use of ASEAN Military Assets and Capatilities in Humanitarian Assistance and Disaster Relief (Concept Paper)." Jakarta: ASEAN Defence Ministers' Meeting, 2009c.
ADMM Plus. "Bandar Seri Begawan Joint Declaration on the Second ASEAN Defence Ministers' Meeting Plus." Bandar Seri Begawan, Brunei Darussalam: ASEAN Defence Ministers' Meeting-Plus, 2013.
Aguilar, Alan Christopher Jessen. "Track 2 Diplomacy and the ASEAN Peace: The Role of Experts in the Development Towards a Security Community – a Case Study on ASEAN-ISIS." University of Oslo, 2008.
Ahmad, Zakaria Haji, and Baladas Ghoshal. "The Political Future of ASEAN after the Asian Crisis." *International Affairs* 75, no. 4 (1999): 759–778.
Arase, David. "Non-Traditional Security in China-ASEAN Cooperation: The Institutionalization of Regional Security Cooperation and the Evolution of East Asian Regionalism." *Asian Survey* 50, no. 4 (2010): 808–33.
ASEAN-ISIS (ASEAN-Institutes for Strategic and International Studies). "Statutes of ASEAN ISIS," in *22 Years of ASEAN ISIS*, edited by Hadi Soesastro, Clara Joewono and Carolina G. Hernandez. Appendix 3, 165–70. Jakarta: Published for ASEAN ISIS by CSIS, 2006.
ASEAN. "ASEAN Regional Forum Vision Statement." Phuket, 23 July 2009.
——. "Joint Declaration of ASEAN and China on Cooperation in the Field of Non-Traditional Security Issues," in *The 6th ASEAN-China Summit*. Phnom Penh: ASEAN Secretariat, 2002.

ASEAN Ministerial Meeting. "Joint Communique of the Twenty-Sixth ASEAN Ministerial Meeting." Singapore, 23–24 July 1993.

ASEAN Secretariat News. "ASEAN Defence Ministers and their Plus Counterparts Reaffirm Commitment for Regional Peace and Security at the Second ADMM-Plus," 3 September 2013. Accessed 29 March 2015. http://www.asean.org/news/aseas-secretartiat-news/item/asean-defence ministers-and-their-plus-counterparts-reaffirm-commitment-for-regional-peace-and-security-at-the-2nd-admm-plus.

ASEAN Secretariat News. "ASEAN Defence Ministers Reflect on Way Forward in 2013," 22 November 2012. Accessed 29 March 2015 at http://www.asean.org/news/asean-secretariat-news/item/asean-defence-ministers-reflect-on-way-forward-for-2013.

ASEAN Regional Forum. "The ASEAN Regional Forum: A Concept Paper." Kuala Lumpur, Malaysia: ASEAN Regional Forum, 1995.

———. "ASEAN Regional Forum: Annual Security Outlook 2009," in *42nd AMM/PMC 16th ARF*. Thailand, 2009a.

———. "Defence Dialogue within the ASEAN Regional Forum: A Concept Paper for Discussion." Jakarta: ASEAN Secretariat, Revised draft as of 12 March 2002.

———. "Hanoi Plan of Action to Implement the ASEAN Regional Forum Vision Statement." Vietnam, 2009b.

ASEAN Regional Forum, Chairman's Statement of the 1st Meeting of the ASEAN Regional Forum. "The ASEAN Regional Forum: A Concept Paper." Bangkok: ASEAN Regional Forum, 25 July 1994.

Asia-Pacific Roundtable. *Strengthening Comprehensive and Cooperative Security in the Asia Pacific*. Kuala Lumpur, Malaysia, 7–9 June, 2010.

Asia-Pacific Roundtable. "Asian Security Governance and Order," in *The 26th Asia-Pacific Roundtable*. Kuala Lumpur, Malaysia, 2012.

Asia-Pacific Roundtable. *The 28th Asia-Pacific Roundtable Conference Programme*. Kuala Lumpur, Malaysia, 2–4 June 2014.

Avant, Deborah D., Martha Finnemore, and Susan K. Sell. *Who Governs the Globe?* Cambridge Studies in International Relations. New York: Cambridge University Press, 2010.

Ba, Alice. "The ASEAN Regional Forum: Maintaining the Regional Idea in Southeast Asia." *International Journal* 52, no. 4 (1997): 635–56.

Ba, Alice D. *(Re)Negotiating East and Southeast Asia: Region, Regionalism, and the Association of Southeast Asian Nations*. Studies in Asian Security. Stanford, California: Stanford University Press, 2009.

Backer, Thomas E. "Strengthening Nonprofits: Capacity Building and Philanthropy." Encino, California: Human Interaction Research Institute, 2000.

Ball, Desmond. "CSCAP's Foundation and Achievements," Chapter 2 in *Assessing Track 2 Diplomacy in the Asia-Pacific Region: A CSCAP Reader*, edited by Desmond Ball and Kwa Chong Guan. 9–61. Canberra: Australian National University, and Singapore: S. Rajaratnam School of International Studies, 2010a.

———. "CSCAP and the ARF," Chapter 3 in *Assessing Track 2 Diplomacy in the Asia-Pacific Region: A CSCAP Reader*, edited by Desmond Ball and Kwa Chong Guan. 62–74. Canberra: Australian National University, and Singapore: S. Rajaratnam School of International Studies, 2010b.

———. "A New Era in Confidence Building." *Security Dialogue* 25, no. 2 (1994): 157–76.

———. "Reflections on Defence Security in East Asia," *RSIS Working Paper Series, No. 237*. Singapore: S. Rajaratnam School of International Studies, 2012.

Ball, Desmond, and Kwa Chong Guan. "Conclusions: Assessing CSCAP and Its Prospects," Chapter 13 in *Assessing Track 2 Diplomacy in the Asia-Pacific Region: A CSCAP Reader*, edited by Desmond Ball and Kwa Chong Guan. 251–69. Canberra: Australian National University, and Singapore: S. Rajaratnam School of International Studies, 2010.

Ball, Desmond, Anthony Milner, and Brendan Taylor. "Track 2 Security Dialogue in the Asia-Pacific: Reflections and Future Directions." *Asian Security* 2, no. 3 (2006): 174–88.

Ball, Desmond, Anthony Milner, Rizal Sukma, and Yusuf Wanandi, eds. *CSCAP Regional Security Outlook 2013*: CSCAP, 2012.

Beeson, Mark, and Richard Stubbs. "Introduction," in *Routledge Handbook of Asian Regionalism*, edited by Mark Beeson and Richard Stubbs, 1–7. Routledge Handbooks. London; New York: Routledge, 2012.

Béland, Daniel. "Gender, Ideational Analysis, and Social Policy." *Social Politics: International Studies in Gender, State & Society* 16, no. 4 (2009): 558–81.

Bell, Stephen. "Do We Really Need a New 'Constructivist Institutionalism' to Explain Institutional Change?" *British Journal of Political Science* 41, no. 4 (2011): 883–906.

———. "The Power of Ideas: The Ideational Shaping of the Structural Power of Business." *International Studies Quarterly* 56, no. 4 (2012): 661–73.

Benford, Robert D., and David A. Snow. "Framing Processes and Social Movements: An Overview and Assessment." *Annual Review of Sociology* 26, no. 1 (2000): 611–39.

Bennett, Andrew, and Colin Elman. "Case Study Methods in the International Relations Subfield." *Comparative Political Studies* 40, no. 2 (2007): 170–95.

Blyth, Mark. *Great Transformations: Economic Ideas and Institutional Change in the Twentieth Century*. Cambridge; New York: Cambridge University Press, 2002.

———. "Powering, Puzzling, or Persuading? The Mechanisms of Building Institutional Orders." *International Studies Quarterly* 51, no. 4 (2007): 761–77.

Bryman, Alan. *Social Research Methods*. 2nd ed. Oxford; New York: Oxford University Press, 2004.

Burch, Philip. *Reagan, Bush, and Right-Wing Politics: Elites, Think Tanks, Power, and Policy*. London; England: JAI Press Ltd, 1997.

Buzan, Barry, Ole Wæver, and Jaap de Wilde. *Security: A New Framework for Analysis*. Boulder, Colo.: Lynne Rienner Pub., 1998.

Caballero-Anthony, Mely. "The ASEAN Charter: An Opportunity Missed or One That Cannot Be Missed?" *Southeast Asian Affairs* 2008 (2008): 71–85.

———. "ASEAN ISIS and the ASEAN Peoples' Assembly (APA): Paving a Multi-Track Approach in Regional Community Building," in *Twenty Two Years of ASEAN ISIS: Origin, Evolution and Challenges of Track Two Diplomacy*, edited by Hadi Soesastro, Clara Joewono and Carolina G. Hernandez. 53–74. Jakarta: Published for ASEAN-ISIS by the Centre for Strategic and International Studies, 2006.

———. "Message from the Head of Centre." RSIS Centre for NTS Studies, Last updated 22 April 2014. https://web.archive.org/web/20140224022840/http://www.rsis.edu.sg/nts/system.asp?sid=146.

——. "Non-Traditional Security Challenges, Regional Governance, and the ASEAN Political-Security Community (APSC)," *Asia Security Initiative Policy Series: Working Papers*. Singapore: Centre for Non-Traditional Security Studies, S. Rajaratnam School of International Studies, 2010a.

——. "Non-Traditional Security Issues in Asia: Imperatives for Deepening Regional Security Cooperation," Chapter 9 in *Assessing Track 2 Diplomacy in the Asia-Pacific Region: A CSCAP Reader*, edited by Desmond Ball and Kwa Chong Guan. 202–18. Singapore: S Rajaratnam School of International Studies, 2010b.

——. *Regional Security in Southeast Asia: Beyond the ASEAN Way*. Singapore: Institute of Southeast Asian Studies, 2005.

Caballero-Anthony, Mely, and Alistair DB Cook, eds. *Non-Traditional Security in Asia: Issues, Challenges and Framework for Action*. Singapore: Institute of Southeast Asian Studies, 2013a.

Caballero-Anthony, Mely, and Alistair DB Cook. "NTS Framework," Chapter 1 in *Non-Traditional Security in Asia: Issues, Challenges and Framework for Action*, edited by Mely Caballero-Anthony and Alistair DB Cook. 1–14. Singapore: Institute of Southeast Asian Studies, 2013b.

Campbell, John L. "Ideas, Politics, and Public Policy." *Annual Review of Sociology* 28, no. 1 (2002): 21–38.

Campbell, John L., and Ove Kaj Pedersen, eds. *The Rise of Neoliberalism and Institutional Analysis*. New Jersey: Princeton University Press, 2001.

Capie, David, and Brendan Taylor. "The Shangri-La Dialogue and the Institutionalization of Defence Diplomacy in Asia." *The Pacific Review* 23, no. 3 (2010): 359–76.

Capie, David, and Paul Evans. *The Asia-Pacific Security Lexicon*. 2nd ed. Singapore: Institute of Southeast Asian Studies, 2007.

Centre for Non-Traditional Security Studies. "Mission." S. Rajaratnam School of International Studies, http://www.rsis.edu.sg/nts/system.asp?sid=49.

Cheeseman, Graeme. "Asian-Pacific Security Discourse in the Wake of the Asian Economic Crisis." *The Pacific Review* 12, no. 3 (1999): 333–56.

Chipman, John. "Opening Remarks." *9th Asia Security Summit (Shangri-La Dialogue)*, 4 June 2010.

Cloud, David S. "Gates Reassures Asia of U.S. Military Commitment." *Los Angeles Times*, 5 June 2011.

Common, Richard. "Public Management and Policy Transfer in Southeast Asia." Developed from the author's thesis, D Phil, Ashgate: University of York., 2001.

Cross, Mai'a K. Davis. *Security Integration in Europe: How Knowledge-Based Networks Are Transforming the European Union*. Ann Arbor: University of Michigan Press, 2011.

CSCAP. "CSCAP Study Group on Preventive Diplomacy and the Future of the ASEAN Regional Forum." [Chairmen's Report (Final)]. 1–8. Bandar Seri Begawan, Brunei, 30–31 October 2007.

CSCAP. "The Kuala Lumpur Statement." Kuala Lumpur, 8 June 1993.

CSCAP. "Memorandum No. 1 – The Security of the Asia Pacific Region." Kuala Lumpur, Malaysia: Council for Security Cooperation in the Asia-Pacific, April 1994.

CSCAP. "Memorandum No. 26 – Towards an Effective Regional Security Architecture for the Asia Pacific." Kuala Lumpur, Malaysia: Council for Security Cooperation in the Asia Pacific, June 2014.

CSCAP. "Study Groups." http://www.cscap.org/index.php?page=study-groups. Accessed 31 January 2015.

CSCAP China. "CSCAP 9th General Conference Report – Prioritizing Mutual Trust and Win-Win Cooperation." Beijing: Council for Security Cooperation in the Asia Pacific, 2013.

CSCAP Indonesia. "CSCAP 7th General Conference Report: New Challenges to Asia Pacific Security." Jakarta: Council for Security Cooperation in the Asia Pacific, 2009.

CSCAP Study Group on the Implications of Climate Change. "Memorandum No. 15 – the Security Implications of Climate Change." Council for Security and Cooperation in the Asia Pacific, June 2010.

CSCAP Study Group on the Responsibility to Protect (RtoP). "CSCAP Memorandum No. 18 – Implementing the Responsibility to Protect (RtoP)." Kuala Lumpur, Malaysia: Council for Security Cooperation in the Asia Pacific, September 2011.

CSCAP Vietnam. "CSCAP 8th General Conference Report – Dangers and Dilemmas: Will the New Regional Security Architecture Help?" Hanoi: Council for Security Cooperation in the Asia Pacific, 2011.

CSCAP Working Group on Comprehensive and Cooperative Security. "Memorandum No. 3 – the Concepts of Comprehensive Security and Cooperative Security." Council for Security Cooperation in the Asia-Pacific, December 1995.

CSCAP Working Group on Confidence and Security Building Measures. "Memorandum No. 2 – Asia Pacific Confidence and Security Building Measures." Council for Security Cooperation in the Asia-Pacific, June 1995.

Dung, Nguyen Tan, Prime Minister, Vietnam. "Building Strategic Trust." *Keynote address delivered at the 12th IISS Asia Security Summit (Shangri-La Dialogue)*, 31 May 2013.

Dupont, Alan. *East Asia Imperilled: Transnational Challenges to Security*. Cambridge, Melbourne: Cambridge University Press, 2001.

Economy, Elizabeth. *The River Runs Black: The Environmental Challenge to China's Future*. Ithaca: Cornell University Press, 2004.

Entman, Robert M. "Framing: Toward Clarification of a Fractured Paradigm." *The Journal of Communication* 43, no. 4 (1993): 390–7.

Entous, Adam, and Chun Han Wong. "Chinese, U.S. Military Chiefs Break the Ice." *The Wall Street Journal*, 3 June 2013, A8.

Evans, Paul. "Assessing the ARF and CSCAP," in *The Security Environment in the Asia-Pacific*, edited by Tien Hung-Mao and Cheng Tun-Jen. 154–172. Studies of the Institute for National Policy Research. New York: Institute for National Policy Research; M. E. Sharpe, Inc., 2000.

——."Building Security: The Council for Security Cooperation in the Asia Pacific (CSCAP)." *The Pacific Review* 7, no. 2 (1994): 125–39.

——. "Do Individuals Matter? – Track Two Leadership with Southeast Asian Characteristics," in *Twenty Two Years of ASEAN ISIS: Origin, Evolution and Challenges of Track Two Diplomacy*, edited by Hadi Soesastro, Clara Joewono and Carolina G. Hernandez. 97–104. Jakarta: Centre for Strategic and International Studies, 2006.

——. "Human Security and East Asia: In the Beginning." *Journal of East Asian Studies* 4, no. 2 (2004): 263–84.

Ewing, J. Jackson, and Mely Caballero-Anthony. "Non-Traditional Security 20 Years On: Assessing the Place of the Field," in *RSIS Centre for Non-Traditional Security Studies Year in Review 2012*, edited by J. Jackson Ewing and Ong Suet Yen. 8–11. Singapore: RSIS Centre for Non-Traditional Security (NTS) Studies, 2012.

Fanton, Jonathan. "Asia Security Initiative Launch, Remarks by Jonathan Fanton." John D. & Catherine T. Macarthur Foundation, 2009, http://www.macfound.org/press/speeches/asia-security-initiative-launch-remarks-jonathan-fanton/.

Gates, Dr. Robert, Secretary of Defense, United States. "Challenges to Stability in the Asia Pacific." *Speech Delivered at the First Plenary Session of the 7th IISS Asia Security Summit (Shangri-La Dialogue)*, 31 May 2008.

———. "Strengthening Security Partnerships in the Asia-Pacific." *Speech Delivered at the First Plenary Session of the 9th IISS Asia Security Summit (The Shangri-La Dialogue)*, 5 June 2010.

———. "Emerging Security Challenges in the Asia-Pacific: Dr Robert Gates." *Speech Delivered at the Plenary Session of the 10th IISS Asia Security Summit (Shangri-La Dialogue)*, 4 June 2011.

George, Alexander L., and Andrew Bennett. *Case Studies and Theory Development in the Social Sciences*. Cambridge, Massachusetts: Belfer Center for Science and International Affairs, 2005.

Gerring, John. *Case Study Research: Principles and Practices*. New York: Cambridge University Press, 2007.

Gofas, Andreas, and Colin Hay. "The Ideational Turn and the Persistence of Perennial Dualisms," in *The Role of Ideas in Political Analysis: A Portrait of Contemporary Debates*, edited by Andreas Gofas, Colin Hay, 3–10, Economic and Social Research Council (Great Britain) and University of Warwick. Centre for the Study of Globalisation and Regionalisation. Routledge/Warwick Studies in Globalisation. London; New York: Routledge, 2010.

Goldstein, Judith, and Robert O. Keohane. *Ideas and Foreign Policy: Beliefs, Institutions, and Political Change*. Cornell Studies in Political Economy. Ithaca: Cornell University Press, 1993.

Greif, Avner. *Institutions and the Path to the Modern Economy: Lessons from Medieval Trade*. Cambridge: Cambridge University Press, 2006.

Guan, Kwa Chong. "CSCAP: From Epistemic to Learning Community," in *Assessing Track 2 Diplomacy in the Asia-Pacific Region: A CSCAP Reader*, edited by Desmond Ball. 240–48. Canberra: Australian National University, and Singapore: S. Rajaratnam School of International Studies, 2010.

Haas, Peter M. "Introduction: Epistemic Communities and International Policy Coordination." *International Organization* 46, no. 1 (1992): 1–35.

Hagel, Chuck, United States Secretary of Defense. "News Transcript: Media Availability with Secretary Hagel Enroute to Singapore." United States Department of Defense, Office of the Assistant Secretary of Defense (Public Affairs), 30 May 2013.

Hameiri, Shahar, and Lee Jones. "Non-Traditional Security and New Modes of Security Governance in Southeast Asia." Paper presented at the panel on 'Exploring Dialectical Perspectives on Global Governance' at the ISA International Conference, Montreal 16–19 March 2011a.

———. "State Transformation and the Rescaling of Security: Understanding the Politics of Non-Traditional Security." Paper presented at the BISA Conference, Manchester 27–29 April 2011b.

———. "The Politics and Governance of Non-Traditional Security." *International Studies Quarterly* (2012): 462–73.

Hamre, John J. "The Constructive Role of Think Tanks in the Twenty-First Century." *Asia-Pacific Review* 15, no. 2 (2008): 2–5.

Hassan, Mohamed Jawhar. "Asia-Pacific Roundtable: An ASEAN ISIS Initiative to Build Trust and Confidence," in *Twenty Two Years of ASEAN ISIS: Origin, Evolution and Challenges of Track Two Diplomacy*, edited by Hadi Soesastro, Clara Joewono and Carolina G. Hernandez. 43–51. Jakarta: Published for ASEAN ISIS by CSIS, 2006.

Hay, Colin. "Constructivist Institutionalism … Or, Why Ideas into Interests Don't Go." Paper presented at the American Political Science Association Annual Meeting, 2006.

Hayes, Peter. "The Role of Think Tanks in Defining Security Issues and Agendas." Paper presented at the Australian Defence College, 21 October 2004.

Hen, Dr. Ng Eng, Minister for Defence, Singapore. "Potential Threats to Regional Stability in Asia: Ng Eng Hen." *Keynote Address delivered at the Fullerton Forum 2013*, 18 February 2013.

Hernandez, Carolina G. "Institution Building through an ASEAN Charter." *Panorama: Insights into Southeast Asian and European Affairs*, vol. 1, no. 1 (2007): 9–52.

Hernandez, Carolina G., and Ralph A. Cossa. "CSCAP and the Continuing Search for Its Track Two Identity," Chapter 8 in *2011: CSCAP Regional Security Outlook*, edited by Brian L Job and Erin Williams. 54–59. CSCAP Canada, Vancouver: The Center of International Relations (CIR), University of British Columbia for CSCAP, 2011.

Hernandez, Carolina G., and Dalchoong Kim. "The Challenge of Engaging Track One in the Asia Pacific Region," Chapter 6 in *2012: CSCAP Regional Security Outlook*, edited by Brian L Job and Erin Williams. 46–51. CSCAP Canada, Vancouver: The Center of International Relations (CIR), University of British Columbia for CSCAP, 2012.

Higgott, Richard. "Ideas, Identity and Policy Coordination in the Asia-Pacific." *The Pacific Review* 7, no. 4 (1994): 367–79.

Homer-Dixon, Thomas F. "On the Threshold: Environmental Changes as Causes of Acute Conflict." *International Security* 16, no. 2 (1991): 76–116.

Hourn, Kao Kim. *Whispering in the Ears of Power – the Role of ASEAN Track Two Diplomacy*. Phnom Penh: Cambodian Institute for Cooperation and Peace, 2002.

Huisken, Ron. "ADMM+8: An Acronym to Watch" *East Asia Forum: Economics, Politics and Public Policy in East Asia and the Pacific* (2010). Published electronically 8th October. http://www.eastasiaforum.org/2010/10/08/admm8-an-acronym-to-watch/.

Huisken, Ron, and Olivia Cable. "Letter from the Co-Editors," in *CSCAP Regional Security Outlook 2014*, edited by Ron Huisken and Olivia Cable. 4–7. Canberra: Australian National University, CSCAP, 2014.

Huisken, Ron, and Anthony Milner. "On a Track to Regional Peace: The CSCAP is a Way of Testing Ideas without Locking Governments into Policy." *The Australian*, 2 July 2014, Opinion.

IISS. *10th Asia Security Summit (the Shangri-La Dialogue)*. edited by Timothy Huxley, Singapore: The International Institute for Strategic Studies, 2011.
——. "About Us." http://www.iiss.org/en/about-s-us. 2014a.
——. "The IISS Fullerton Forum: The Shangri-La Dialogue Sherpa Meeting." International Institute for Strategic Studies, http://www.iiss.org/en/events/shangri-s-la-s-dialogue/fullerton-forum. 2014b.
——. "Mission Statement." The International Institue for Strategic Studies, http://www.iiss.org/about-us/iiss-mission-statement/. Accessed 2012.
——. "Research Programme." http://www.iiss.org/programmes/. Accessed 2014c
——. Shangri-La Dialogue Agenda's from 2004–2014, http://www.iiss.org/en/events/shangri-s-la-s-dialogue. Accessed 2 April 2015.
Japan Center for International Exchange (JCIE). "Civil Society Contributions on Regional Security Issues: Conference Report." Jakarta: Japan Center for International Exchange, 2010.
Job, Brian L. "Track 2 Diplomacy: Ideational Contribution to the Evolving Asian Security Order (2003)," in *Assessing Track 2 Diplomacy in the Asia-Pacific Region: A CSCAP Reader*, edited by Desmond Ball and Kwa Chong Guan, 112–61. Singapore: S. Rajaratnam School of International Studies (RSIS), 2010.
Job, Brian L., and Erin Williams. "2008: A Wake-up Call for Regional Multilateralism?" Chapter 1 in *CSCAP Regional Security Outlook 2008: Security through Cooperation*, edited by Brian L Job and Erin Williams. 4–11. CSCAP Canada, Vancouver: The Center of International Relations (CIR), University of British Columbia for CSCAP, 2008.
——. "2011: A Turning Point in Regional Security Cooperation," Chapter 1 in *2011: CSCAP Regional Security Outlook*, edited by Brian L. Job and Erin Williams. 4–9. CSCAP Canada, Vancouver: The Center of International Relations (CIR), University of British Columbia for CSCAP, 2011.
Jones, Harry. "Policy-Making as Discourse: A Review of Recent Knowledge-to-Policy Literature." *A Joint IKM Emergent-ODI Working Paper No. 5* (August 2009).
Kahler, Miles. "Networked Politics: Agency, Power, and Governance," Chapter 1 in *Networked Politics: Agency, Power, and Governance*, edited by Miles Kahler. 1–23. Ithica and London: Cornell University Press, 2009a.
——. *Networked Politics: Agency, Power, and Governance*. Cornell Studies in Political Economy. Ithaca: Cornell University Press, 2009b.
Karim, Mahin. "The Future of South Asian Security: Prospects for a Nontraditional Regional Security Architecture." Seattle, Washington: The National Bureau of Asian Research, 2013.
Kato, Yoichi. "Tony Tan, Ex-Singapore Deputy PM: Shangri-La Dialogue a Success." *Asahi Simbun*, 1 July 2011.
Katsumata, Hiro. "The Role of ASEAN Institutes of Strategic and International Studies in Developing Security Cooperation in the Asia-Pacific Region." *Asian Journal of Political Science* 11, no. 1 (2003): 93–111.
Katzenstein, Peter J. "Coping with Terrorism: Norms and Internal Security in Germany and Japan" in *Ideas and Foreign Policy: Beliefs, Institutions, and Political Change*, edited by Judith Goldstein and Robert O. Keohane. Cornell Studies in Political Economy. Ithica: Cornell University Press, 1993: 157–84.

——. *Cultural Norms and National Security: Police and Military in Postwar Japan*. Cornell Studies in Political Economy. Ithaca, N.Y.: Cornell University Press, 1996.

Keck, Margaret E., and Kathryn Sikkink. *Activists Beyond Borders: Advocacy Networks in International Politics*. Ithaca, N.Y.; London: Cornell University Press, 1998.

——. "Transnational Advocacy Networks in International and Regional Politics." *International Social Science Journal* 51, no. 159 (1999): 89–101.

Kerr, Pauline. "The Security Dialogue in the Asia-Pacific." *The Pacific Review* 7, no. 4 (1994): 397–409.

Khoo, Su-ming. "Think Tanks and Malaysian Development," Chapter 11 in *Think Tank Traditions: Policy Research and the Politics of Ideas*, edited by Diane Stone and Andrew Denham. 179–97. Manchester: Manchester University Press, 2004.

Kingdon, John W. *Agendas, Alternatives, and Public Policies*. Longman Classics in Political Science. 2nd ed. New York: Longman, 2003.

Köllner, Patrick. "Think Tanks: Their Development, Global Diversity and Roles in International Affairs." *GIGA Focus, German Institute of Global and Area Studies*, no. 6 (2011).

Kraft, Herman Joseph S. "ASEAN ISIS and Human Rights Advocacy: The Colloquium on Human Rights (AICOHR)," in *Twenty Two Years of ASEAN ISIS: Origin, Evolution and Challenges of Track Two Diplomacy*, edited by Hadi Soesastro, Clara Joewono and Carolina G. Hernandez. 75–88. Jakarta: Published for ASEAN ISIS by the Centre for Strategic and International Studies, 2006.

——. "The Autonomy Dilemma of Track Two Diplomacy in Southeast Asia." *Security Dialogue* 31, no. 3 (2000): 343–56.

Krahmann, Elke. "Conceptualizing Security Governance." *Cooperation and Conflict* 38, no. 1 (2003): 5–26.

——. "Security Governance and Networks: New Theoretical Perspectives in Transatlantic Security." *Cambridge Review of International Affairs* 18, no. 1 (2005): 15–30.

Ladi, Stella. "Think Tanks, Discursive Institutionalism and Policy Change," Chapter 8 in *Social Science and Policy Challenges: Democracy, Values and Capacities*, edited by Georgios Papanagnou. Research & Policy Series (UNESCO), 205–18. Paris: UNESCO Pub, 2011.

Lee, Myung-Bak, President, Republic of Korea. "Vision for a Global Asia and the Role of the Republic of Korea." *Keynote address delivered at the 9th IISS Asia Security Summit (Shangri-La Dialogue)*, 4 June 2010.

Lennon, Alexander Thomas Jacobson. "Why Do We Do Track Two?: Transnational Security Policy Networks and U.S. Nuclear Nonproliferation Policy." University of Maryland, College Park, 2006.

Ma, Xiaotian, Deputy Chief of General Staff People's Liberation Army, China. *Speech delivered at the Second Plenary Session at the 9th IISS Asia Security Summit (Shangri-La Dialgoue)*, 5 June 2010.

MacArthur Foundation. "2008 Report on Activities: America in Transition." 1–96. Chicago: The John D. and Catherine T. MacArthur Foundation, 2008.

——. "Asia Security Initiative." http://asiasecurity.macfound.org/about. Accessed 1 June 2012.

——. "MacArthur Foundation." http://www.macfound.org/#. Accessed 5 April 2015.

———. "Supporting Regional Cooperation for Peace and Security in Asia (Press Release)." John D. and Catherine T. MacArthur Foundation, International Peace & Security, 9 May 2009. http://www.asiasecurity.macfound.org/press/press-releases/macarthur-foundation-commits-68-million-to-support-regional-cooperation-for-peace-and-security-in-asia/.

———. "Working in Nations in Transition: 2007 Report on Activities." Chicago: John D. & Catherine T. MacArthur Foundation 2007.

Mahoney, James. "Nominal, Ordinal, and Narrative Appraisal in Macrocausal Analysis." *The American Journal of Sociology* 104, no. 4 (1999): 1154–96.

Mak, J. N. "Maritime Security in Southeast Asia: Going Beyond the Traditional and Nontraditional," Chapter 2 in *New Challenges, New Approaches: Regional Security Cooperation in East Asia*, edited by Tadashi Yamamoto and Koji Watanabe. 11–36. Tokyo: Japan Center for International Exchange, 2011.

McGann, James G. "2007 Survey of Think Tanks: A Summary Report." Philadelphia: Foreign Policy Research Insitute, 2007.

———. "2012 Global Go To Think Tanks Report and Policy Advice." Philadelphia, Pennsylvania, USA: Think Tanks and Civil Societies Program, University of Pennsylvania, 2012.

———. "Academics to Ideologues: A Brief History of the Public Policy Research Industry." *PS: Political Science and Politics* 25, no. 4 (1992): 733–40.

McGann, James G., and Erik C. Johnson. *Comparative Think Tanks, Politics and Public Policy*. Northampton, Massachusetts; Cheltenham: Edward Elgar, 2005.

McGann, James G., and Richard Sabatini. *Global Think Tanks: Policy Networks and Governance*, Global Institutions. Abingdon, Oxon; New York, New York: Routledge, 2011.

Medcalf, Rory. "Recommendations to Boost Security in the South China Sea." *Speech Delivered at the Center for Strategic and International Studies Conference on Maritime Security in the South China Sea*, Washington, D.C., 28 June 2012.

Medcalf, Rory. "Shangri-La Dialogue: Hints of Stormy Weather Ahead" in *The Diplomat Blogs* (blog). Accessed 4 June 2013. http://thediplomat.com/2013/06/04/shangri-la-dialogue-hints-of-stormy-weather-ahead/2/

Medcalf, Rory, Raoul Heinrichs, and Justin Jones. *Crisis and Confidence: Major Powers and Maritime Security in Indo-Pacific Asia*. Sydney: Lowy Institute for International Policy, MacArthur Foundation, 2011.

Medvetz, Thomas. *Think Tanks in America*. Chicago: The University of Chicago Press, 2012.

Mendizabal, Enrique, and Stephen Yeo. "The Virtues of Virtuality: From Think Tank to Think Net." *The Broker*, The Netherlands, 2010: 14–18.

Menon, Shivshankar, Indian National Security Advisor. "New Dimensions of Security." *Speech delivered at the Second Plenary Session of the 9th IISS Asia Security Dialogue (The Shangri-La Dialogue)*, 5 June 2010.

Minnick, Wendell. "Chinese Delegates at Shangri-La Express Frustration with N. Korea." *Defense News*, 6 June 2010.

Morada, Noel M. "The ASEAN Regional Forum: Origins and Evolution," Chapter 2 in *Cooperative Security in the Asia-Pacific: The ASEAN Regional Forum*, edited by Jürgen Haacke and Noel M. Morada. 13–34. London; New York: Routledge, 2010.

Myers, Norman. "Environment and Security." *Foreign Policy*, no. 74 (Spring, 1989): 23–41.

Nachiappan, Karthik, Enrique Mendizabal, and Ajoy Datta. "Think Tanks in East and Southeast Asia: Bringing Politics Back into the Picture" in *Research and Policy in Development* London: Overseas Development Institute, 2010.

NADI: Track II Network of ASEAN Security and Defence Institutes. "Welcome to NADI Website." Secretariat of NADI – S. Rajaratnam School of International Studies. Accessed 29 September 2014. https://web.archive.org/web/20140919025649/http://www.rsis.edu.sg/nadi/index.html.

National Bureau of Asian Research (NBR). "MacArthur Foundation Asia Security Initiative." Accessed 4 April 2015. http://www.nbr.org/research/initiative.aspx?id=09c84b08-94ae-4963-ac99-c00bf9012ee4.

Nguyen, Hung Son. "The ASEAN Political-Security Community: Challenges and Prospect," in *International Conference on ASEAN Vision 2015: Moving Towards One Community*. Taipei: Institute for Foreign Policy and Strategic Studies, Diplomatic Academy of Vietnam, 2011.

Nguyen, Tan Dung. Prime Minister, Vietnam, "Building Strategic Trust." *Keynote Address Delivered at the 12th IISS Asia Security Summit (Shangri-La Dialogue)*, 31 May 2013.

NEAT (Network of East Asian Think-tanks). "NEAT: Network of East Asian Think-Tanks." Accessed 27 November 2013. https://web.archive.org/web/20131127013921/http://www.neat.org.cn/main.htm.

Nelson, Thomas E., and Zoe M. Oxley. "Issue Framing Effects on Belief Importance and Opinion." *Journal of Politics* 61, no. 4 (1999): 1040–67.

Nelson, Thomas E., Zoe M. Oxley, and Rosalee A. Clawson. "Toward a Psychology of Framing Effects." *Political Behavior* 19, no. 3 (1997): 221–46.

Nesadurai, Helen E. S., and Diane Stone. "Southeast Asian Think Tanks in Regional and Global Networking." *Panorama* 1 (2000): 19–35.

North Atlantic Treaty Organisation (NATO). "NATO, Asian Countries Together at the Shangri-La Dialogue." http://www.nato.int/cps/en/natolive/news_100984.htm.

Nougayrède, Natalie. "A Singapour, les Ministres de la Défense Américain et Chinois ont Débattu de la Sécurité Régionale." *La Monde*, 8 June 2011. France.

NTS-Asia. "Consortium of Non-Traditional Security Studies in Asia: Security Beyond Borders." S. Rajaratnam School of International Studies. Accessed 23 February 2015. https://web.archive.org/web/20150223214513/http://rsis-ntsasia.org/ourConsortium/history.html.

Parmar, Inderjeet. "American Foundations and the Development of International Knowledge Networks." *Global Networks* 2, no. 1 (2002): 13–30.

——. "Institutes of International Affairs: Their Roles in Foreign Policy-Making, Opinion Mobilization and Unofficial Diplomacy," Chapter 2 in *Think Tank Traditions: Policy Research and the Politics of Ideas*, edited by Diane Stone and Andrew Denham. 19–32. Manchester and New York: Manchester University Press, 2004.

Peschek, Joseph G. *Policy-Planning Organizations: Elite Agendas and America's Rightward Turn*. Vol. 53. Philadelphia: Temple University Press, 1987.

Pitsuwan, Dr. Surin, Secretary-General of ASEAN. "Keynote Address." *Speech Delivered at the MacArthur Asia Security Initiative Launch*, 29 May 2009.

Ponappa, Leela, and Kwa Chong Guan. "The Evolving Regional Security Architecture and Challenges for Track Two," in *CSCAP Regional Security Outlook 2013*, edited by Desmond Ball, Anthony Milner, Rizal Sukma and Yusuf Wanandi, 52–5. Canberra: CSCAP, 2012.

Porter, Michael E., and Mark R. Kramer. "Philanthropy's New Agenda: Creating Value." *Harvard Business Review* 77 (1999): 121–131.

Portes, Richard, and Stephen Yeo. " 'Think-Net': The CEPR Model of a Research Network." London: Centre for Economic Policy Research, 1999.

Rhodes, R. A. W., and David Marsh. "New Directions in the Study of Policy Networks." *European Journal of Political Research* 21, no. 1–2 (1992): 181–205.

RSIS-MacArthur Conference on Regional Security Cooperation. "Building Institutional Coherence in Asia's Security Architecture: The Role of ASEAN." Singapore: S. Rajaratnam School of International Studies, Nanyang Technological University, 2009.

Rüland, Jürgen. "The Contribution of Track Two Dialogue Towards Crisis Prevention." *ASIEN* 85 (2002): 84–96.

S. Rajaratnam School of International Studies. "RSIS Activities in the Council for Security Co-Operation in the Asia Pacific Singapore National Committee." Accessed December 2014a. http://www.rsis.edu.sg/networking/networking_cscap.html.

S. Rajaratnam School of International Studies, Centre for Non-Traditional Security (NTS) Studies. "MacArthur Asia Security Initiative Dissemination Meeting on Non-Traditional Security (NTS)." Singapore, 21–22 November 2011.

S. Rajaratnam School of International Studies, Centre for Non-Traditional Security (NTS) Studies. "Mission." S. Rajaratnam School of International Studies. Accessed 23 February 2014b. https://web.archive.org/web/20140223234929/http://www.rsis.edu.sg/nts/system.asp?sid=49.

Schmidt, Vivien A. "Discursive Institutionalism: Scope, Dynamics, and Philosophical Underpinnings," in *The Argumentative Turn Revised: Public Policy as Communicative Practice*, edited by Frank Fischer and John Forester, 85–113. Durham, NC: Duke University Press, 2011.

———. "Discursive Institutionalism: The Explanatory Power of Ideas and Discourse." *Annual Review of Political Science* 11, no. 1 (2008): 303–26.

———. "Does Discourse Matter in the Politics of Welfare State Adjustment?" *Comparative Political Studies* 35, no. 2 (2002): 168–93.

———. "On Putting Ideas into Perspective: Schmidt on Kessler, Martin and Hudson, and Smith," Chapter 10 in *The Role of Ideas in Political Analysis: A Portrait of Contemporary Debates*, edited by Andreas Gofas, Colin Hay, Economic and Social Research Council (Great Britain) and University of Warwick. Centre for the Study of Globalisation and Regionalisation. Routledge/Warwick Studies in Globalisation, 187–204. London; New York: Routledge, 2010a.

———. "Taking Ideas and Discourse Seriously: Explaining Change through Discursive Institutionalism as the Fourth 'New Institutionalism'." *European Political Science Review* 2, no. 1 (2010b): 1–25.

Schmidt, Vivien A., and Claudio M. Radaelli. "Policy Change and Discourse in Europe: Conceptual and Methodological Issues." *West European Politics* 27, no. 2 (2004): 183–210.

Shai, Ming-Chen, and Diane Stone. "The Chinese Tradition of Policy Research Institutes," Chapter 9 in *Think Tank Traditions: Policy Research and the Politics of Ideas*, edited by Diane Stone and Andrew Denham. 142–62. Manchester: Manchester University Press, 2004.

Simon, Sheldon. "Evaluating Track 2 Approaches to Security Dialogue in the Asia-Pacific Region: The CSCAP Experience (2002)," Chapter 4 in *Assessing Track 2 Diplomacy in the Asia-Pacific Region*, edited by Desmond Ball and Kwa Chong Guan. 77–112: Canberra: Australian National University, and Singapore: S. Rajaratnam School of International Studies, 2010.

Simon, Sheldon W. "Evaluating Track II Approaches to Security Diplomacy in the Asia-Pacific: The CSCAP Experience." *The Pacific Review* 15, no. 2 (2002): 167–200.

Singapore Institute of International Affairs. "ASEAN-ISIS." http://www.siiaonline.org/?q=node/2040.

Singh, Daljit. "Evolution of the Security Dialogue Process in the Asia-Pacific Region," Chapter 3 in *Southeast Asian Perspectives on Security*, edited by Derek da Cunha. 35–59. Singapore: Institute of Southeast Asian Studies, 2000.

Slaughter, Anne-Marie. *A New World Order*. Princeton, N.J.: Princeton University Press, 2004.

Smith, James Allen. *The Idea Brokers: Think Tanks and the Rise of the New Policy Elite*. New York: The Free Press, 1991.

Smith, Nicola Jo-Anne. "Examining Ideas Empirically: The Political Discourse of Globalisation in Ireland," Chapter 7 in *The Role of Ideas in Political Analysis: A Portrait of Contemporary Debates*, edited by Andreas Gofas and Colin Hay, 144–62. Routledge/Warwick Studies in Globalisation, London; New York: Routledge, 2010.

Soesastro, Hadi, Clara Joewono, and Carolina G. Hernandez. "Introduction," in *Twenty Two Years of ASEAN ISIS: Origin, Evolution and Challenges of Track Two Diplomacy*, edited by Hadi Soesastro, Clara Joewono and Carolina G. Hernandez. 1–16. Jakarta: Published for ASEAN ISIS by CSIS, 2006.

Sotharit, Chap. "Challenges and Prospects of ASEAN ISIS: Perspective from a Newer Member," in *Twenty Two Years of ASEAN ISIS: Origin, Evolution and Challenges of Track Two Diplomacy*, edited by Hadi Soesastro, Clara Joewono and Carolina G. Hernandez. 117–24. Jakarta: Published for ASEAN ISIS by the Centre for Strategic and International Studies, 2006.

Speller, Tom. "Discursive Institutionalism and Introducing National Standards and Accountability into America's Public Schools, 1981–2005." (n.d.).

Stone, Deborah A. "Causal Stories and the Formation of Policy Agendas." *Political Science Quarterly* 104, no. 2 (1989): 281–300.

Stone, Diane. "The ASEAN-ISIS Network: Interpretive Communities, Informal Diplomacy and Discourses of Region." *Minerva* 49, no. 2 (2011): 241–62.

———. "Introduction: Think Tanks, Policy Advice and Government," Chapter 1 in *Think Tank Traditions: Policy Research and the Politics of Ideas*, edited by Diane Stone and Andrew Denham. 1–18. Manchester: Manchester University Press, 2004.

———. "Knowledge Networks and Global Policy," in *CEEISA/ISA Conference*. Central European University, Budapest, Hungary, 28 June 2003.

———. "Learning Lessons, Policy Transfer, and the International Diffusion of Policy Ideas." 1–44: Centre for the Study of Globalisation and Regionalisation, 2000a.

———. "Private Authority, Scholarly Legitimacy and Political Credibility: Think Tanks and Informal Diplomacy," Chapter 12 in *Non-State Actors and Authority in the Global System*, edited by Richard Higgott, Geoffrey R. D. Underhill and Andreas Bieler. 211–25. London; New York: Routledge, 2000b.

———. "Private Philanthropy or Policy Transfer? The Transnational Norms of the Open Society Institute." *Policy & Politics* 38, no. 2 (2010): 269–87.

———. "Recycling Bins, Garbage Cans or Think Tanks? Three Myths Regarding Policy Analysis Institutes." *Public Administration* 85, no. 2 (2007): 259–78.

———. "Think Tanks across Nations: The New Networks of Knowledge." *NIRA Review*, Winter (2000c): 34–39.

Stone, Diane, and Andrew Denham. *Think Tank Traditions: Policy Research and the Politics of Ideas*. Manchester; New York: Manchester University Press; Distributed exclusively in the USA by Palgrave, 2004.

Stone, Diane, and Helen E. S. Nesadurai. "Networks, Second Track Diplomacy and Regional Cooperation: The Experience of Southeast Asian Think Tanks." Paper presented at the Inaugural Conference on Bridging Knowledge and Policy, organised by the Global Development Network, Bonn, Germany, 5–8 December 1999.

Struyk, Raymond J. "Management of Transnational Think Tank Networks." *International Journal of Politics, Culture, and Society* 15, no. 4 (2002): 625–38.

Sukma, Rizal. "ASEAN ISIS and Political-Security Cooperation in Asia-Pacific," in *Twenty Two Years of ASEAN ISIS: Origin, Evolution and Challenges of Track Two Diplomacy*, edited by Hadi Soesastro, Clara Joewono and Carolina G. Hernandez. 89–104. Jakarta: Published for ASEAN-ISIS by CSIS, 2006.

Sydney Morning Herald. "Indonesia's Neighbours Face Worst Haze in Years." 22 October 2010.

Tan, Andrew T. H., J. D. Kenneth Boutin, and Nanyang Technological University. Institute of Defence and Strategic Studies. *Non-Traditional Security Issues in Southeast Asia*. Singapore: Select Pub. for Institute of Defence and Strategic Studies, 2001.

Tan, See Seng. "ASEAN Centrality" in *CSCAP Regional Security Outlook*, edited by Desmond Ball, Anthony Milner, Rizal Sukma and Yusuf Wanandi. 26–30. Singapore: CSCAP, 2012a.

———. "Southeast Asia in Search of Security Community: Can ASEAN Go Beyond Crisis, Consequentiality and Conceptual Convenience?" Paper presented at the 26th Asia-Pacific Roundtable, Kuala Lumpur, Malaysia, 2012b.

Taylor, Brendan. "The Shangri-La Dialogue: Thriving but not Surviving?" *From 'Boots' to 'Brogues': The Rise of Defence Diplomacy in Southeast Asia*, RSIS Monograph No. 21 (2011): 54–62.

The Stockholm Network. http://www.stockholm-network.org/.

Tønder, Lars. "Ideational Analysis, Political Change and Immanent Causality," Chapter 3 in *The Role of Ideas in Political Analysis: A Portrait of Contemporary Debates*, edited by Andreas Gofas, Colin Hay, Economic and Social Research Council (Great Britain) and University of Warwick. Centre for the Study of Globalisation and Regionalisation. Routledge/Warwick Studies in Globalisation. London; New York: Routledge, 2010.

Wanandi, Jusuf. "ASEAN ISIS and Its Regional and International Networking," in *Twenty Two Years of ASEAN ISIS: Origin, Evolution and Challenges of Track Two Diplomacy*, edited by Hadi Soesastro, Clara Joewono and Carolina G. Hernandez. 31–43. Jakarta: Published for ASEAN ISIS by CSIS, 2006.

———. *Asia-Pacific after the Cold War.* Jakarta: Centre for Strategic and International Studies, 1996.
———. "Forty Years of CSIS: Achievements and the Future." *The Jakarta Post,* 12 September 2011.
———. "The Regional Context: Civil Society and Changing Perceptions of Security: Summary of Remarks," in *Civil Society Contributions on Regional Security Issues: Conference Report,* 3. Jakarta, 4 August: Japan Center for International Exchange, 2010.
Weidenbaum, Murray. "Measuring the Influence of Think Tanks." *Society* 47, no. 2 (2010): 134–37.
Weidenbaum, Murray L. *The Competition of Ideas: The World of Washington Think Tanks.* New Brunswick: Transaction Publishers, 2009.
Weisgerber, Marcus. "Interview: Ng Eng Hen, Singapore Defense Minister." *Defense News,* 9 April 2012.
Wendt, Alexander. "Anarchy is What States Make of It: The Social Construction of Power Politics." *International Organization* 46, no. 2 (1992): 391–425.
Weyrauch, Vanessa, and collaborator Inés Selvood. "Weaving Global Networks: Handbook for Policy Influence." Centro de Implementación de Políticas Públicas para la Equidad y el Crecimento. Buenos Aires: Fundación CIPPEC, 2007.
Williamson, Andy. "Thinktanks Are in Crisis. To Survive, They Must Become 'Do Tanks'." *The Guardian,* 27 August 2011.
World Economic Forum. "Global Agenda Councils: Mely Caballero-Anthony." 29 March 2015, http://www.weforum.org/global-agenda-councils/mely-caballero-anthony.
Wu Chenliang. "Cold War Mentality Hinders Peace in Asia-Pacific." *People's Daily,* 2011. China.
Zimmerman, Erin. "Security Cooperation in the Indo-Pacific: Non-Traditional Security as a Catalyst." *Journal of the Indian Ocean Region* 10, no. 2 (2014): 150–165.

索 引

ADMM, see ASEAN Defence Ministers' Meeting
ADMM Plus, see ASEAN Defence Ministers' Meeting Plus
AEF, see ASEAN Economic Forum
agenda setting, 12, 30–2, 39–40, 52, 58, 62, 65, 176, 180, 186
　AI, 79–82, 93
　Asia Security Initiative, 156, 161, 166–8
　CSCAP, 96, 100, 104, 109–12, 122
　IISS/Shangri-La Dialogue, 124–5, 129, 136–8, 149
AI (ASEAN-ISIS and/or ASEAN-Institutes for Strategic and International Studies), 13
　as an epistemic community, 83
　establishment of, 62, 68, 72–3
　policy influence, 57, 76, 88–9, 93–4
　promotion of new forms of security governance, 69, 78–9, 86–7, 179–80, 182
　relationship with the ARF, 58, 84, 86–7, 182
　relationship with ASEAN, 63, 69, 71–3, 84–5, 93, 182, 186
　relationship with CSCAP, 14, 82, 182
AICOHR, see ASEAN-ISIS Colloquium on Human Rights
AMM, see ASEAN Ministers' Meeting
Anwar, Dewi Fortuna, 35
APA, see ASEAN People's Assembly
APC, see Asia Pacific Community
APEC, see Asia Pacific Economic Cooperation
APR, see Asia-Pacific Roundtable
ARF-DOD, see ASEAN Regional Forum Defence Officials' Dialogue
ARF-DOM, see ASEAN Regional Forum Defence Officials' Meeting

ARF-ISG/CBM, see ASEAN Regional Forum Inter-Sessional Support Group on Confidence Building Measures, 119, 121
ARF, see ASEAN Regional Forum
ARF-SOM, see ASEAN Regional Forum Senior Officials' Meeting
ARF-SPC, see ASEAN Regional Forum – Security Policy Conference
ASC, see ASEAN Security Community
ASEAN, 39, 47, 49–50, 136
　establishment of, 21
　Ministers' Meeting, 72
　Secretariat, 35, 70, 91, 121, 160
ASEAN Charter, 39, 50, 89, 90–1, 179, 182–3
ASEAN Defence Ministers' Meeting (ADMM), 49, 136, 144–5, 147, 185
　establishment of, 145
　promotion of the non-traditional security agenda, 145
　Three-Year Work Programme, 145–6
ASEAN Defence Ministers' Meeting Plus, 47, 143, 144–6, 185
　competition with the Shangri-La Dialogue, 145–6, 147–8, 183
　establishment of, 145
　promotion of the non-traditional security agenda, 146–7
ASEAN Economic Forum, 83
ASEAN-ISIS, see AI
ASEAN-ISIS Colloquium on Human Rights (AICOHR), 80–91, 83, 178
ASEAN Ministers' Meeting, 72
ASEAN People's Assembly (APA), 83, 90–1, 178
ASEAN Plus Three, 114, 169
ASEAN Regional Forum, 47, 50, 136
　criticisms of, 95, 186
　Defence Officials' Dialogue (ARF-DOD), 49, 99, 120, 182, 183

Defence Officials' Meeting (ARF-DOM), 99
establishment of, 87–8, 91
Inter-Sessional Support Group on Confidence Building Measures (ARF-ISG/CBM), 119, 121
Security Policy Conference (ARF-SPC), 148, 183
Senior Officials' Meeting (ARF-SOM), 89, 91, 104, 118, 126
ASEAN Security Community (ASC), 89
ASEAN-way, 5, 16–17, 47, 55, 101, 115, 136, 182, 185
  think tank adherence to, 69, 72, 75, 78, 102, 143
  think tank challenges toward, 75, 77–9, 81, 86–92, 104, 108–11, 121–3, 128, 131, 139, 142, 149, 157, 161–3, 173, 176
ASI, see Asia Security Initiative
Asia Pacific Community (APC), 78
Asia Pacific Economic Cooperation (APEC), 114, 117, 120
Asia-Pacific Roundtable (APR), 79–80, 83, 90–1, 180
Asia Security Initiative, 10, 14, 151, 184–5
  as an epistemic community, 151–2, 155–8, 161, 172–4, 184
  establishment of, 62, 151, 153–5
  ideational influence, 151, 155–6, 170, 174
  infrastructure investment, 157–9, 166, 169, 173–4
  list of participating institutes, 189–91
  networks, 152, 155, 159–60, 165, 168–70, 174
  policy influence, 155, 159–60, 161, 166, 169–70, 172
  promotion of new forms of security governance, 157, 160–1, 163–5, 169, 170–2, 174
  promotion of the non-traditional security agenda, 151, 156, 159, 163, 165, 168, 172–4, 180

relationship with formal governing processes, 151, 156, 160, 162–3, 172
relationship with informal governing processes, 161, 162, 169
Association of Southeast Asian Nations, see ASEAN
Australia, 78, 82, 98, 105, 114, 119, 127, 133, 189

BDIPSS (Brunei Darussalam Institute of Policy and Strategic Studies), 69
BIPSS (Bangladesh Institute of Peace and Security Studies), 167, 169

Caballero-Anthony, Mely, 35, 43–4, 158, 164, 182
Cambodian Institute for Cooperation and Peace (CICP), 69
capacity-building, see infrastructure investment
case studies
  data sources, 63–4
  limitations of, 65–6
  list of, 63
  rationale of, 62–3
causal stories, 26, 30, 42–3, 47, 56, 60, 66, 79, 86–7, 109, 112, 142, 149, 156–7, 161, 163, 165, 172, 176, 180, 182
CBMs (Confidence Building Measures), 90, 93, 115, 118
Centre for International and Strategic Studies (China), 154
Chipman, John, 127–8, 140–1
CISS (Centre for International Security Studies (Sydney), 26, 140, 153, 167, 169
civil society organisations (CSO), 43, 52, 83, 89, 92, 145–6, 165, 167, 177–8, 180
climate change, 36, 79, 107–8, 110, 135, 137, 138, 143, 164, 165, 167, 182
collective/cooperative security, 78, 84, 136–9, 142, 144, 162, 163, 171, 185

confidence and security building
  measures (CSBM), 58, 90, 121, 164
  proposals for, 58, 112, 115, 119,
    164, 179
Consortium of Non-Traditional
  Security Studies in Asia
  (NTS-Asia), 35, 169
constructivism, 9, 12, 16–17, 21–3, 25,
  41, 152, 175–6, 187–8
constructivist institutionalism, see
  discursive institutionalism
Council for Security Cooperation in
  the Asia Pacific (CSCAP), 10, 14,
  185
  as an epistemic community, 95, 96,
    114–16
  establishment of, 63, 97–8
  policy influence, 101–2, 112–13,
    115, 117
  promotion of new forms of security
    governance, 95, 97, 105, 107–8,
    110, 112, 117–20, 179, 182
  promotion of non-traditional
    security ideas, 107–9, 114, 117,
    180
  relationship with AI, 96, 97–101,
    104–5, 122
  relationship with the ARF, 63, 95–6,
    98–9, 103, 108, 111–12, 117,
    119–21, 182
  relationship with ASEAN, 111, 145,
    182
  Steering Committee, 100, 107, 112,
    113
  study groups (SG), 100, 106–7,
    108–9, 112
  United States (CSCAP), 58, 112
CRSO (Council for Security
  Cooperation in the Asia Pacific
  (CSCAP) Regional Security
  Outlook), 107–8, 180, 186
CSCAP, see Council for Security
  Cooperation in the Asia Pacific
CSIS (Centre for Strategic &
  International Studies (Indonesia),
  68–9, 80–1, 164, 169–70
cyber crime, 106, 110, 113, 134–5,
  137, 138–9, 143, 148

democratisation, 1, 2–3, 87
DI, see discursive institutionalism
discourse
  communicative, 26–7, 33–4, 37,
    70–1, 73, 82, 92, 104, 109,
    112–13, 130, 132, 138, 142,
    144, 152, 160–1, 165, 170, 173,
    182
  coordinative, 26–7, 32, 33, 37, 70,
    73, 82, 92, 96, 104, 109,
    112–13, 129, 131–3, 138, 140,
    144, 152, 154–5, 160–1, 165,
    168, 170, 173, 182
  definition of, 8, 22, 29
  successful, 27–8, 30, 75, 84, 112,
    129, 130–1, 180
discursive institutionalism, 3, 8, 21–3,
  29, 37–8, 78, 175, 184
  as it applies to think tanks, 8, 23,
    62, 74, 84, 122, 130–1, 152,
    159, 170, 180, 185
  criticisms of, 24, 29
discursive space, 3, 6, 8, 23, 27, 33, 41,
  53, 55, 59, 62, 66, 70, 179–82,
  187–8
  AI, 69–70, 72–83
  Asia Security Initiative, 152, 160,
    161–3, 166, 168–9, 171,
    173–4
  Council for Security Cooperation in
    the Asia Pacific, 95–7, 98,
    104–6, 109, 112–13, 118–19,
    120
  Fullerton Forum, 134, 139
  Shangri-La Dialogue, 123–5, 129,
    133–4, 140–1, 149–50
Dupont, Alan, 26, 44, 140–1, 153

East Asia Institute (EAI) (South Korea),
  153, 169, 189
East Asia Summit (EAS), 50, 78, 113,
  120
Eminent Persons' Group (EPG), 39, 89,
  120
entrepreneurs
  idea, 24, 54, 56, 97, 102
  policy, 27, 53, 76, 102, 156

epistemic communities, 15, 16, 29, 39, 184
  definition of, 35, 83, 114–15, 156
  think tanks as, *see also* sub-headings under individual think tank listings, 3, 83, 95, 139, 173, 176
Experts and Eminent Persons (EEPs), 120

Fanton, Jonathon, 153, 155, 158
food security, 43, 44, 108, 110, 118, 135, 138, 140, 167
framing
  definition of, 30–1
  limitations of, 103–4
  policy impact, 30–1, 84–5, 104, 115–16, 139, 159, 176, 180
  as a political strategy, 12, 30, 39–40, 45, 62, 65, 79–82, 93, 96, 100, 122, 124, 129, 136, 137, 149, 159, 166–8, 176, 182
Fullerton Forum, 134, 139

globalisation, 1, 2–3, 33, 39, 56, 87, 153, 184
governance
  Asian regional, 126
  entrepreneurs, *see* think tanks as governing actors
  inadequacy of existing forms, 5, 6, 47, 50, 54, 74, 90, 97–8, 108–9, 110, 144, 153, 164, 185
  new forms of, 62, 80, 92–3, 107, 110
governing paradox, 6, 10, 11, 39, 110

Hagel, Chuck, 130, 133, 140–1
Hernandez, Carolina, 68
human rights, 77, 82, 87, 89, 90–2, 93, 161
human trafficking, 107, 108, 135, 137, 165
humanitarian aid and disaster relief (HADR), 137, 142, 145–6, 164, 179, 183–4
Huxley, Timothy, 126–7, 129, 133, 136–7, 139, 141, 147, 171

idea brokers, *see* think tanks as governance actors
ideas
  determining interests, 18, 41–2, 84, 86, 142, 152, 156, 159, 172, 176, 180, 184, 187
  in institutional change, 16, 38–40, 47, 55, 74, 86, 152, 156, 161, 165, 170–2, 176, 182–5, 188
  institutionalisation of, 17, 78, 107, 142, 152, 170–1, 180
  as roadmaps, 17, 20–1, 25, 38, 42, 54–5, 142, 156, 159, 173, 183, 187
  types of, 25, 161
IISS, *see* International Institute for Strategic Studies
Indonesia
  as the leader of ASEAN, 80, 81, 88–9
  politics, 2, 50, 70, 73, 77, 133
Institute of Defence and Security Studies (IDSS), *see* S. Rajaratnam School of International Studies in Singapore
Institute of Foreign Affairs (IFA) (Laos), 69, 81
Institute of International Affairs (IIA) (now the Diplomatic Academy of Vietnam), 70, 81
Institute of Southeast Asia Studies (ISEAS) (Singapore), 68
Institute for Strategic and Development Studies, Inc. (ISDS) (Philippines), 70, 80–2, 170
Institute for Strategic and International Studies (ISIS) (Malaysia), 68–9, 80–2
institutional change
  ideas as catalysts, 23, 38–9, 47, 57, 62, 78, 104
  material interests, 24, 48
institutionalisation
  of non-traditional security ideas, 30, 37, 40, 60, 77, 79, 89–93, 95, 104–5, 107, 117, 120–1, 136, 142, 170–2
  as a political goal, 30, 39–40, 60, 62, 65, 180

索 引 | 211

institutionalisation – *continued*
   of regional security structures, 63, 78, 88–9
   of think tanks as part of the governing structure, 10, 32, 33, 63, 74, 100–1, 114
institutionalism, 9, 12, 17, 20–3, 42, 175–6, 187
   Historical Institutionalism (HI), 16, 19, 22
   Rational Choice Institutionalism (RI), 16, 17, 19, 22
   Social Institutionalism (SI), 16, 22
inter-elite persuasion, 42, 45, 49, 53, 176
International Institute for Strategic Studies (IISS) (London, Singapore, Washington D.C. and Bahrain), 10, 63, 123, 139, 171, 185, 190
   establishment of, 124, 126
   political influence, 125, 140, 148
interviews
   limitations of, 65–6
   list of, 192
   structure of, 64

Japan Center for International Exchange (JCIE), 164–5, 190

localisation, 21, 81, 83–4, 116–17, 128, 129, 141, 142, 152, 168

MacArthur Foundation, 63, 151, 153, 156, 159, 164, 166–7, 171
maritime security, 80, 104, 110, 113, 133, 137, 138, 146, 148, 164, 171
MASI, *see* Asia Security Initiative

Nakayama, Taro, 87
National Bureau of Asian Research (NBR), 167–8, 171, 190
NATO (North Atlantic Treaty Organisation), 126–7
Network of ASEAN Defence Institutions (NADI), 185
Network of East Asian Think-tanks (NEAT), 169, 185

networks
   governmental, 34, 165, 169, 170
   informal, 3, 5, 9, 34–7, 68–73, 78–9, 82, 88, 92–3, 99, 101, 103, 106, 125, 139–41, 154, 159–60, 165, 168, 170, 174
   personal, 33–5, 57, 68, 70–1, 74, 113, 140–1, 170
   policy, 33–7, 39, 55, 139–40, 152, 154, 156–7, 168–9, 174
   as a political strategy, 12, 30, 33–5, 79, 122, 136, 139, 176
   think tank, *see* think tank networks
non-state actors (NGOs), 1, 17, 45–6, 91–2, 165
   assumption of governing authority, 11, 97–8, 143, 184, 190
   and institutional change, 8, 184, 186–7
non-traditional security issues (NTS)
   agenda, 43, 45–7, 55, 58, 76, 107, 116, 118, 124, 180
   consequences of, 4, 5, 44, 50, 90, 135, 144
   definition of, 4, 43, 86, 137, 148
   ideas, 43, 46–7, 50, 105, 107, 115
   institutionalisation of, *see* Institutionalisation of non-traditional security ideas
norms
   alteration of, 18, 20–1, 25, 26, 33, 39, 41, 55, 62, 79, 83, 86–7, 121, 129, 144–5, 150, 152, 158, 161–3, 172, 175–6, 180, 182, 184
   of Asian governance, 5, 20, 42, 47–8, 55, 62, 76, 80, 97, 144, 162
   entrepreneurs, 56, 83, 107, 152, 156, 175–6

Pacific Asia Free Trade and Development Conference (PAFTAD), 97–8, 117
Pacific Economic Cooperation Council (PECC), 97–8, 117
Pacific Islands Forum (PIF), 114
philanthropic organisations, 153, 156, 158

piracy, *see also* maritime security, 90, 108, 133, 137, 165, 167–8, 179, 182–3
Pitsuwan, Surin, 159, 160, 162
Preventative Diplomacy (PD)
  definition of, 119
  think tank endorsement of, 104, 109, 115, 119
  transition to, 119–20, 179
problem framing, *see* framing
process tracing, 13, 42, 60–2, 66, 180–1
  limitations of, 65–6

Responsibility to Protect (RtoP), 79, 111, 113
RSIS, *see* Rajaratnam School of International Studies (RSIS)
Rudd, Kevin, 78

Satoh, Yukio, 87
securitisation, 4–5, 41, 44, 49
security
  conflict between traditional and non-traditional, 4–5, 10, 12, 26, 41, 44–5, 47–8, 59, 76, 149, 156, 163, 187
  non-traditional, *see* non-traditional security
  re-definition of, 5, 45, 58, 76, 79, 170, 176, 180, 182
  re-scaling, 45, 49
  traditional, 4, 45, 47
  transboundary, 1, 4, 47
security governance
  lack of, 5, 10, 47, 50, 87, 144
  re-structuring of, 11, 49, 139, 156, 182
  state-centric, 5, 47–9, 134, 139
Shanghai Cooperation Organisation (SCO), 114
Shangri-La Dialogue, the (SLD), 15
  agenda, 124, 125, 130–1, 135, 137, 148
  as an epistemic community, 139
  criticisms of, 147
  establishment of, 63, 124, 126–8

governing legitimacy, 123–4, 128, 133, 141, 148–50
institutionalisation of, 123–5, 129, 141–8, 149, 150, 179, 183
participants
  Track I, 124, 125, 128–9
  Track II, 125, 131–2, 171, 177
promotion of new forms of security governance, 125, 139, 143, 149, 150, 183–4
promotion of non-traditional security ideas, 124, 125, 129, 132, 134–6, 138–9, 141, 149, 180
relationship with ASEAN, 123
relationship with governmental processes, 123, 125, 126–7, 136, 142, 149
relationship with informal processes, 139–40
Singapore, 127–9
Singapore Institute of International Affairs (SIIA), 68–9, 80–2, 98
South Asian Association for Regional Cooperation (SAARC), 114
sovereignty, 7, 45, 47–9, 77, 87, 115, 119, 137, 182, 186
S. Rajaratnam School of International Studies (RSIS), 68, 98, 127, 154, 164, 166, 169, 189
Sukma, Rizal, 88–9

Tan, Tony, 127–8, 138
terrorism, 4, 36, 43, 107, 108, 110, 135, 137, 138, 143, 146, 148, 182
think tank networks
  Asian, 2, 34
  assumption of governing authority, 1, 11, 101, 115, 184–6
  autonomous, 11, 12, 103, 122, 123, 152, 161, 163, 177–9
  development of, 2, 8, 12, 15
  emergence in Asia, 50–4, 63, 185
  governmentally affiliated, 12, 53–5, 96–101, 102–3, 122, 162, 169, 177–8, 186
  non-affiliated, *see* autonomous
think-net, 157, 168

think tanks
  agenda setting, 7, 124, 129, 175, 176, 178
  American, 25, 51, 53–4, 58
  definition, 50–2
  dual personas, 10, 11, 38, 60, 72–5, 87, 92, 96, 103, 104–5, 109, 121, 139
  emergence in Asia, 6, 12, 50–4
  as governing actors, 10, 11, 23, 30, 37–8, 66, 156, 169, 177–80, 182, 188
  political influence of, 2, 7–8, 16, 22, 30, 33, 53–5, 57, 65–6, 160, 179, 180
  previous literature, 2, 8
track one, 75, 77, 80–1, 85–6, 96, 123, 183
track two, 6, 9, 29, 31, 33, 55–9, 64, 68, 95, 127
  advantages of, 56–7, 75, 118, 165, 177–8
  definition, 6, 56
  establishment of, 71, 97–8, 183
  observations of, 63, 65, 75, 77–8, 113, 163
track three, 83, 86, 91–2, 165
Treaty of Amity and Cooperation in Southeast Asia (TAC), 86

Vientiane Action Programme (VAP), 92

Wanandi, Jusuf, 68, 117, 165

图书在版编目(CIP)数据

　　智库与非传统安全：亚洲的新型治理方式／(澳)艾琳·齐默尔曼(Erin Zimmerman)著；王子夔,郝诗楠译.—上海：上海社会科学院出版社,2022
　　书名原文：Think Tanks and Non-Traditional Security：Governance Entrepreneurs in Asia
　　ISBN 978-7-5520-3623-7

　　Ⅰ.①智… Ⅱ.①艾… ②王… ③郝… Ⅲ.①国家安全—研究—亚洲 Ⅳ.①D815.5

　　中国版本图书馆CIP数据核字(2022)第190830号

First published in English under the title
Think Tanks and Non-Traditional Security：Governance Entrepreneurs in Asia
by Erin Zimmerman, edition：1
Copyright © The Editor(s) (if applicable) and The Author(s), 2016*
This edition has been translated and published under licence from
Springer Nature Limited.
Springer Nature Limited takes no responsibility and shall not be made liable for the accuracy of the translation.

上海市版权局著作权合同登记号　图字09-2018-975

智库与非传统安全：亚洲的新型治理方式

著　　　者：[澳]艾琳·齐默尔曼(Erin Zimmerman)
译　　　者：王子夔、郝诗楠
出 品 人：佘　凌
责任编辑：董汉玲
封面设计：周清华
出版发行：上海社会科学院出版社
　　　　　上海顺昌路622号　邮编200025
　　　　　电话总机021-63315947　销售热线021-53063735
　　　　　http://www.sassp.cn　E-mail：sassp@sassp.cn
照　　排：南京前锦排版服务有限公司
印　　刷：上海龙腾印务有限公司
开　　本：710毫米×1010毫米　1/16
印　　张：14
插　　页：2
字　　数：214千
版　　次：2022年9月第1版　2022年9月第1次印刷

ISBN 978-7-5520-3623-7/D·665　　　定价：85.00元

版权所有　　翻印必究